Raça e Ciência

Coleção Debates
Dirigida por J. Guinsburg

Conselho Editorial: Anatol Rosenfeld, Anita Novinsky, Aracy Amaral, Boris Schnaiderman, Celso Lafer, Gita K. Ghinzberg, Haroldo de Campos, Maria de Lourdes Santos Machado, Regina Schnaiderman, Rosa R. Krausz, Sábato Magaldi, Zulmira Ribeiro Tavares.

Equipe de realização: João Joel da Silva, tradução; Dora Ruhman e Geraldo Gerson de Souza, revisão; Moysés Baumstein, capa e trabalhos técnicos.

Juan Comas
Kenneth L. Little
Harry L. Shapiro
Michel Leiris
C. Lévi-Strauss

Raça e Ciência   I

 Editôra Perspectiva   São Paulo

Título do original:
Le racisme devant la science

Copyright © UNESCO 1960

Direitos exclusivos para a língua portuguêsa:
EDITÔRA PERSPECTIVA S.A.
Av. Brigadeiro Luís Antônio, 3.025
São Paulo
1970

SUMÁRIO

Prefácio 7

OS MITOS RACIAIS (Juan Comas) 11

Generalidades sôbre os preconceitos e os mitos
raciais 11

O mito do sangue e da inferioridade dos mestiços 18

O preconceito de côr: o mito negro 26

O mito judeu 33

O mito da superioridade da "raça ariana ou
nórdica" 38

Conclusão 52

Bibliografia 55

RAÇA E SOCIEDADE (Kenneth L. Little) .. 57

Introdução 57

União Sul-Africana 68

Brasil e Havaí 77

Grã-Bretanha 87

Conclusão 103

Bibliografia 108

O POVO DA TERRA PROMETIDA (Harry L. Shapiro) 111

Os vestígios do passado 111

Origem dos judeus 116

O povo eleito 127

A Terra Prometida 135

A Diáspora 148

O final dos tempos 164

Bibliografia 186

RAÇA E CIVILIZAÇÃO (Michel Leiris) 189

Os limites da noção de "raça" 193

O homem e suas civilizações 202

Não há aversão racial inata 225

Bibliografia 228

RAÇA E HISTÓRIA (Claude Lévi-Strauss) 231

Raça e cultura 231

Diversidade das culturas 233

O etnocentrismo 236

Culturas arcaicas e culturas primitivas 240

A idéia de progresso 243

História estacionária e história cumulativa 246

Lugar da civilização ocidental 252

Acaso e civilização 255

A colaboração das culturas 261

O duplo sentido do progresso 266

Bibliografia 269

PREFÁCIO

Desde o início do século **XIX**, o problema racial vem crescendo de importância. Há uns trinta anos, o racismo podia apresentar-se ainda ao europeu como um fenômeno que afetava verdadeiramente apenas às zonas marginais da civilização ou de outros continentes que não o seu. O despertar devia ser rápido e brutal. A confusão que existe há muito tempo entre as noções de civilização e raça criou um clima favorável à eclosão de racismo, que pretende ser uma teoria e constitui um estado passional. A forma virulenta que esta ideologia assumiu no curso dêste século representa um dos fenômenos mais estranhos e mais inquietantes da grande revolução em que estamos engajados.

O racismo é a expressão de um sistema de pensamento fundamentalmente anti-racional e constitui um desafio à tradição de humanismo que nossa civilização reclama para si. A êste título, opõe-se a tudo o que a UNESCO simboliza e se esforça por defender. Esta, pelos próprios têrmos de sua Ata de constituição, deve tomar posição contra o problema racial. Já se lê no preâmbulo dêste documento: "A grande e terrível guerra que acaba de terminar foi possível pela negação do ideal democrático de dignidade, de igualdade e de respeito à pessoa humana e pela vontade de substituí-lo, explorando a ignorância e o preconceito, pelo dogma da desigualdade das raças e dos homens".

Por sua estrutura e pelas funções que lhe foram atribuídas, a UNESCO é, no plano internacional, a instituição mais bem equipada para empreender a luta contra o racismo e para minar esta doutrina perigosa entre tôdas. Ódios e conflitos raciais nascem da ignorância e se nutrem de noções cientìficamente falsas. Para demonstrar tais erros e refutar êstes sofismas, para difundir as conclusões a que chegaram as diferentes disciplinas científicas, enfim, para combater a propaganda racista, foi necessário recorrer aos métodos fornecidos pela educação, pela ciência e pela cultura. Êstes três setores são precisamente os reservados às atividades da UNESCO; é nessa tríplice frente que deve ser travada a ofensiva contra tôdas as formas de racismo.

O programa de ação que a UNESCO adotou a êste respeito nasceu da resolução 116 (VI) B iii que a sexta sessão do Conselho Econômico e Social das Nações Unidas votou, pedindo à UNESCO que "encarasse a oportunidade de propor e recomendar a adoção geral de um programa de difusão de fatos científicos destinados a fazer desaparecer o que se convencionou chamar de preconceitos de raça".

Três resoluções inspiradas por êste pedido das Nações Unidas foram inscritas no programa da UNESCO para 1950 pela Conferência Geral reunida em sua quarta sessão.

Eis o texto:

O Diretor-Geral é encarregado:
De pesquisar e reunir os dados científicos
concernentes às questões raciais;
De difundir amplamente os dados científicos assim
reunidos;
De preparar uma campanha de educação baseada nestes
dados.

8

Um tal programa só podia ser executado se a UNESCO estivesse de posse dos "fatos científicos" a que se refere a resolução do Conselho Econômico e Social.

Os especialistas que se reuniram em 1949, e os que lhes sucederam em 1951, envidaram esforços para expor em têrmos simples e claros o estado atual de nossos conhecimentos sôbre o problema tão controverso das diferenças raciais. Essas duas reuniões resultaram na Declaração de 1951 sôbre a raça. A UNESCO não pretendia apresentar esta declaração como um manifesto *ex cathedra*, nem como uma exposição definitiva da questão racial.

Em 1964, a UNESCO convocou um grupo de especialistas com o propósito de examinar os aspectos biológicos do problema racial. Biólogos, geneticistas e peritos em antropologia física foram convidados a examinar as incidências que as descobertas mais recentes nos domínios de suas competências respectivas podiam ter sôbre as relações raciais. As proposições que foram adotadas por unanimidade nesta reunião foram publicadas e figuram no apêndice do segundo volume desta obra.

Levando em conta estas proposições, nova reunião teve lugar em 1966, na sede da UNESCO. Agrupou moralistas, filósofos, especialistas em ciências sociais e alguns biólogos e especialistas da antropologia física que assistiram à reunião de 1964, que examinaram mais particularmente os aspectos sociais e éticos da questão racial.

Os diversos capítulos que compõem êstes dois volumes foram anteriormente publicados sob a forma de brochura — o que explica algumas repetições e algumas divergências na interpretação dos fatos. Os autores tentaram apresentar êstes fatos tão simplesmente e tão claramente quanto possível e se abstiveram rigorosamente de qualquer intenção propagandística. Nada poderia ser mais prejudicial aos interêsses da UNESCO que uma campanha contra o racismo que tivesse a aparência de um arrazoado sentimental. Nenhum esfôrço se tentou no sentido de conciliar as teorias diferentes ou as opiniões divergentes. Em matéria de raça como em outros domínios, a ciência evolui constantemente e seria ir a contrapelo de seu espírito pretender a uniformidade.

Nota: As opiniões expressas neste volume não correspondem necessàriamente às da UNESCO e cabem totalmente a seus autores.

OS MITOS RACIAIS

JUAN COMAS

Observações Gerais sôbre os Preconceitos e Mitos Raciais

Fàcilmente podemos observar que os homens não são semelhantes na aparência; há variações nas características físicas externas transmitidas, total ou parcialmente, de pai para filho. E são os grupos relativamente homogêneos, quanto a êste aspecto, que constituem o que genèricamente chamamos de "raças". Estas raças não apenas diferem na aparência física; elas, não raro, possuem diferentes graus de desenvolvimento, algumas delas usufruindo de tôdas as vantagens de uma civilização adiantada, enquanto outras apresentam maior ou menor grau de sub-desenvolvimento [1].

Não é grande a distância, aparentemente transposta, entre essa superioridade real ou pretensa e a idéia de que os êxitos de um povo resultam de qualidades inatas. As diferenças psíquicas individuais são a fonte do êrro em que caem certos partidos políticos, grupos nacionalistas e sistemas sociais, quando impulsionam e exaltam o preconceito de "superioridade racial" de seu grupo. Por isso a história da humanidade está cheia de "povos eleitos" que se vangloriam de suas pretensas virtudes e de suas esplêndidas qualidades inatas, cada um adotando a trilha original que lhe valerá os favores do verdadeiro Deus.

É êste constraste a verdadeira fonte e origem do racismo e de tôdas as suas conseqüências naturais.

Já encontramos no Antigo Testamento a crença de que as diferenças físicas e mentais entre os indivíduos ou grupos são congênitas, hereditárias e imutáveis. O *Gênese* contém passagens que, aparentemente, admitem a inferioridade de certos grupos a outros: "Maldito seja Canaã! Servo dos servos seja aos seus irmãos" (9:25), enquanto uma espécie de superioridade biológica parece estar implícita na afirmação de que Jeová fêz um pacto com Abraão e sua "semente". Por outro lado, no Nôvo Testamento, o tema da fraternidade universal dos homens é totalmente incompatível com êste ponto de vista.

É fora de dúvida que a maioria das religiões não dá importância às diferenças físicas individuais e considera todos homens irmãos e iguais perante Deus.

O Cristianimo — embora nem todos os cristãos — tem sido anti-racista desde o seu início. Segundo São Paulo: "Não há judeu nem grego, não há servo nem livre, não há macho nem fêmea, porque todos vós sois um em Cristo Jesus" (*Epíst. aos Gálatas*, 3:28), e ainda: "E de um só fêz tôda a geração dos homens, para habitar sôbre tôda a face da terra" (*Atos dos Apóstolos*, 17:26). Podemos ainda lembrar que, segundo a tradição bíblica,

(1) Alguns exemplos que ilustram as manifestações de preconceito racial são tirados do excelente manual de Alan Burns: *Colour prejudice* (Londres, George Allen and Unwin Ltd., 1948). Essa obra realmente contém citações muito interessantes, extraídas de livros e revistas a que não pude ter acesso. Como os volumes dessa coleção não podem ser sobrecarregados de múltiplas referências, faço questão de agradecer aqui a Alan Burns, bem como a autorização concedida para utilizar os frutos de sua erudição.

um dos três Reis Magos é apresentado como um negro. O racismo foi condenado pelo Papa Pio XI e, em 1938, o Vaticano condenou os movimentos racistas como "contrários à fé cristã em espírito e em doutrina". Além disso, a lista dos santos da Igreja inclui homens brancos, amarelos e negros. Os próprios doze apóstolos eram semitas, bem como o próprio Jesus Cristo, uma vez que era filho de Maria e descendente de Davi.

Do mesmo modo, os maometanos nunca admitiram a intransigência ou a intolerância para com os outros povos desde que êstes adotassem a "Fé".

Em contrapartida, entretanto, deve-se notar que temos exemplos de atitudes contrárias desde a mais remota antiguidade. A mais antiga referência de discriminação contra os negros, muito embora tivesse sido ditada antes por motivos políticos do que por preconceitos raciais, é encontrada em um marco mandado erigir por ordem do Faraó Sesóstris III (1887-1849 a.C.) acima da segunda catarata do Nilo. Eis o seu texto: "Limite Sul. Erigido no VIII ano do reinado de Sesóstris III, Rei do Alto e Baixo Egito, o qual viverá através das idades. Nenhum negro atravessará êste limite por água ou por terra, de navio ou com seus rebanhos, salvo se fôr com o propósito de comerciar ou fazer compras. Os negros que atravessarem para êste fim serão tratados com hospitalidade mas proíbe-se a todo negro, em qualquer caso, descer o rio de barco além de Heh".

Os gregos de 2.000 anos atrás consideravam todos os homens que não fôssem de sua própria raça como bárbaros e Heródoto conta-nos que os persas, por seu turno, consideravam-se muito superiores ao resto da humanidade.

Para justificar a ambição grega de hegemonia universal, Aristóteles (384-322 a.C.) formulou a hipótese de que certas raças são, por natureza, livres desde o berço, enquanto outras são escravas (uma hipótese usada, como veremos, no século XVI para justificar a escravidão dos negros e ameríndios). Cícero, entretanto, pensava de maneira diferente: "Os homens diferem em conhecimento, mas são todos iguais na capacidade de aprender; não há nenhuma raça que, guiada pela razão, não possa chegar à excelência".

A noção de "superioridade" ou "inferioridade" aplicada a um povo ou grupo de pessoas, é sujeita a constantes revisões. Como prova, basta relembrar a opinião de Cícero sôbre os Celtas da Bretanha, os quais êle inconsistentemente descreve numa carta a Ático como excepcionalmente "néscios e incapazes de aprender".

13

A selvageria e o mistério da África, a qual estava aos poucos revelando seus segredos aos europeus nos fins do século XIX, são apresentados de maneira admirável no grande conto de Conrad; *Heart of Darkness,* o qual traça um paralelo entre a impressão causada pelo bravio Tâmisa de 1900 anos atrás ao capitão de uma trirreme do Mediterrâneo e ao jovem nobre recém-vindo de Roma; aquêle sentiu a mesma "ânsia de fugir, o mesmo deprimente tédio, desânimo e ódio" que o colonizador de nossos dias. É quase desnecessário relembrar o desprêzo da nobreza normanda para com os Saxões subjugados, e bem como os ancestrais da mais orgulhosa nação da Europa foram desprezados. Êstes não são, entretanto, a rigor, exemplos de "racismo", nem o impiedoso antagonismo entre os cristãos e muçulmanos possui uma razão racial. A aversão ou ódio surgidos das diferenças de grau de cultura ou de crença religiosa são mais humanos do que o preconceito baseado nas implacáveis leis da hereditariedade.

Não obstante tudo isto, pode-se afirmar que, falando de uma maneira geral, não havia verdadeiro preconceito racial antes do século XV, uma vez que, antes desta data, a divisão da humanidade prendia-se não tanto ao antagonismo de raças mas sobretudo à animosidade entre cristãos e infiéis — uma diferença mais superficial desde que as divergências entre religiões podem ser vencidas enquanto que a barreira racial biológica é intransponível.

Com o início da colonização africana e a descoberta da América e do caminho para as Índias pelo Pacífico, houve um considerável aumento dos preconceitos de raça e côr. Isto pode ser explicado face aos auto-interêsses econômicos, ao fortalecimento do espírito do colonialismo imperialista e a outros fatôres.

Segundo o dominicano escocês John Major (1510), a própria ordem da natureza explica o fato de que alguns homens sejam livres e outros escravos. Esta distinção deveria existir no interêsse mesmo daqueles que estão destinados originalmente a comandar ou a obedecer.

Juan Ginés de Sepulveda (1550), numa tentativa de justificar a escravidão, baseado na hipótese de Aristóteles, admite "a inferioridade e perversidade naturais do aborígene americano", assegurando que êstes são "sêres irracionais" e que "os índios são tão diferentes dos espanhóis como a maldade é da bondade e os macacos, dos homens".

O Padre Bartolomeu de las Casas defendeu, realmente, a doutrina contrária e lutou incansàvelmente em prol da idéia de que todos os povos do mundo são constituídos de homens iguais, não havendo "homúnculos" ou "meio-homens" obrigados a obedecer às ordens de outros.

O principal fator da estratificação social da América Latina foi a discriminação racial, de maneira especial, os crioulos, mestiços, índios e negros. Teòricamente, a lei não reconhece tais discriminações, mas agora, como sempre, a lei não é obedecida.

Falando do índio brasileiro, Montaigne (1533-92) disse: "Não há nada de selvagem ou bárbaro nessa nação, salvo se se considera barbarismo aquilo que não é próprio de cada um"; êle foi seguido neste ponto de vista por alguns dos mais ilustres pensadores dos séculos XVIII e XIX. Voltaire (1694-1778), J. J. Rousseau (1712-1778) e Buffon (1706-88) estavam entre os mais ardorosos defensores da teoria da unidade da essência da natureza humana e, portanto, da igualdade de todos os homens. Em campo oposto, D. Hume (1711-76) escreveu: "Estou propenso a crer que os negros são naturalmente inferiores aos brancos". Renan (1823-92) foi outro que se recusou a aceitar a hipótese da igualdade dos homens, e Taine (1828-93) também combateu essa teoria e negou que "gregos, bárbaros, hindus, o homem da Renascença e o homem do século XVIII fôssem todos forjados no mesmo molde".

A despeito da influência de certos pensadores, o preconceito racial desenvolveu-se dentro de um sistema doutrinário regular nos séculos XVIII e XIX. Houve, realmente, um período relativamente curto em que pareceu que, graças à divulgação dos princípios das revoluções francesa e americana e o sucesso da campanha antiescravista na Inglaterra, pudesse diminuir e mesmo desaparecer tal preconceito, mas tanto a reação que se seguiu à Restauração como a revolução industrial na Europa no comêço do último século tiveram repercussões diretas e danosas na questão racial. O desenvolvimento da técnica de fiação e tecelagem abriu os maiores mercados à indústria algodoeira e o algodão tornou-se um "rei", especialmente no sul dos Estados Unidos. O resultado foi uma demanda ainda maior de trabalho braçal; a escravidão, que estava decaindo na América e que podia ter desaparecido naturalmente, tornou-se uma instituição sacrossanta da qual dependia a prosperidade das regiões algodoeiras. Foi para defender esta chamada "instituição particular" que os pensadores e sociólogos sulistas desenvolveram uma completa mitologia pseudocientífica destinada a justificar um estado de coisas nìtidamente contrário às crenças democráticas que professavam. Para tranqüilidade de suas consciências, os homens precisavam estar

15

persuadidos de que o negro não era apenas um ser inferior ao branco mas apenas algo pouco diferente dos irracionais.

Mais tarde, a teoria da evolução, tal como foi formulada por Darwin, exerceu uma influência bem marcante sôbre a ideologia moderna que começava a se definir de maneira cada vez mais precisa.

A teoria de Darwin, da sobrevivência dos mais capazes, foi entusiàsticamente saudada pelos brancos como um argumento a favor de sua política de expansão às custas da "agressão" aos povos "inferiores". Como a teoria de Darwin foi tornada pública nos anos em que os poderosos estavam edificando seus impérios coloniais, serviu ela para justificá-los diante de seus próprios olhos e diante do resto da humanidade. Aquela escravidão ou morte imposta aos grupos humanos "inferiores" pelos rifles e metralhadoras européias não era nada mais do que o desenvolvimento da teoria da substituição de uma sociedade humana inferior por outra superior. Na política internacional o racismo serve de desculpa à agressão, pois o agressor não mais se sente prêso a qualquer consideração que o ligue a estrangeiros pertencentes a "raças inferiores" e classificadas pouco ou nada acima dos animais irracionais.

A noção de que os mais fortes estão biológica e cientìficamente justificados por destruírem os mais fracos foi aplicada tanto em conflitos internos como entre nações.

É injusto atribuir a Darwin — como muitos o têm feito — a paternidade dessa odiosa e desumana teoria; a verdade é que com as sociedades de côr se tornando competidoras potenciais no mercado do trabalho e clamando por vantagens sociais consideradas como heranças exclusivas dos brancos, êstes tinham, òbviamente, necessidade de alguma desculpa para justificar o extremado materialismo econômico que os conduzia a negar aos povos "inferiores" qualquer participação nos privilégios que êles próprios desfrutavam. Por esta razão, acolhêram com satisfação a tese biológica de Darwin e depois, por sua simplificação, distorção e adaptação, em conformidade com seus próprios interêsses, transformaram-na no chamado "Darwinismo Social", em que baseavam o seu direito de privilégios sociais e econômicos; isto é algo que não tem qualquer relação com os princípios puramente biológicos de Darwin. Herbert Spencer (1820-1903) aplicou à sociologia o princípio da "sobrevivência do mais capaz" e a mesma idéia foi utilizada para defender a dou-

16

trina de Nietzsche (1844-1900) do super-homem com o qual se comparava "o mais capaz".

Assim, houve um abuso do progresso da biologia ao se formularem soluções simples mas sem profundidade científica para tranqüilizarem os escrúpulos de certas condutas humanas. Entretanto, a distância entre a ciência e o mito é pequena.

É óbvio que a herança psicossomática tem influência na aparência externa e na conduta dos indivíduos; isto, entretanto, não autoriza o argumento dos racistas de que (a) a herança biológica seja o único fator importante ou (b) a herança social seja tão sensível como a herança individual.

A doutrina racista torna-se ainda mais perigosa quando ela é aplicada não para separar grupos étnicos mas quando afasta diferentes classes sociais dentro de um mesmo grupo. Assim, Erich Suchsland [2] expõe e defende a tese de que os indivíduos mal sucedidos na vida (por exemplo, aquêles que não possuem meios para viver nos bairros mais luxuosos) são necessàriamente elementos inferiores no seio da população, enquanto os ricos pertencem à raça "superior"; daí, a destruição dos bairros pobres seria uma forma de seleção e de purificação da raça. Aqui não há a rivalidade do branco contra o prêto ou do nórdico contra o não-ariano; o que se procura é encontrar uma base pseudobiológica para a opressão da burguesia às classes proletárias. Mesmo que se não admita explìcitamente, é bem evidente que a discriminação racial ou de classes, neste ou em outros exemplos, esconde um antagonismo sócio-econômico. Alexis Carrel (*O Homem, Êste Desconhecido*) não vai tão longe como Suchsland, mas também sustenta que o proletariado e os desocupados são indivíduos inferiores por hereditariedade e descendência — homens que herdaram a falta de energia para lutar e que desceram a um nível no qual a luta não mais se faz necessária: como se o proletariado não tivesse todo dia uma luta muito mais árdua do que o abastado.

Prenant sugere a possibilidade de que a principal preocupação de muitos racistas deva ser não a de fornecer uma base aparentemente objetiva para um verdadeiro nacionalismo e real patriotismo, mas, isto sim, a de difundir a noção de que os fenômenos sociais são governados por fatôres raciais rígidos. Tal determinismo biológico, inalterável pela ação social, eximiria a sociedade de tôda a responsabilidade, pois a herança de cada indivíduo determinaria desde o seu nascimento se êste seria um gran-

(2) Archiv für Rassen Gesellschafts-Biologie.

de homem, um capitalista, um técnico, um membro do proletariado ou mesmo um desempregado, sem que ninguém pudesse fazer qualquer coisa para evitá-lo.

De qualquer modo, não resta dúvida de que a discriminação racial é apenas uma das facêtas de um problema mais amplo — a discriminação social.

A noção de "raça" está tão impregnada de um caráter emocional que a discussão objetiva de- sua importância nos problemas sociais é particularmente difícil. Não há nenhuma base científica, seja ela qual fôr, para uma classificação geral das raças de acôrdo com uma escala de relativa superioridade, e os preconceitos e mitos raciais não são mais do que meios de se encontrar um "bode expiatório" quando a posição de indivíduos ou a coesão de um grupo estão ameaçadas.

Êste breve esbôço da origem, desenvolvimento e da alegada justificativa para preconceitos e mitos raciais, de· uma maneira geral, servirá como uma introdução para uma análise mais detalhada de alguns dos mais difundidos mitos da teoria racista.

Esperamos demonstrar a falsidade e o êrro dêsses argumentos pseudobiológicos que não são mais do que uma "cortina de fumaça" para encobrir as intenções e as atividades opressoras de seus defensores.

O Mito do Sangue e da Inferioridade dos Mestiços

·A miscigenação humana tem sido assunto de intermináveis debates. As opiniões sôbre o assunto variam em função das idéias dos disputantes quanto à noção de raça e diferenças raciais. Os adversários da miscigenação partem do princípio da desigualdade das raças, enquanto que os seus defensores adotam o ponto de vista de que as diferenças entre grupos humanos não são tais que possam constituir um obstáculo à sua união. Portanto, a primeira coisa necessária para o estudo dos problemas da união de diversas raças humanas é a clara definição do que se entende por raça e a seleção de critérios que nos levarão a decidir da existência ou não de raças puras.

Mesmo em sua mais lata definição, a noção de raça implicará na existência de grupos com certas semelhanças em suas características somáticas que se mantêm de acôrdo com as leis da hereditariedade, embora haja uma margem individual de diferenciação.

Os povos da Europa possuem origens tão variadas que qualquer tentativa de classificação, tomando-se por base apenas duas características, côr dos olhos e da pele, por exemplo, excluiria dois terços da população de qualquer região estudada; o acréscimo de uma terceira característica, conformação craniana, deixar-nos-ia uma fração muito menor da população que possuísse a combinação de tôdas as três características; e com a inclusão da estatura e proporção do nariz, o número de tipos "puros" tornar-se-ia infinitesimal.

Assim· sendo, pode-se concluir que não há raças humanas puras; quando muito, poder-se-ia definir uma "raça pura" quanto à incidência de uma única característica somática, mas nunca em função de *todos* ou mesmo da maioria· dos caracteres hereditários. Apesar disto, há uma crença bastante difundida de que houve uma época na antiguidade em que os tipos raciais eram puros, e de que a miscigenação é de data relativamente recente, e que ameaça a humanidade com uma degeneração e retrogressão geral. Esta crença não possui o menor fundamento científico. A fusão de raças tem-se processado desde os primórdios da vida humana sôbre a terra, muito embora seja evidente que as maiores facilidades de comunicações e o crescimento da população a tenha incrementado nos dois últimos séculos.

A migração é tão antiga como a raça humana e implica necessàriamente o cruzamento de grupos, a mestiçagem. É bem possível que o tipo "Cro-Magnon" do Paleolítico Superior se tenha cruzado com o homem de Neanderthal, como parecem indicar as descobertas antropológicas que apresentam características intermediárias. A existência de raças negróides e mongolóides na Europa pré-histórica é outra prova de que a mestiçagem não é um fenômeno recente e que as mais antigas populações da Europa são o resultado desta miscigenação no decorrer de milhares de anos. Ora nem por isso apresentam a desarmonia ou a degeneração que muitos escritores crêem ver no resultado do cruzamento racial.

A história nos mostra que tôdas as regiões em que se desenvolveu uma cultura avançada anteriormente foram palco da dominação de uma raça indígena por grupos nômades estrangeiros, seguida pela desagregação de castas e pela criação de novos amálgamas; estas regiões, embora fôssem consideradas como nações constituídas de uma raça homogênea, não eram senão novas nacionalidades surgidas da fusão de diferentes raças.

Aquêles que, como Jon A. Mjoen [3], consideram a miscigenação perigosa para o futuro da humanidade afirmam que ela é uma fonte de degeneração física, que a imuni-

---

(3) *Harmonic and disharmonic race crossing* e *Harmonic and unharmonic crossings*, 1922.

dade a certas doenças diminui. Alegam que as prostitutas e os vagabundos são mais comuns entre os mestiços do que entre as raças "puras", e ainda que, entre aquêles, se observa uma maior incidência de tuberculose e outras doenças, bem como uma diminuição do equilíbrio e capacidade mental e um aumento das tendências criminais. Êstes dados não são válidos porque o autor não especifica os tipos de indivíduos estudados nem as características das raças que se cruzaram: êle devia também provar que as famílias de que se originaram os mestiços em questão eram física e mentalmente saudáveis e livres de qualquer sinal de degenerescência ou incapacidade. Mjoen, finalmente, dá pouca importância à influência do meio social sôbre o comportamento dos indivíduos.

C. B. Davenport também demonstra a existência [4] de fenômenos anormais nos mestiços: órgãos digestivos relativamente pequenos para corpos volumosos, dentes bem desenvolvidos em gengivas fracas, largas coxas desproporcionais ao corpo etc. Não resta dúvida de que existam indivíduos com tais características, mas não se provou que êstes fenômenos se devam à miscigenação. Casos semelhantes são encontrados entre famílias antigas, enquanto que, de maneira geral, o cruzamento entre brancos e prêtos produz indivíduos bem proporcionados.

S. K. Humphrey, M. Grant, L. Stoddard e muitos outros argumentam que, como resultado do cruzamento com elementos estrangeiros, pode-se apresentar a população norte-americana que está perdendo seu atual caráter estável e harmônico. Alguns escritores chegaram a ponto de afirmar que tal desarmonia seria capaz de produzir tôda uma série de taras sociais e tendências imorais.

Uma linha de raciocínio, que nega a validade de tais argumentos, ainda passíveis de discussão, é liderada por H. Lundeborg [5], que demonstra ser a miscigenação mais freqüente entre as classes sociais inferiores do que entre as classes média ou elevada; daí se conclui que os fenômenos observados por Mjoen e Davenport são devidos, não à alegada correlação entre hibridismo e degenerescência ou debilidade, mas ao fato de que a miscigenação ocorre entre indivíduos pertencentes às classes mais pobres dos grupos em questão. Os mesmos fenômenos poderiam resultar tanto da endogamia como da exogamia e o cruzamento de raças nada tem a ver com isso. Na realidade, famílias humanas em que a endogamia tem sido rìgidamente praticada são marcadas freqüentemente por um grau de dege-

(4) *The Effects of Racial Miscegenation,* 1917.
(5) *Hibrid types of the Human Race,* 1931.

nerescência igual ou mesmo superior àquela que Mjoen e Davenport parecem encontrar nos mestiços.

Tanto a endogamia como a exogamia são processos utilizados, de acôrdo com as necessidades, para o aprimoramento de raças animais; se uma raça é boa quanto às características que interessam ao criador, o cruzamento dentro desta mesma raça pode ser mantido por muitas gerações sem cruzamentos com outras e sem que apareçam sinais de degenerescência. A endogamia serve ainda para revelar tôda a capacidade hereditária de um grupo, uma vez que revela tôdas as características hereditárias recessivas que poderiam permanecer latentes se existissem em apenas um dos pais. Em tais casos, se a característica em questão fôr indesejável, a medida lógica e necessária será um cruzamento exogâmico (miscigenação) de modo a se introduzir um fator hereditário dominante capaz de compensar a característica recessiva indesejável.

Assim, o resultado imediato do cruzamento é testar a manifestação externa de qualquer defeito recessivo peculiar a quaisquer das raças que se cruzam. Em outras palavras, a endogamia torna as anomalias e defeitos recessivos visíveis ou tangíveis, enquanto a exogamia tende a extirpá-los ou pelo menos reduzi-los.

A mesma linha de raciocínio pode ser aplicada às características, aptidões e talentos positivos. Por isso, é impossível afirmar, de maneira geral, que os efeitos da endogamia ou exogamia sôbre os descendentes de tais uniões sejam bons ou maus; a natureza do resultado depende, em cada caso, das características genéticas dos indivíduos procriadores.

Os defensores da miscigenação afirmam, de seu lado, que a endogamia ou o casamento entre membros do mesmo grupo conduz à degeneração da raça e que as raças híbridas são mais vigorosas porque a infusão de "sangue nôvo" aumenta a vitalidade do grupo etc. Esta perigosa generalização pode ser refutada pelos mesmos argumentos que serviram para refutar os defensores da endogamia.

Nem os partidários nem os inimigos da miscigenação esclareceram certos aspectos da questão, que, sentimos, deveriam ser examinados: a) os resultados da miscigenação entre grupos claramente acima da média normal e especialmente entre grupos nìtidamente abaixo do normal; b) a forma dos obstáculos sociais contra os quais os mestiços normalmente têm que lutar.

Se os mestiços, em qualquer país, foram tratados pela lei e pelos costumes como cidadãos de segunda classe (do ponto de vista social, econômico e político), é bem possível que suas contribuições culturais não sejam proporcionais à sua capacidade inata. Num sistema de castas, em que não há possibilidade de um mestiço se elevar a um *status* social acima das castas inferiores a que pertenciam seus pais, é evidente que nenhuma conclusão sôbre os efeitos da miscigenação racial poderá ser baseada no nível de vida atingido pelos indivíduos de sangue mestiço. Por outro lado, num sistema em que o mérito individual seja a única base para a classificação social, as conquistas dos mestiços poderão ser uma indicação bem clara de suas qualidades intrínsecas.

É realmente difícil distinguir entre os efeitos ocasionados pela miscigenação racial e aquêles provenientes do cruzamento entre grupos da população de classes inferiores, independentemente de sua raça. Exemplos de cruzamentos entre grupos mais elevados da escala social têm produzido uma grande proporção de sêres humanos de alto gabarito, mas em nenhum dêsses casos o resultado pode ser atribuído exclusivamente ao cruzamento. Pelo que nos é dado conhecer, não há nada que prove que o cruzamento de raças produza degenerescência nos descendentes dêsse cruzamento, mas nada que prove, tampouco, que êle dê origem a grupos de qualidades aprimoradas.

É totalmente errônea a noção de que a humanidade seja dividida em grupos raciais completamente distintos. Esta noção está baseada em falsas premissas e de maneira especial na teoria da hereditariedade "sangüínea" que é tão falsa quanto a antiga teoria racista. "De um mesmo sangue" é uma frase sem sentido, uma vez que os genes ou fatôres da hereditariedade não têm qualquer conexão com o sangue e são elementos independentes que não se unem, mas, pelo contrário, tendem a se tornar cada vez mais diferenciados. A hereditariedade não é um fluido transmitido "pelo sangue", nem tampouco é verdade que os diferentes "sangues" dos pais estejam presentes e combinados na prole.

O mito do "sangue" como um critério decisivo para avaliar o valor de um cruzamento persiste até nossos dias e os homens ainda falam de "sangue" como veículo de transmissão dos caracteres hereditários, "do meu próprio sangue", "a voz do sangue", "sangue mestiço", "sangue nôvo", "meio sangue" etc. Os têrmos "sangue azul" e "sangue plebeu" tornaram-se parte permanente do linguajar diário, como a forma de nos referirmos aos descendentes de famílias aristocráticas ou plebéias, respectivamente, sendo que a última é normalmente usada com um sentido pejorativo. "Sangue" é também usado como sinônimo de nacionalidade: "sangue germânico", "sangue espanhol", "sangue judeu"... O critério chega ao cúmulo do absurdo como o de se classificar nos Estados Unidos certos indivíduos como "negros" ou "índios" por terem um dezesseis avos de "sangue índio" ou "sangue negro" — isto é, quando um de seus dezesseis ancestrais foi um negro ou um índio.

As pessoas que ainda pensam desta forma são totalmente incapazes de compreender os caracteres intrínsecos dos fenômenos hereditários ou dos fenômenos sociais em que a hereditariedade intervenha. Se a herança se transmite pelo sangue, como explicar que filhos dos mesmos pais difiram em seu caráter quando o *mesmo sangue* corre em suas veias? E ainda, como podemos explicar por que certos indivíduos ostentam certas características encontradas em seus avós e ausentes de seus pais?

A verdade é que muitas pessoas ignoram não só o fato de que o sangue não tem nada a ver com o processo genético, mas que também já está provado que a mãe não fornece sangue ao feto, o qual desenvolve o seu próprio sangue [6]. Isto explica ainda por que uma criança pode pertencer a um grupo sangüíneo diferente do de sua mãe.

Finalmente, o fato de que transfusões de sangue entre indivíduos de diferentes raças têm sido bem sucedidas é uma nova e decidida prova de que falta ao "mito de sangue" o mais simples fundamento biológico.

Não resta dúvida de que tôdas as principais raças são de origem híbrida e durante os milênios que se passaram desde a primeira divisão da estirpe humana, cruzamentos têm-se realizado contìnuamente.

Dixon nos mostra como os alpinos braquicéfalos, desprezados por Grant e outros, foram elemento importante na construção da cultura babilônica; que a imigração dos dórios alpinos na Grécia precedeu o imediato florescimento da cultura helênica; que Roma não atingiu a sua glória total senão após a sua conquista por elementos alpinos pertencentes à população cáspio-mediterrânea do Lácio; que a cultura chinesa se seguiu à absorção dos elementos cáspios por intermédio dos tipos alpinos e que o desenvolvimento fabuloso da moderna civilização européia ocorreu na zona onde o cruzamento de elementos alpinos, mediterrâneos e cáspios se processou mais intensamente do que em qualquer outra em todo o mundo. Há muitos outros exemplos de grandes civilizações, tais como o Egito, a Mesopotâmia e a Índia, que surgiram quando diferentes povos se fundiram.

(6) F. M. Ashley-Montagu, *The Myth of Blood*, 1943.

Naturalmente, racistas, como Gobineau, que consideram a miscigenação como fatalmente desastrosa, são capazes de absurdos como o de proclamarem que das dez civilizações mais brilhantes até então conhecidas seis são provenientes do trabalho dos "arianos", ramo superior da raça branca (hindu, egípcia, assíria, grega, romana e germânica); enquanto as outras quatro maiores civilizações (chinesa, mexicana, peruana e maia) são o resultado de uma raça branca que poucos cruzamentos realizou com raças inferiores. Gobineau conclui que os sinais de degenerescência que ocorrem nas raças mestiças são as idéias de igualdade, os movimentos democráticos etc. e que a miscigenação é a causa da mediocridade, "homens com a mente da ralé", "nações embrutecidas por uma sonolência fatal", "povos como búfalos ruminantes da lama dos charcos Pontinos". É desnecessário refutar ainda uma vez idéias tão absurdas, baseadas tão-sòmente em critérios racistas de natureza política e filosófica e em argumentos biológicos pseudocientíficos que já foram discutidos e refutados.

Eis alguns exemplos de miscigenação que se referem a nações que chamamos civilizadas.

A Inglaterra, nos tempos mais antigos, foi ocupada por grupos de tipo Cro-Magnon, nórdico, mediterrâneo, alpino e, mais tarde, foi invadida pelos saxões, noruegueses, dinamarqueses e normandos. Como, pois, se pode falar de uma raça inglêsa pura? Ao contrário, a Inglaterra é um belo exemplo de mosaico racial.

Na Idade Paleolítica, a França foi invadida por diferentes raças: Neanderthal, Cro-Magnon, Grimaldi, Chancelade. Na Idade Neolítica, várias tribos pertencentes às raças mediterrâneas e certos alpinos primitivos vieram do leste e no século XVII a.C. invasores celtas conquistaram as primeiras colônias. E ainda no primeiro século de nossa era a França pôde antever uma invasão bárbara que foi, então, contida momentâneamente pelo poderio romano; dois séculos mais tarde os vândalos conquistaram a Gália e os visigodos fundaram um reino ao sul da França que se manteve até o século VII. Apenas êstes poucos exemplos dão uma idéia do grau de heterogeneidade de raças na França e mostram até que ponto as raças se mesclaram. A França Setentrional é talvez mais teutônica que o sudoeste da Alemanha e a maior parte da Alemanha Oriental é mais eslava do que a Rússia.

Em todos os continentes os fatos se verificam de maneira mais ou menos semelhante e se pensamos que a fusão de raças se procedeu de maneira mais intensa na

América é sòmente porque, então, o fenômeno do cruzamento de raças se desenvolve diante de nossos olhos e não é apenas um relato dos livros de história. Devemos, entretanto, relembrar que a população da América anterior ao seu descobrimento também era heterogênea quanto à sua natureza.

Em tôdas as regiões em que encontramos uma cultura avançada, anteriormente existiu a dominação de um povo ou povos por outros. A teoria de que os mestiços sejam degenerados é refutada pelo fato evidente de que tôda a população do mundo é híbrida e cada vez maior é o número de cruzamentos.

Grupos humanos isolados tiveram pouca ou nenhuma influência no progresso cultural da humanidade, enquanto que as condições que fazem com que qualquer grupo desempenhe um papel importante para a nossa civilização sempre se originam do cruzamento dêste grupo com outras raças.

A influência dos imigrantes cáspio-mediterrâneos no norte da Itália pode perfeitamente ter sido um fator para o esplendor da Renascença naquela área. E, ainda, será mera coincidência o fato de a cultura européia começar a surgir, depois da Idade Média, justamente quando as fusões de raças se cristalizaram em novos povos? Finalmente, o maior exemplo de cruzamento racial são os Estados Unidos, e êste país também é um dos principais centros da civilização contemporânea.

De acôrdo com o exposto, podemos resumir o assunto como se segue: a) a miscigenação existiu desde os primórdios da vida humana; b) a miscigenação resulta em uma maior variedade somática e física e possibilita o surgimento de uma grande variedade de novas combinações dos genes, desenvolvendo assim o número de características hereditárias no nôvo núcleo de população; c) biològicamente, a miscigenação não é boa nem má, dependendo seus efeitos, em cada caso, das características dos indivíduos entre os quais se verifica o cruzamento. Uma vez que, de maneira geral, a miscigenação ocorre com mais freqüência entre indivíduos das classes sociais inferiores e sob condições econômicas e sociais precárias, é neste fato que devemos procurar as causas de certas anomalias observadas e não na miscigenação em si; d) exemplos de "raças puras" ou agrupamentos humanos isolados, que tenham alcançado por si um alto nível cultural, são exceções; e) pelo contrário, a grande maioria das áreas de civilização avançada são habitadas por grupos surgidos do cruzamento de raças.

O Preconceito de Côr: o Mito Negro

Nenhuma das características físicas usadas para a classificação das raças humanas tem valor funcional para o indivíduo que as possua. Nossa própria civilização dá especial importância à côr da pele. A pigmentação relativamente escura é uma marca de diferenciação que condena numerosos grupos humanos ao desprêzo, ao ostracismo e a uma posição social humilhante. O preconceito de côr é tão acentuado em certas pessoas que dá origem a fobias quase patológicas; estas não são inatas mas refletem, de uma forma exagerada, os preconceitos do meio social. Afirmar que um homem é um ser humano inferior porque êle é negro é tão ridículo como sustentar que um cavalo branco será necessàriamente mais ligeiro do que um cavalo negro. Entretanto, embora possa existir pouca base para justificar o preconceito de côr, a importância do resultado dessas atitudes e comportamentos em muitos países é indiscutível.

A exploração da agricultura e da mineração pelos brancos nas regiões recém-descobertas do século XV em diante deu origem à escravidão, especialmente à escravidão do negro e do índio americano. Ao mesmo tempo, o orgulho do homem branco e seu complexo de superioridade com relação aos homens de côr foi ampliado e fortalecido ainda mais pelo fato de serem cristãos enquanto os negros e ameríndios eram pagãos. Na realidade, entretanto, as causas da agressão branca eram fundamentalmente econômicas; os brancos se apoderaram das terras mais ricas, até então habitadas pelas populações de côr, e reduziram estas a escravos para assegurarem uma fonte certa de mão-de-obra, o que ainda mais aumentava o valor de suas recentes aquisições.

Se bem que seja verdade que tivemos em Las Casas um denodado batalhador da abolição da escravatura dos índios e dos negros, "pois os mesmos princípios se aplicam a êstes como aos índios", também não é menos verdade que existia muita gente que procurava manter viva a crença de que o negro era "inferior" ao homem branco. Como exemplo, podemos citar a monografia publicada em 1772 pelo Rev. Thomas Thompson, *The Trade in Negro Slaves on the African Coast in Accordance with Human Principles and with the Laws of Revealed Religion* e em 1852 o Rev. Josiah Priest fazia publicar *A Bible Defence of Slavery*, enquanto C. Carroll (1900) em sua obra *The Negro as a Beast or in the Image of God* inclui um capítulo ("Provas bíblicas e científicas de que o negro não é membro da raça humana") em que o autor afirma que "tôdas as pesquisas científicas confirmam sua natureza caracterìsticamente símia".

A divisão final que os brancos fizeram entre si dos territórios coloniais para sua exploração e seu domínio nos últimos trinta anos do século XIX (mais particularmente na Conferência de Berlim de 1885 para a divisão do continente africano entre as potências européias) forneceu prova evidente de sua completa indiferença aos aspectos legais e éticos que mostravam que nenhum dêles tinha o menor direito de dispor de qualquer parte da África e muito menos das vidas, bens e trabalho dos seus habitantes.

A despeito da Declaração da Independência dos Estados Unidos proclamar a igualdade de direitos de todos os homens e do explícito dispositivo da emenda número quinze "de que será ilegal negar ou restringir (aquêles direitos) em qualquer estado da União por causa da raça, côr ou anterior condição de escravidão", a despeito da inclusão de equivalentes dispositivos nas Constituições da grande maioria dos países e a despeito do solene acôrdo que buscava o mesmo fim no Artigo segundo da Declaração Universal dos Direitos dos Homens, assinada pelas Nações Unidas em 10 de dezembro de 1948, é bem evidente quão difundida em todo o mundo está, na prática, a discriminação social, econômica e política contra os negros em particular e contra as raças de côr em geral, baseada principalmente em falsos conceitos raciais.

Um dos maiores absurdos do preconceito de côr nos Estados Unidos é a classificação que se dá de "negro" a qualquer pessoa por causa de seus ancestrais africanos, a despeito de sua aparência física. O que se conclui é que, nesse caso, um "negro" não é um têrmo biológico mas indica o membro de grupo cultural, econômico e social. A falta de lógica nesta atitude torna-se ainda mais clara se refletirmos que, se uma pessoa, por ter uma ínfima proporção de "sangue negro", deve ser classificada como negro, também é perfeitamente lógico e justo se classificar de branca qualquer pessoa com uma gôta de "sangue branco".

Calcula-se que as raças de côr representam aproximadamente três quintas partes da população mundial total. Òbviamente, uma tão grande proporção da raça humana não pode ser considerada como uma quantidade desprezível nem relegada a um plano secundário e inferior. Deve existir respeito mútuo; os homens devem aprender a viver uns com os outros, sem temores, ódio ou menosprêzo. Se isto não vier a acontecer tornar-se-á realidade a profecia feita por Dubois em 1920 de que a guerra de 1914 a 1918 "não seria nada comparada às lutas pela liberdade a que negros, mulatos e amarelos se entregarão, a menos que cesse a opressão, a humilhação e o insulto a que são submetidos pelo mundo branco". "O mundo negro submeter-se-á a êste presente tratamento sòmente enquanto achar necessário, mas nem um minuto mais." Outro líder negro, Marcus Garvey, afirmou a mesma coisa: "A mais sangrenta guerra ainda está por vir quando a Europa tiver que provar seu poderio contra a Ásia e essa será a oportunidade que terão os negros para sacarem de suas espadas pela redenção da África".

As maiores humilhações sofridas pelos negros são as restrições sociais e os insultos pessoais: a exclusão dos viajantes negros de certos trens e outros coletivos, a existência de veículos e salas de espera reservadas aos negros, escolas especiais, restaurantes e hotéis proibidos etc. são para os negros atitudes insultantes e ridículas. Na África do Sul, onde o preconceito de côr é tão violento, houve um exemplo, em 1944, de certos funcionários que foram demitidos de seus postos por se recusarem a obedecer a instruções do govêrno de que a mesma urbanidade deveria ser usada em documentos oficiais, quer fôssem dirigidos a pessoas de côr ou a brancas.

Parece-nos que aquêles que mais insistem na discriminação contra os negros são as classes brancas inferiores; as primeiras a temer a competição dos negros no campo econômico, e como não têm outro argumento para justificar sua atitude de superioridade para com os negros, apegam-se à pigmentação da pele a que dão uma importância exagerada e descabida.

O preconceito de côr não apenas serviu como fundamento para a introdução de um sistema de castas em nossa sociedade, mas também foi usado como uma arma pelos sindicatos de trabalhadores para combater a competição do proletariado negro e amarelo. As "barreiras de côr" levantadas pelas federações e sindicatos de trabalhadores americanos, sul-africanos e australianos que, compartilhando dos ideais socialistas, se apresentam como defensores da classe trabalhadora, lançam uma pálida luz sôbre as rivalidades econômicas que são as causas reais escondidas por trás dos antagonismos raciais e dos mitos criados para justificá-los.

Em obras aparentemente científicas, chegou-se mesmo a pretender que a capacidade intelectual dos mulatos fôsse diretamente proporcional à quantidade de "sangue branco" que corresse em suas veias. O sucesso ou insucesso que êsses encontrassem na vida dependeria dessa porcentagem. Àqueles que assinalam os obstáculos de natureza diversa impostos aos mulatos, os racistas respondem que ainda assim teriam êxito, não obstante a agressividade do meio, se fôssem suficientemente dotados. Uma das opiniões mais errôneas, embora das mais difundidas, é a de que o negro entregue a si próprio é um perfeito selvagem e que só evoluiu onde o branco lhe impôs suas idéias ou refreou-lhe os impulsos.

Suposições sôbre características psicológicas e sociais baseadas na côr da pele não são apenas absurdas, mas também falsas e variam conforme as circunstâncias. Como exemplo, podemos tomar as mudanças havidas nos pontos de vista mantidos a respeito dos japonêses: em 1935, a maioria dos norte-americanos consideravam-nos como "progressistas", "inteligentes" e "trabalhadores"; em 1942 êles se tornaram "astutos" e "traiçoeiros", e em 1950 os qualificativos mudaram novamente. Quando havia poucos trabalhadores chineses na Califórnia, eram êles descritos como "econômicos", "sóbrios" e "cumpridores da lei"; no momento em que a competição se tornou sensível e era necessário afastá-los, foram descritos como "imundos" e "repulsivos", e até "perigosos". A mesma falta de critérios objetivos pôde mais tarde ser notada na Índia: enquanto as tropas norte-americanas descreviam os nativos como "imundos" e "incivilizados", os intelectuais hindus chamavam os americanos "rudes", "materialistas", "iletrados" e "incivilizados".

No que diz respeito à suposta inferioridade dos atributos psicossomáticos do negro aos do homem branco, Hankins afirma que o volume do cérebro é menor no negro e conclui que o negro é mentalmente inferior. H. L. Gordon (1933) afirma que a deficiência cerebral congênita é uma característica dos negros do Quênia, resultante, também, no seu modo de ver, do menor volume do crânio e da diferença de conformação do cérebro do negro.

Em muitos casos, o odor peculiar do corpo do negro e seu acentuado prognatismo têm sido apontados como prova de sua inferioridade biológica. Entretanto, é sobretudo no campo psicológico que os mais persistentes esforços têm sido feitos para provar a superioridade do homem branco sôbre o negro. É fora de dúvida que os negros e os brancos não são de modo algum semelhantes quer seja física, intelectual ou psicòlogicamente; entretanto, isto não justifica a afirmativa de que as diferenças impliquem qualquer superioridade de uns sôbre os outros.

As investigações de Leaky na África e de Steggerda entre os negros da Jamaica mostraram que a sua capacidade craniana não é inferior, até mesmo superior, em alguns casos, à dos homens brancos. Isto foi confirmado pelo trabalho de J. Huxley e A. Keith. Corroborando esta teoria, podemos recorrer ao trabalho de J. H. F. Kohlbrugge (1935) sôbre a formação do cérebro baseado em primitivas pesquisas de eminentes antropologistas e doutôres como Reezius, Weinberg, Sergi e Kappers. Êles chegam às seguintes importantes conclusões:

1. O pêso do lobo frontal, considerado como a base do intelecto, representa 44% do pêso total do cérebro nos homens e nas mulheres, quer *sejam brancos ou prêtos*.

2. Não foram observadas diferenças raciais quanto ao pêso do cérebro; há, entretanto, acentuadas variações entre os indivíduos dentro de cada grupo ou "raça" humana.

3. Homens de marcante capacidade intelectual não possuem necessàriamente cérebros com maior pêso ou volume.

4. Comparações de diferentes formações de cérebros oferecem igualmente pouca base para se afirmar que existem diferenças marcantes entre as raças; *tôdas* as variações são encontradas em *tôdas* as "raças". O autor conclui: "Se diversos exemplares fôssem misturados não haveria quem pudesse distinguir os cérebros de australianos dos europeus, nem os de pessoas muito inteligentes dos cérebros comuns".

As obras de Sergi sôbre os negros e de Kappers sôbre os chineses confirmam estas importantes conclusões e destroem a injusta afirmativa de que a alegada inferioridade intelectual do negro seja devida ao (suposto e arbitrário) fato de os cérebros das raças de côr serem menores em volume e de estrutura menos complexa.

Admitindo-se como característica própria de sua raça o prognatismo, freqüentemente encontrado nos negros, seria uma característica somática primitiva. Entretanto, a falta de pêlos no corpo, a grossura dos lábios e a textura do cabelo etc. representam um estágio evolutivo mais adiantado no negro do que no branco. Podemos afirmar com Ruth Benedict que "nenhuma raça pode advogar com exclusividade o direito de representar o estágio final da evolução humana; não há argumento válido que confirme que certas características especiais possam indicar a superioridade da raça branca".

Neste campo os têrmos "bom", "mau", "superior" e "inferior" não têm significado pois são todos têrmos sub-

30

jetivos; em todos os casos deveriam ser usados com refe rência a um aspecto específico, e.g., "a maioria dos negros é superior aos brancos quanto à sua resistência à malária"; ou "a maior parte da raça branca é superior aos negros quanto à sua resistência à tuberculose" etc. No final das contas ficaria provado que cada grupo humano é superior em alguns pontos e inferior em outros.

Presentemente, quando comparamos as posições das raças branca e negra, há uma tendência a afirmar a inferioridade desta última pelo fato de sua evolução econômica, política e cultural estar muito aquém da dos brancos. Isto, entretanto, não é devido a uma "inferioridade racial inata", é puramente o resultado de circunstâncias, e devido ao regime de exploração sob o qual vive a maioria dos negros, como conseqüência da colonização branca e da existência de uma escravidão que, embora não seja reconhecida pela lei, a ela se compara na prática.

Muito freqüentemente o negro ainda se encontra num estado de semi-escravidão econômica, está emaranhado numa teia de restrições legais e extralegais. A pobreza, o desprêzo e a doença fizeram dêle o que hoje é.

No que diz respeito à propalada indolência do negro (bem como a do índio americano) a causa pode muito bem ser a falta de incentivo. Como Burns acertadamente demonstra, as grandes produções das colônias do Oeste africano, onde muitas terras ainda estão em mãos dos negros, mostram que o negro não é indolente por natureza. Quando se interessa por seu trabalho e o compreende, despende energias sem limites, mas êle quer escolher suas próprias horas de trabalho sem se sentir um prisioneiro de fiscais. Igualmente, o índio americano, quando se sente dono de sua própria terra e seguro de usufruir de todos os frutos de seus esforços, não resta dúvida, trabalha com uma energia, entusiasmo e eficiência que jamais se encontrará nos casos em que sabe que é o "patrão" quem usufruirá dos resultados. Booker T. Washington afirma que o maior dano causado ao negro pela escravidão foi privá-lo do sentido de independência pessoal, do método e do espírito de iniciativa.

Não há razão por que brancos e negros não possam viver juntos e pacìficamente como bons concidadãos em uma mesma nação e no mundo; não devam demonstrar mútua consideração e respeito sem que qualquer grupo tenha que sacrificar algo de sua individualidade, do mesmo modo como católicos e protestantes, em muitos países, conseguem manter-se em excepcional convivência sem abandono de seus princípios religiosos.

31

O que ofende os negros é sua sistemática exclusão, por causa de sua côr, de certas regalias sociais oferecidas a brancos de cultura e educação muito duvidosas. É a atitude generalizada dêstes para com êles, a falta de consideração e a deliberada indiferença que fazem com que "desejem cada vez mais a libertação dêste eterno ostracismo e da degradação que os estigmatizam quase como membros de uma outra espécie, como sub-homens" [7].

Um complexo de inferioridade, aliás bem distinto, faz com que êles interpretem como prova de hostilidade para com sua raça e como um desejo de mantê-los num estado de inferioridade todo ato ou decisão penosas, ou ao menos desagradáveis, mesmo quando êsse ato visa ao indivíduo e é estranho a todo preconceito de côr. O rancor e o ódio acumulados diante das ofensas de outrora, a desconfiança em face dos progressos dos brancos, um ódio amargo e às vêzes abertamente confesso de tudo o que é branco, tudo isso é necessário que os negros superem, vençam, esqueçam se quiserem ver estabelecido, entre êsses dois grupos humanos, um espírito de verdadeira compreensão.

Vários exemplos na história mostram como guerras religiosas puseram um fim a tôda e qualquer tolerância religiosa. Cremos que uma guerra entre raças possa ser evitada se os povos brancos em todo o mundo pararem de tratar os negros com indiferença, opressão e injustiça e adotarem uma atitude civilizada e decente para com os povos de côr, caracterizada pela tolerância e cortesia. Devemos fazer com que seja impossível a qualquer homem de côr dizer, como um havaiano disse a um missionário:

Quando o homem branco chegou, êle tinha a Bíblia e nós possuíamos a terra; agora, nós temos a Bíblia e êle, a terra.

As contribuições dos negros como raça ou como indivíduos para o mundo civilizado não podem servir de base adequada para que se possa prognosticar o que a raça seja capaz de alcançar no futuro por suas próprias aptidões e em condições sociais e econômicas mais satisfatórias. Além do mais, não devemos esquecer que a Universidade de Tombuctu pode ser comparada a qualquer escola européia e o mesmo se verifica quanto aos graus de civilização da Europa e dos três grandes reinos negros de nossa era. Lord Olivier (1905) disse com muita razão: "o negro está progredindo e isso aniquila todos os argumentos do mundo de que seja incapaz de progredir".

Resumindo, tanto a biologia como a antropologia, a evolução e a genética demonstram que a discriminação ra-

(7) Mathews, citado por Burns.

32

cial baseada na côr é um mito sem a menor justificativa científica, e é por isso que a pretensa "inferioridade racial dos povos de côr" é falsa. São tão-sòmente fatôres políticos e sócio-econômicos pouco favoráveis que mantêm êsses grupos em seu estado atua!.

O Mito Judeu

Os judeus formam um grupo humano que tem despertado o mais intenso ódio em quase todos os países e em quase tôdas as épocas.

O anti-semitismo, enquanto atitude social e política, dominando Estados inteiros, algumas vêzes, e extensos setores da população em outras, e defendida de maneira ora mais ora menos profunda no campo religioso e econômico, é um antigo antagonismo de que se encontram exemplos na história desde as épocas mais remotas. Para mostrar sua constância, podemos citar exemplos como a expulsão dos judeus em massa da Espanha no século XV, a segregação dos judeus na Europa cristã durante a Idade Média, o caso Dreyfus na França, os conhecidos *pogroms* de judeus em várias épocas e em várias partes da Europa Oriental e Central e finalmente a propaganda mundial feita aos Protocolos dos sábios de Sião visando a exacerbar o espírito anti-semítico das massas populares.

Hoje em dia, entretanto, o anti-semitismo recorre ao *mito da raça judaica* numa tentativa de se justificar e de fornecer uma cobertura pseudocientífica às suas razões políticas e econômicas. O homem considerado como tìpicamente "judeu" é, na realidade, muito comum entre os povos do Levante e do Oriente Próximo, embora a maioria dêsses povos não sejam nem nunca tenham sido judeus quer na religião quer em outros aspectos de sua cultura.

O fato de alguns judeus serem identificados pela aparência se deve menos a caracteres físicos hereditários do que ao resultado de reações emocionais e de outras reações que produzem expressões faciais e atitudes corpóreas específicas, maneirismos, entonação e tendências de temperamento e caráter resultantes dos costumes judeus e do tratamento dado aos judeus pelos não-judeus.

Se os nazistas conheciam as genuínas características distintivas dos judeus, por que eram obrigados a ostentar a estrêla de Davi em suas vestes para que pudessem ser identificados pelos arianos?

No que diz respeito à Itália, Mussolini disse em 1932: "Não há raças puras" e "não há anti-semitismo na Itália". "Os judeus italianos sempre se comportaram corretamente como cidadãos e lutaram valentemente como soldados."

Em 1936 a aliança ítalo-germânica o obrigou a iniciar uma campanha antijudaica, embora a óbvia heterogeneidade do povo italiano produzisse na Itália um racismo diferente do germânico. O Manifesto Fascista de 14 de julho de 1938 proclama: "Há uma raça italiana pura. As questões raciais na Itália serão tratadas por um ângulo puramente biológico independente de cogitações filosóficas ou religiosas. O conceito de raça na Itália deve ser essencialmente italiano e nórdico-ariano... os judeus não pertencem à raça italiana. De maneira geral nenhum dos semitas que se fixaram no solo sagrado de nossa pátria durante os séculos permaneceu aí. A ocupação da Sicília pelos árabes apenas deixou como marco a lembrança de alguns nomes". Êste brado fascista da existência na Itália de uma raça italiana pura do tipo nórdico-ariano seria cômico se não tivesse sido tão trágico. O principal ponto que queremos frisar é que a atitude anti-semítica do fascismo italiano é uma grosseira imitação do nazismo e como êle baseada em falsas premissas biológicas.

Quais são as supostas características antropológicas específicas da raça judaica?

Os judeus formavam uma nação até a tomada de Jerusalém por Tito no ano 70 de nossa era. No princípio da era cristã e talvez ainda antes, houve a emigração de judeus da Palestina para vários países, de onde, em muitos casos, eram êles mais tarde expulsos, dando assim origem ao que podia ser chamado de migração secundária e movimentos de população. Seria interessante conhecer as características morfológicas e raciais dos hebreus da antiguidade que são provàvelmente os principais ancestrais dos judeus de hoje; até agora, entretanto, não foi possível confirmá-las e assim se faz necessário conduzir as investigações por outros caminhos.

Desde muito cedo, os semitas se mesclaram com um sem-número de povos vizinhos da Ásia Ocidental, tais como os cananeus, os filisteus, os árabes, os hititas etc. e assim, mesmo que os hebreus tivessem sido originàriamente uma raça pura, houve, ainda na antiguidade, um grande número de cruzamentos com várias outras.

Além do nôvo Estado de Israel, há numerosas colônias judaicas na Ásia, como as da Transcaucásia, Síria, Mesopotâmia, Iêmen (Arábia), Samarcanda, Bucara (Turquestão), Irã, Herat (Afeganistão) etc.

Os judeus começaram a se estabelecer no Norte da África (Marrocos e Argélia) no ano 1.000 a.C. A esta primeira leva seguiram-se muitas outras. Três tipos distintos são encontrados nesta parte do mundo, refletindo origens diversas: *a*) judeus de antigas origens, agora poucos em número, que freqüentemente apresentam o tipo clássico hebreu de compleição leve, cabelos e olhos escuros e grande nariz aquilino; *b*) judeus em que predominam as características espanholas; *c*) judeus do tipo árabe-berbere: êstes são os mais numerosos e mal se distinguem dos povos nativos das regiões em que vivem. Assim, enquanto algumas comunidades judaicas da África se assemelham em suas características somáticas, outras se assemelham mais intensamente aos povos asiáticos.

Na Espanha houve uma importante colônia judaica desde o princípio da erá cristã. Quando de sua expulsão em 1492, os judeus espanhóis se espalharam pelo norte da África, pelos Balcãs e pela Rússia. Os judeus de origem espanhola são dolicocéfalos enquanto os judeus russos são braquicéfalos, uma diferença perfeitamente explicável uma vez que a conformação craniana de cada grupo se assemelha à das populações espanhola e russa, entre as quais vivem. Uma observação geral semelhante pode ser feita com relação aos judeus da Polônia, Alemanha e Áustria. Dos judeus inglêses, 28,3% são dolicocéfalos, 24,3% mesocefálicos e 47,4% braquicéfalos, enquanto, da população judaica do Daguestão (Cáucaso), 5% são dolicocéfalos, 10% são mesocefálicos e 85% são braquicéfalos.

A respeito da conformação craniana, pode-se dizer, falando de uma maneira geral, que na Ásia o tipo predominante é o braquicéfalo, embora haja alguns grupos dolicocéfalos; na África a predominância do grupo dolicocéfalo é absoluta; enquanto que a Europa possui tanto grupos dolicocéfalos (mais particularmente os grupos de origem espanhola), mesocéfalos e braquicéfalos. Não é possível no presente trabalho apresentar as estatísticas detalhadas provando a variabilidade de tôdas as demais características somáticas da errôneamente chamada "raça judaica"; entretanto, podemos mencionar que 49% dos judeus polacos possuem cabelos loiros e 51% cabelos escuros; ao passo que existe apenas 32% de loiros entre os judeus alemães. Trinta por cento dos judeus de Viena possuem olhos claros. O nariz aquilino, que parece ser tão típico dos judeus, aparece sòmente em 44% dos indivíduos de certos grupos, enquanto o nariz grego é encontrado em 40%, o chamado "nariz romano" em 9% e o arrebitado em 7%.

Tudo o que aqui foi citado é uma clara prova da variabilidade e falta de unidade morfológica dos povos judeus. Confirmando êsse ponto de vista, R. N. Salaman afirma: "A pureza da raça judaica é imaginária; a mais ampla variedade de tipos étnicos é encontrada entre a

35

"raça judaica", no que diz respeito apenas à conformação craniana, que vai desde os braquicéfalos até os hiperdolicocéfalos. Mais particularmente na Alemanha e na Rússia, há judeus que não apresentam a menor característica semítica".

Fishberg acrescenta: "A porcentagem de loiros de olhos claros e sua irregular distribuição nos vários centros de população judaica, a extrema variabilidade de índices cranianos — pelo menos tão grande como a observada entre qualquer outro povo da Europa, — a existência de negróides, mongolóides e tipos teutônicos entre os judeus, as variações de estatura etc. são outras provas da não--existência de uma mesma raça semítica desde os tempos bíblicos. Daí, o brado dos judeus sôbre a pureza de sua descendência é tão vão e sem fundamento como as alegações de uma diferença radical entre os judeus e os chamados arianos em que se baseia o anti-semitismo".

Os judeus, que emigraram de sua terra natal em várias fases da história, apresentavam um grau de mestiçagem que variava com a época da emigração. Ao chegarem à nova terra, alguns dos colonizadores casavam-se entre si e assim perpetuavam a linhagem original, porém mais freqüentemente se uniam aos aborígenes. Isto não é mera suposição, há fatos que o comprovam, a despeito da crença de que os judeus se mantêm isolados:

1. Desde o princípio da era cristã numerosas leis foram promulgadas proibindo o casamento entre cristãos ortodoxos e judeus, e.g., o Código de Teodósio II, no sexto século; o Concílio de Orleans em 538; as leis emanadas das autoridades eclesiásticas de Toledo em 589, de Roma em 743 e do Rei Ladislau II da Hungria em 1902. A existência de tais proibições indica claramente que as uniões entre judeus e cristãos eram freqüentes. Spielmann relata numerosos exemplos de casamentos entre alemães e judeus.

2. Calcula-se que na Alemanha, entre 1921 e 1925, em cada cem casamentos de judeus, havia 58 entre judeus e 42 entre judeus e outras raças. Em Berlim, em 1926, houve 861 casamentos entre judeus e 554 entre judeus e outras raças. Os números falam por si sós, especialmente se levarmos em conta os numerosos casais que aderiram ao judaísmo por causa da religião, sem que nada tivessem de "semita".

3. É óbvio que tôdas as comunidades judaicas são formadas por elementos mistos, seja qual fôr o país em que residam, uma vez que, embora tivessem sido segrega-

dos em certas épocas essas medidas não podiam ser rigorosamente mantidas e obedecidas por muito tempo. Tanto isto é verdade que a análise e classificação geral dos judeus, de acôrdo com a origem, nos dá os seguintes grupos diferentes: *a*) descendentes de judeus emigrados da Palestina (poucos); *b*) descendentes de uniões entre judeus e outros grupos; *c*) judeus de religião mas que não têm nenhuma conexão antropológica, qualquer que seja ela, com os judeus da Palestina e consistindo simplesmente em indivíduos de outras correntes humanas convertidos à religião hebraica. Um exemplo típico desta classe é o de Boulan, rei dos Khazares, convertido ao judaísmo em 740 com muitos nobres e gente do povo; há ainda numerosos judeus na Polônia e no sul da Rússia que descendem dêsse grupo.

Assim, a despeito do ponto de vista usualmente mantido, o povo judeu é racialmente heterogêneo; suas constantes migrações e suas relações — voluntáriàs ou não — com as mais diversas nações e povos originaram um grau de mestiçagem que faz com que possamos encontrar *no chamado povo de Israel exemplos dos traços característicos de todos os povos.* Como prova será bastante comparar o judeu rubicundo, robusto, corpulento de Rotterdam com seu correligionário, por exemplo, da Salonica com olhos brilhantes em uma face pálida, magro e nervoso. Portanto, até onde chega nosso conhecimento, podemos afirmar que os judeus em conjunto apresentam um grau tão grande de diferenciação morfológica entre si como o que podemos encontrar entre membros de duas ou mais raças diferentes.

Isto faz surgir um problema: se, cientìficamente, é fácil demonstrar que o povo judeu é heterogêneo e que não há a chamada "raça judaica" como é que, entretanto, alguns judeus podem ser, quase que infalìvelmente, identificados à primeira vista? A provável explicação é que os judeus em questão são aquêles que conservam certas características judaicas de seus ancestrais: nariz aquilino, face pálida combinada com cabelos e olhos negros. Não obstante, não somos capazes de perceber e identificar um número muito maior de judeus que adquiriram os caracteres do povo no seio do qual vivem e assim passam despercebidos.

Outro ponto digno de nota é o fato de que os indivíduos que professam a mesma religião atingem até certo ponto um grau de semelhança em gestos, hábitos, vestimentas etc., o que facilita sua identificação. Entre os judeus, cujos ritos e costumes são extremamente rígidos, essa semelhança externa, proveniente de suas afinidades etnográficas, lingüísticas e religiosas, é fortemente marcante, embora não haja conexão com a variedade de tipos morfológicos que constituem aquêle povo.

Não há portanto nenhuma base em que se possa fundamentar o clamor dos que defendem a teoria de uma raça judaica; é um mito biológico que não possui bases válidas para justificar uma atitude anti-semítica.

O Mito da Superioridade "Ariana" ou "Nórdica"

Os racistas não estavam satisfeitos em proclamar a superioridade dos brancos sôbre as raças de côr, nem com a discriminação contra os judeus, nem mesmo em combater a miscigenação e em afirmar *a priori* que esta era perigosa por conduzir à degeneração racial. Acharam também necessário criar hierarquias biológicas e psicológicas dentro da própria raça branca numa tentativa de justificar novos direitos de conquista, dominação e opressão, exclusivos de casta mais reduzida.

Essa é a origem do "arianismo" ou "nordicismo" como uma doutrina básica de superioridade racial. O mito ariano é a fonte comum de outros mitos secundários como o germanismo, o anglo-saxonismo e o celtismo surgidos, respectivamente, na Alemanha, Inglaterra, Estados Unidos e França.

Vejamos algumas considerações sôbre a origem, distribuição e caracteres essenciais do "tipo ariano superior" e, finalmente, demonstremos sua inexistência.

Origem dos arianos

As semelhanças filológicas entre o sânscrito, o grego, o latim, o alemão e o céltico observadas por W. Jones (1788) levaram Thomas Young (1813) a adotar o têrmo "indo-europeu" para designar a raiz comum destas e de outras línguas. E, logo se desenvolveu uma corrente que admitia a existência de um povo indo-europeu e J. G. Rhode (1820) o localizou na Ásia Central. Mais tarde J. von Kalproth sugeriu que o têrmo "indo-europeu" fôsse substituído por "indo-germânico" que se generalizou nas obras de Prichard (1831) e F. Bopp (1833). Em 1840, F. A. Pott sugeriu os vales do Oxo e Iaxarte e as encostas do Hindu-Cuxe como o local onde vivera o primitivo povo ariano; embora sem qualquer base sólida, essa hipótese foi aceita até o fim do século XIX.

Com Max Müller (1861) difundiu-se a crença na origem asiática dos arianos; Müller repetidamente frisou sua opinião de substituir os têrmos "indo-germânico" e "indo-europeu" por "ariano", baseado no fato dos povos que invadiram a Índia e cuja língua era o sânscrito se chamarem "árias". Segundo Müller, a primitiva língua implicava a existência de uma raça, "raça ariana", ancestral comum dos hindus, persas, gregos, romanos, eslavos, celtas e germânicos. Mais tarde, entretanto, reagiu contra a noção do "arianismo racial" e, como veremos adiante, voltou ao ponto de vista de que êste era um têrmo puramente lingüístico.

J. J. d'Omalius d'Halloy (1848-64), R. T. Latham (1862), Bulwer Lytton (1842), Adolphe Pictet (1859--1864) e outros negaram a propalada origem asiática dos indo-europeus. Benfey (1868) sustentava que os arianos vieram das praias ao norte do Mar Negro entre o Danúbio e o Cáspio. Louis Leiger (1870) os localizou nas praias ao sul do Báltico e J. G. Cunok (1871) na área entre o Mar do Norte e os Urais. D. G. Brinton (1890) acreditava que a pátria original dos arianos fôra a África Ocidental, enquanto K. F. Johanson (por volta de 1900) admitia o ponto de vista de que as ondas de emigração ariana se originaram do Báltico. Peter Giles (1922) supunha que tivessem vindo das planícies da Hungria. V. Gordon Childe (1892) argumentava como sendo o sul da Rússia o seu local de origem, enquanto G. Kossina (1921) acreditava que procedessem do norte da Europa. Ao mesmo tempo havia outros, como R. Hartmann (1876); G. de Mortillet (1866) e Houzé (1906), que mantinham serem os arianos uma invenção da imaginação de certos escritores.

Os exemplos citados demonstram a variedade de opiniões sôbre o assunto — opiniões que em muitos casos se contradizem flagrantemente. Isso nos deve levar à convicção de que a existência do chamado "povo ariano" ou "raça ariana" é um simples mito, uma vez que encontramos critérios puramente subjetivos utilizados na tentativa de determinar sua pátria, sem o menor fundamento científico ou baseado em fatos.

A DOUTRINA DO ARIANISMO E DO TEUTONISMO

O primeiro a propor a teoria de uma aristocracia de "sangue germânico" foi o Conde Henri de Boulainvilliers (1658-1722), mas foi Arthur de Gobineau quem formulou a doutrina do "arianismo" [8] em tôda a sua plenitude,

(8) *Essai sur l'inegalité des races humaines*, 1853.

e proclamou a superioridade da "raça ariana" sôbre as demais raças brancas. Suas idéias tiveram considerável influência no pensamento filosófico e político da Europa e, desde logo, êle se tornou bem conhecido na Alemanha, onde travou contato com Richard Wagner que o ajudou a difundir suas idéias. Entretanto, sòmente mais tarde sua teoria exerceu alguma influência ou recebeu uma certa aceitação na França, sua terra natal.

Gobineau descendia de uma família burguesa do século XVII e queria provar a origem nobre de sua família. Sua obra era antes de tudo o resultado de uma pesquisa destinada a demonstrar a "superioridade" de sua própria casta. Portanto, o racismo de Gobineau não é um conceito *nacionalista* de aristocracia, mas um conceito de *classes* que procura defender a posição dessa aristocracia contra um proletariado bastardo. Sua "raça ariana" era uma "casta superior", uma mincria seleta e privilegiada nascida para governar e dirigir os destinos das "massas inferiores" de mestiços em qualquer nação. Gobineau não defendia o francês nem o alemão; simplesmente sustentava a "superioridade e pura descendência ariana da aristocracia", em qualquer país.

Depois da guerra franco-prussiana de 1870, o "arianismo", de uma doutrina que proclamava a inata superioridade de uma classe social, se viu transformado num dogma da "superioridade. de certas nações". Embora já fôsse errado — como veremos — afirmar a pureza biológica de uma classe social, era absurdo ainda maior defender a pureza racial de uma nação. Não obstante, entre os franceses, alemães e demais anglo-saxões, homens de letras, políticos e pseudocientistas eram vistos dedicando tôdas as suas energias em demonstrar que os triunfos de sua civilização se deviam. *exclusivamente* às respectivas "raças". Os defensores do arianismo apresentavam o elemento nórdico como a fonte de tôdas as civilizações mais adiantadas e das maiores conquistas da humanidade em tôdas as épocas e lugares. No ponto de vista de Gobineau, por exemplo, a civilização chinesa surgiu como o resultado da infiltração de "sangue ariano".

Gobineau não é muito preciso quanto às características dos "arianos". Êles podem ser braquicéfalos ou dolicocéfalos; os olhos são normalmente claros, mas podem ser escuros e mesmo negros (devemos lembrar que êle próprio era um francês de olhos escuros). Foram seus seguidores que atribuíram exclusivamente ao tipo ariano a elevada estatura, os olhos azuis, o cabelo loiro e cabeças alongadas, bem como as seguintes qualidades físicas: virilidade, nobreza inata, agressividade natural, serena objetividade, menosprêzo às palavras inúteis e vã retórica, inteligência precisa, espírito de independência, rigor para consigo mesmo e para com os outros, senso de responsabilidade bem desenvolvido, grande perspicácia, tenacidade de vontade, qualidades de uma raça de líderes, homens de grandes empreendimentos e de idéias firmes etc.

Houston Stewart Chamberlain (1899), genro de Richard Wagner, embora inglês, defendia a primazia germânica, sendo o mais ardente defensor da teoria racista do "nórdico loiro dolicocéfalo"; adotou os têrmos "raça teutônica" e "sangue teutônico", dando assim um nítido sentido nacionalista à teoria de classes de Gobineau. Considerando o "loiro germânico" como tendo uma missão divina a desempenhar e "os teutões como sendo a aristocracia da humanidade", enquanto "os latinos seriam um grupo degenerado da população", chegou à conclusão de que a civilização européia, mesmo nos países classificados como eslavos e latinos, é obra da "raça teutônica": e.g., a Grécia, Roma, o Papado, a Renascença, a Revolução Francesa e o Império Napoleônico. Vai além e assegura: "onde não penetra o elemento germânico não há civilização no sentido em que a consideramos".

Examinemos alguns poucos exemplos dessa fantástica teoria: Os "gregos arianos" foram bem sucedidos nas artes mas não possuíam o espírito de organização política como o resultado da miscigenação entre sua raça e a semítica, contendo esta uma proporção de sangue negro. Pelo mesmo processo dessa imaginação louca, Júlio César, Alexandre Magno, Leonardo da Vinci, Galileu, Voltaire, Marco Pólo, Roger Bacon, Giotto, Galvani, Lavoisier, Watt, Kant, Goethe e muitos outros são todos considerados "teutões" e Napoleão é considerado provàvelmente como descendente dos Vândalos.

Outros grandes personagens da história são descritos como a resultante da fusão de "sangue teutônico" com a "raça escura sulista"; esta classe inclui homens como Dante, Rafael, Michelangelo e Shakespeare, apontados como "homens de gênio", não por causa de seu "sangue mestiço" mas *a despeito* dêste sangue. "Seus dons naturais representam a herança recebida da raça teutônica." Referindo-se ao apóstolo São Paulo, a quem procuravam incluir no "grupo ariano", os escritores dessa escola concluíram que tão grande homem não podia ser um "judeu de sangue puro" e assim deram a entender que era filho de pai judeu e mãe grega. De Jesus, Waltmann diz: "Não há a menor prova de que seus pais descendessem de judeus; não há dúvida de que os galileus tinham uma proporção de sangue ariano; além do mais, o arianismo de

41

Cristo é evidente em sua mensagem", e mais além, "José não era seu pai, pois Jesus não tinha pai". Entretanto, quando o nazismo de Hitler se opôs à Igreja, nenhum teorista racial jamais ousou referir-se à origem "ariana" de São Paulo e de Jesus Cristo.

A exaltação da raça teutônica chega ao clímax do absurdo na afirmativa de Waltmann sôbre a fôrça das imaginárias semelhanças filológicas de origem germânica dos nomes de grandes figuras da Renascença: e.g.: Giotto, de Jothe; Alighieri, de Aigler; Vinci, de Wincke; Tasso, de Dasse; Buonarotti, de Bohurodt; Velasquez, de Valehise; Murillo, de Moerl; Diderot, de Tietroh etc.

Antropossociologia e seleção social

Esta escola de pensamento, introduzida por G. Vacher de Lapouge (1896) na França e Otto Ammon (1898) na Alemanha, é uma variante especial do "determinismo racial". Baseada em pesquisas estatísticas de considerável interêsse intrínseco, seus resultados foram interpretados de acôrdo com uma idéia pré-concebida da "superioridade do tipo loiro dolicocéfalo". Como resultado de seus exames em crânios do século XVII e XVIII em Montpellier, De Lapouge achava poder provar que membros de uma classe social mais elevada tinham um índice cefálico menor do que o povo comum, i.e., os crânios dêstes últimos eram mais arredondados ou braquicéfalos.

Algumas de suas conclusões podem ser resumidas como segue:

1. Nos países de sangue mestiço as riquezas crescem em razão inversa ao índice cefálico, i.e., indivíduos com menos índice cefálico, dolicocéfalos, são os mais ricos.

2. Os moradores da cidade são predominantemente dolicocéfalos, enquanto que os braquicéfalos dominam as áreas rurais.

3. A vida urbana exerce uma influência seletiva desfavorável aos elementos braquicéfalos.

4. Há uma maior tendência à dolicocefalia nas classes mais elevadas do que nas inferiores; a competição por posições sociais mais elevadas tende a eliminar os braquicéfalos que são mais freqüentemente achados entre os trabalhadores.

5. Desde os tempos pré-históricos tem havido um constante aumento do índice cefálico na Europa. Baseado nisto, De Lapouge prevê a extinção do "dolicocéfalo louro" e daí uma subseqüente "idade negra" no mundo.

Tôdas as hipóteses acima são baseadas pura e simplesmente na chamada Lei de Ammon, que sustenta a existência de uma concentração do dolicocéfalos na cidade e sua "superioridade" aos braquicéfalos.

As obras de Levi na Itália (1896), Oloriz na Espanha (1894), Beddoe na Inglaterra (1905) e Houzé na Bélgica (1906) demonstram a falsidade não só da Lei de Ammon mas também das precipitadas deduções tiradas por seus defensores. Não resta dúvida que, de acôrdo com estatísticas feitas na Alemanha e ao norte da Itália, os estudantes (que representam a classe social mais elevada) são predominantemente dolicocéfalos; entretanto, o oposto se verifica ao sul da Itália. E mais, os próprios antropossociologistas reconhecem que o tipo dolicocéfalo mediterrâneo era "inferior" ao braquicéfalo alpino, e sua própria teoria os conduziria a aceitar o negro, o tipo mais dolicocéfalo do mundo, como um dos povos "superiores". E mais, Ammon chama a atenção para exemplos de compleições braquicéfalas e negras entre intelectuais e, tentando forjar uma explicação, escreve: "uma leve mistura de sangue braquicéfalo é vantajoso porque êle tende a modificar o excessivo ardor dos arianos e lhes dá o espírito de perseverança e reflexão que os torna mais aptos aos estudos científicos"; "exemplos são encontrados de pessoas do verdadeiro tipo germânico quanto à côr da pele, olhos e cabelos mas braquicéfalos e por isso psicològicamente do tipo braquicéfalo"; "a conformação do crânio é, entretanto, o ponto importante, pois ela determina a forma do cérebro e conseqüentemente o tipo psicológico". Vacher de Lapouge foi a ponto de afirmar que "um crânio braquicéfalo é evidência de total incapacidade dos indivíduos para se elevarem acima do barbarismo".

Entretanto, dados estatísticos, inclusive os do próprio De Lapouge e Ammon, mostravam que (ao contrário de suas afirmações) havia uma tendência à braquicefalia nos intelectuais e mesmo uma preponderância dos tipos de compleição escura entre as chamadas classes superiores. Em face disto, De Lapouge refugiou-se em outro sofisma e classificou os intelectuais de "falsos braquicéfalos", uma expressão desprovida do mais simples sentido antropológico [9].

(9) Vacher de Lapouge, em *L'Aryen* (Paris, 1899), no capítulo em que estuda o futuro dos arianos, referindo-se à América, previu que os Estados Unidos viessem a ser os verdadeiros adversários da Rússia na grande luta do futuro, julgando-os com maiores possibilidades, naturalmente por motivos raciais... Quanto às repúblicas de cultura latina, acreditava que, em 50 anos, seriam prêsas de um vizinho gigantesco... Refere-se ao Brasil, nestes têrmos, que causaram outrora indignação, mas hoje só provocam o riso: — *le Brésil, immense état nègre qui retourne à la barbarie*... (N. do T.)

De fato, estudos somáticos de pessoas classificadas como intelectuais em diferentes países mostrariam a maior variedade de combinações de características antropológicas atribuídas a diferentes raças chamadas primitivas.

Daí se vê que as teorias e dados apresentados pelos antropossociologistas são òbviamente contraditórios e não provam nada quanto à alegada "superioridade intelectual dos dolicocéfalos". Nem foram capazes de confirmar que a chamada influência seletiva das grandes cidades sôbre os recém-vindos aja igualmente sôbre a forma do crânio e, ainda menos, que a proporção dos dolicocéfalos seja maior nas "classes superiores".

Antropossociologistas pregavam a superioridade dos louros dolicocéfalos, pois nela acreditavam; mas tudo o que realmente conseguiram foi reforçar vigorosamente a arrogância racial de "arianos" e incrementar as tendências agressivas de chauvinismo teutão e pan-germânico por lhes dar a falsa ilusão de terem uma justificativa ética.

A TESE "ARIANA" DO NAZISMO E DO FASCISMO CONTEMPORÂNEOS

A forma nacionalista do "racismo ariano" encontrou em H. S. Chamberlain, Waltmann, Theodor Pesche, Karl Penca e Richard Wagner adeptos convictos que desempenharam um papel importante como propagandistas e fizeram com que a teoria da supremacia da raça "ariana" ou teutônica lançasse raízes na Alemanha. Em 1894, a crença na superioridade da origem divina da Alemanha tornou-se um culto quase religioso, com a fundação em Freiburg, sob a direção de L. Schemann, do "Gobineau Vereinigung". Por isso as doutrinas de "pureza de raça" e "superioridade de raça" tiveram muito maior importância na Alemanha do que em qualquer outro lugar e finalmente tornaram-se artigos de fé, perigosos ao tempo da primeira guerra mundial. Enquanto os líderes alemães incitavam o furor popular à defesa da cultura teutônica e de sua propagação entre as outras raças "menos civilizadas" da Europa, estas, por seu turno, alegavam que os "louros" alemães não eram europeus mas de origem asiática e descendentes dos hunos, faltando-lhes todos os elementos da verdadeira cultura, sem a menor noção do conceito de liberdade e democracia e merecendo ser exterminados até o último homem.

A respeito da não-existência do tipo "ariano" ou "nórdico", há uma anedota histórica digna de ser lembrada. Antes de 1914, Guilherme II queria um mapa racial da Alemanha que deveria ser feito mostrando a incidência do elemento "ariano". Entretanto, os dados recolhidos não puderam ser publicados, tão marcante era a heterogeneidade, e em regiões inteiras, como no ducado de Baden, não fôra encontrado nenhum indivíduo do "tipo nórdico" puro.

O período de após-guerra (1919-39) de nada serviu para melhorar as relações entre os povos, e o mito racista ariano novamente servia para fins políticos nazistas e fascistas. J. L. Reimer [10] chegou mesmo a propor o estabelecimento de um sistema de castas de acôrdo com as diferentes proporções de "sangue germânico": a) uma casta superior de "germânicos de sangue puro", "teutões ideais"; b) uma casta intermediária com sangue "parcialmente germânico" que sòmente teria privilégios restritos; c) uma casta dos não-germânicos, privados de todos os direitos políticos e que deveriam ser esterilizados para a salvaguarda do Estado e das civilizações futuras.

Um dos teóricos do racismo hitlerista, Hans F. K. Günther (1920-37), descreveu o tipo alpino como psicològicamente "fadado a terminar como um estúpido morador de choupanas, enquanto que a mulher alpina transformar-se-ia numa criaturinha pálida, envelhecida num mundo restrito e degradante". Assim, os alpinos são para êle "mesquinhos criminosos, trapaceiros, gatunos e pervertidos sexuais". Os nórdicos, por outro lado, eram capazes "dos crimes mais nobres". Entretanto, há racistas fanáticos ainda mais cruéis que Günther; para Gauch [11], a diferença na estrutura anatômica e histológica (cabelos, ossos, dentes e tegumento), entre os homens e os animais é *menor* do que entre os nórdicos e as outras raças humanas; sòmente os nórdicos possuem uma dicção perfeitamente articulada; sòmente nos nórdicos encontramos a correta posição bípede etc. Êle termina sugerindo que uma linha bem definida deveria ser traçada entre o "nórdico" e o mundo animal, compreendendo êste último todos os homens não-nórdicos.

O próprio Hitler (*Mein Kampf*, 1925) a respeito da superioridade germânica escreve: É sobremaneira evidente na história que sempre que o 'ariano' funde seu sangue com o de povos inferiores, o resultado da miscigenação tem sido invariàvelmente a ruína das raças civilizadas. Nos Estados Unidos, onde a grande maioria da população consiste de elementos germânicos, entre os quais há apenas um pequeno grau de mestiçagem com povos inferiores pertencentes às raças de côr, tanto a população humana como a civilização são diferentes dos

(10) *Ein Pangermanisches Deutschland.*
(11) *Neue Grundlagen der Rassenforschung,* 1933.

demais povos da América do Sul e Central onde a grande maioria de imigrantes se misturou com os aborígenes...";
"o germânico que manteve a pureza de sua raça sem mestiçagem tornou-se o senhor do continente americano e continuará a ser seu senhor enquanto não cometer o suicídio de uma contaminação incestuosa". Em outras palavras, os latino-americanos — para os racistas germânicos — estão fadados a uma irremediável degeneração biológica e por conseguinte condenados a viver sob o domínio da pura raça "ariana" ou "germânica". Não são necessários comentários.

No capítulo anterior salientamos que o fascismo italiano não apenas proclamou o anti-semitismo mas também seu racismo "nórdico" como base da unidade nacional e de sua aliança política e econômica com o nazismo.

A própria América não está livre desta aberração e apresenta autores genuìnamente racistas como Madison Grant [12], Clinton B. Stoddard [13] e Lothrop Stoddard [14], que mantêm e propagam seus princípios da "superioridade nórdica" com afirmativas como estas: "A proporção de sangue nórdico em cada nação é a exata medida de seu poder na guerra e seu lugar na civilização"; "o elemento nórdico decaiu na França e com êle a potência da nação"; "a superstição e falta de inteligência existentes na Espanha de hoje em dia são devidas à substituição do elemento nórdico pelos elementos alpinos, mediterrâneos etc."

O CHAMADO TIPO "ANGLO-SAXÃO"

A propalada uniformidade somática da raça anglo-saxônica pode ser destruída de pronto. Se os norte-americanos fôssem descendentes diretos dos "Pilgrims" e se a Inglaterra naquela época pudesse ser considerada um país exclusivamente anglo-saxão, poderia haver alguma base para a teoria da "pureza" dêsse tipo. Já foi dito que os invasores teutões "exterminaram todos os habitantes nativos da Inglaterra numa gloriosa chacina universal". A verdade é, entretanto, que os conquistadores teutões não eram mais do que um elemento nôvo no complexo racial das Ilhas Britânicas, e êles próprios estavam longe de ser morfològicamente homogêneos.

Quanto aos Estados Unidos, não resta dúvida de que os primeiros colonizadores da Nova Inglaterra saíram das mais diversas camadas da sociedade inglêsa e, assim, apre-

(12) *Passing of the great race*, 1916.
(13) *America's race heritage*, 1922.
(14) *The revolt against civilization, the menace of the underman*, 1922.

sentavam grandes diferenças físicas entre si. A estatura bem como o índice cefálico apresentam uma grande variedade no povo inglês. Parson (1920) provou estatìsticamente que enquanto pouco menos de 25% apresentavam a combinação de ôlhos escuros com cabelos negros ou castanhos, aquêles que combinavam olhos claros e cabelos louros não eram mais do que 20%, e que a combinação mais freqüente era olhos claros com cabelos escuros, embora houvesse indivíduos com olhos escuros e cabelos louros. Não se encontra nenhuma evidência nas ilhas Britânicas e ainda menos nos Estados Unidos que justifique a propalada identidade de raça "anglo-saxônico" com quaisquer dessas nações.

"O CELTISMO"

O celtismo é outra variante do "arianismo" e representa uma das conseqüências da forte tendência nacionalista que se desenvolveu na França depois da guerra de 1870. Essa teoria afirma que os habitantes da França pertencem ao tipo céltico, e atribui-lhes características psicossomáticas que os tornam "superiores" às demais raças brancas. Enquanto Gobineau, De Lapouge, Ammon, Chamberlain, Waltmann etc. atribuíam o gênio criador da França ao elemento "ariano" e "teutônico", o celtismo apresenta argumentos de igual validade para provar a superioridade "racial" dos Celtas.

A. de Quatrefages [15] afirma que as origens raciais dos prussianos são inteiramente diferentes dos franceses e conclui: "Não há nada de 'ariano' nos prussianos". Em 1871, Broca afirmou que a França era uma nação de gauleses braquicéfalos e mantinha a superioridade dessa raça sôbre o alemão nórdico dolicocéfalo. Isaac Tylor [16] foi outro cientista que sustentou que os celtas eram uma raça braquicéfala de elevada estatura e os únicos arianos.

O uso ambíguo de têrmos e a confusão quanto à caracterização somática tornam-se ainda maiores quando se tenta definir os celtas e os gauleses. Joseph Widney (1907) fala de dois tipos célticos, o primeiro, alto, louro e dolicocéfalo (como o escocês dos Highlands e o povo do norte da Irlanda), o segundo, baixo, moreno e braquicéfalo (como o irlandês do sul). Êle considera o primeiro como verdadeiro celta, enquanto o segundo é descendente de uma raça mais antiga que fôra conquistada e apenas adotara a "língua céltica". Entretanto, continua êle: "Os cel-

(15) *La race prussienne*, 1872.
(16) *The origin of the Aryans*, 1890.

tas nunca mantiveram seu sangue puro"; "a tendência fatal dos celtas para a miscigenação quase levou sua raça à ruína". Widney afirma que o louro celta dolicocéfalo é o elemento dominante na França; na própria França, entretanto, a tendência é identificar o celta com o alpino braquicéfalo de estatura e compleição médias.

Algumas escolas de pensamento na França consideram-na habitada pelos celtas, outras pelos gauleses, embora não haja concordância entre os mestres franceses de qual eram os elementos dominantes nem se êles pertenciam ou não, de fato, à mesma raça. Daí alguns investigadores afirmarem que "celta" é um têrmo histórico de pouca precisão científica usado para designar os povos que falam línguas afins e que apresentam tôdas as variedades morfológicas desde o baixo, moreno dolicocéfalo através do braquicéfalo meio louro de estatura média até o dolicocéfalo alto e louro. Entretanto, essas observações inteiramente exatas têm pouca influência numa mentalidade dominada pelo "racismo".

Seja qual fôr o tipo a que pertençam os "celtas", o fato é que entre o ano 2.000 a.C. (fim da Idade Neolítica na França) e as migrações teutônicas do século V da nossa era, muito pouco se conhece sôbre as fusões raciais na Europa Ocidental. Parece que houve sucessivas levas de tipos alpinos braquicéfalos ou de povos em que preponderava êsse tipo. Como a Alemanha e o norte da Itália, a França era o ponto de encontro das três principais raças da Europa, bem como de qualquer grupo paleolítico sobrevivente: *a*) a raça *mediterrânea* era o elemento indígena do sul da França, onde predomina; *b*) os *alpinos* penetraram em direção ao noroeste e hoje constituem a grande parte da população de Savoy, Auvergne e Bretagne; *c*) as raças *nórdicas* ou *bálticas* (normandos, teutões, saxões, francos e burgúndios) que eram todos de origens notòriamente mestiças, espalharam-se pela França de norte a sul e uma delas deu seu nome à região. Mesmo hoje em dia o elemento germânico predomina em extensas áreas ao norte da França. Resumindo, se levarmos em consideração a forma do crânio, côr dos olhos, cabelo, pele e estatura torna-se evidente que morfològicamente o povo francês *era e é* inteiramente heterogêneo.

CRÍTICA E REFUTAÇÃO DESTAS TEORIAS

O êrro fundamental do "arianismo" ou "nordicismo" em tôdas as suas formas repousa em uma confusão de idéias que é muito difundida, mas em hipótese alguma menos anticientífica: o têrmo *raça* é usado indiferentemente como um sinônimo de *língua e nação*.

Já mostramos que o têrmo "raça" tem um significado exclusivamente biológico. Entretanto, os têrmos "raça latina", "raça eslava", "raça germânica" e naturalmente "raça ariana" são de uso comum, e assim, com freqüência, se cai no êrro de considerar grupos humanos apenas lingüisticamente homogêneos como sendo antropològicamente uniformes. Em 1900 Havet escreveu: "Língua e raça são dois conceitos inteiramente diferentes. Em uma discussão lingüística nem um único têrmo antropológico poderia jamais ser usado e, igualmente, em estudos antropológicos o vocabulário da lingüística deve ser afastado". O próprio Max Müller, um dos primeiros a usar o têrmo "raça ariana" (1861), afastou sua interpretação biológica e tornou sobremaneira enfático seu significado puramente lingüístico. Escreveu: "Para mim, um etnólogo que fala de raça ariana, sangue ariano, olhos e cabelos arianos, é um pecador tão grande como um lingüista que fala de um dicionário dolicocéfalo ou uma gramática braquicéfala". Entretanto, o conceito de "raça ariana" tinha-se tornado tão difundido que a retratação de Müller e os pontos de vista de Havet não tiveram qualquer efeito prático.

Há realmente um grupo ou família de línguas correlatas designadas "Indo-Europeu" ou "Ariano". A língua, entretanto, espalha-se e transmite-se de um povo para outro pelas migrações, conquistas e transações comerciais, sem que isso implique a existência de uma identidade biológica do grupo formado por aquêles povos que falam línguas semelhantes.

O melhor exemplo disto é encontrado nos Estados Unidos cujos 150 milhões de cidadãos formam um nôvo tipo para o qual um grande número de raças de todos os pontos do mundo contribuíram. Muito embora os principais elementos da população variem desde os louros altos e de longo crânio (tipo nórdico) através dos louros baixos, sub-braquicéfalos (tipo europeu oriental) até os altos dolicocéfalos de pele escura (o tipo atlântico mediterrâneo), todos êles falam o inglês. Em outras palavras, há um certo número de grupos somàticamente distintos com uma língua comum, sem mencionar um grande número de cidadãos norte-americanos do grupo negro, ameríndio e chinês que também falam a língua inglêsa.

Em outras palavras, uma nação pode ser formada por mais de uma raça, enquanto grupos biològicamente idênticos podem-se subdividir em nações distintas. Os habitantes da América do Norte possuem maior identidade com o povo da Dinamarca e Suíça do que com o povo da

49

Alemanha do Sul, enquanto êstes são fìsicamente seme-lhantes a parte da população da França, Tchecoslováquia e Iugoslávia. Como então será possível falar de "raças" germânica, ariana ou anglo-saxônica?

Generalizações sôbre a raça "ariana" e sua superio-ridade são baseadas em argumentos aos quais faltam tôda a validade objetiva e são falhos, contraditórios e nada pos-suem de científico.

Já citamos exemplos a respeito da primitiva locali-zação do "povo ariano", e parece inútil insistir na ambi-güidade dêsse ponto principal: os próprios "racistas nór-dicos" indicam lugares extremamente diferentes para essa localização. Assinalamos igualmente a confusão involun-tária e premeditada que êles criam entre o sentido lingüís-tico e o biológico da palavra "ariano". Mencionamos fi-nalmente alguns casos marcantes de obsessão ao nos re-ferirmos às opiniões absurdas dos que incluem na "raça ariana" povos, civilizações e indivíduos extremamente di-versos e afastados uns dos outros tanto no plano físico como no tempo e espaço. Todos são exclusivamente com-pelidos pelo desejo de justificar a tese geral segundo a qual sòmente os "arianos" foram e continuàm sendo capazes de criar grandes culturas e paraísos de civilização superior.

É exatamente no campo morfológico que as incon-gruências são maiores. Pesquisas nas formações cranianas e de outras características de indivíduos ou grupos, consi-derados como autênticos "arianos", "teutões", "anglo-sa-xões" e "celtas", mostram considerável variedade tanto nas idades primitivas como em nossa era. É fato provado que houve tanto braquicéfalos como dolicocéfalos na Eu-ropa desde as mais remotas eras

As obras de Von Holder, Lissauer e Virchow (1870--80) demonstram que a população primitiva do Báltico era morfològicamente heterogênea com uma larga percen-tagem de braquicéfalos. Em 1889 Virchow afirmava: "O ariano típico descrito em teoria jamais foi descoberto" e chegou mesmo a expressar sua opinião de que os braqui-céfalos eram superiores aos dolicocéfalos. Entretanto, isto não era suficiente para deter a crença na superiori-dade do "louro dolicocéfalo", que firmara raízes profun-das na imaginação popular.

Houve um momento, entretanto, em que os criadores do mito racial ariano começaram a perceber, pouco a pouco, que os tipos físicos para os quais reclamavam uma superioridade e o tipo inferior "não-ariano" eram criações fictícias de suas mentes. O próprio Ammon admitia que nunca encontrara um alpino braquicéfalo puro: "Alguns braquicéfalos eram louros, outros altos, outros com nari-

50

zes afilados ou com alguma característica que jamais poderiam possuir".

Entretanto, as contradições chegam ao máximo quando Chamberlain, que descrevera o tipo "louro teutônico", acabava por negar qualquer valor à antropometria, porque esta não podia indicar índices de superioridade. Êle admite que "os teutões da antiguidade não eram de forma alguma gigantes dolicocéfalos", mas "um exame acurado dêles nos mostraria que todos apresentam as características específicas do povo germânico quer física quer mentalmente". Afirma então que essa apreciação subjetiva "ensina mais do que possa ser aprendido num congresso de antropologia". A certo ponto pergunta: "Qual era o tipo do homem 'ariano' realmente?" e mostra como a filosofia, a antropologia e a etnologia não podem dar uma descrição exata e detalhada do povo ariano e acrescenta: "Quem sabe o que se dirá sôbre os arianos em 1950?"

Não hesita em afirmar que "o nobre semblante de Dante é prova inquestionável de sua origem teutônica" (a despeito de que Waltmann — como vimos — considerasse Dante o resultado da miscigenação). Lutero também é considerado do tipo teutônico embora suas características sejam bem diferentes das de Dante (Lutero era dolicocéfalo enquanto Dante era braquicéfalo), mas isto não impede que nosso autor escreva: "Dante e Lutero estão nos dois extremos da variedade de aparências dos grandes homens da raça germânica". E, termina com outra frase cintilante: "Aquêle que se mostre germânico por seus atos é germânico seja qual fôr sua genealogia".

Tendo em vista a heterogeneidade física dos supostos "nórdicos" ou "arianos" (um bom exemplo disto seria um indivíduo "tão alto como Goebbels, tão louro como Hitler e tão magro como Goering"), o nazismo põe de lado tôda e qualquer tentativa de justificativa biológica para sua doutrina imperialista de subjugação econômica de outros povos e chegam à conclusão de que "uma alma nórdica pode-se juntar a um corpo não-nórdico" e que "o homem nórdico pode ser reconhecido por seus atos e não pelo comprimento de seu náriz ou côr de seus olhos" [17].

A dedução clara é que no racismo o critério físico é uma mera desculpa, abandonado por ser inútil quando as circunstâncias do momento assim o requeriam: "A diferenciação das raças humanas não é uma questão de ciência; é por uma percepção imediata que se reconhecem emocionalmente as diferenças chamadas raciais". Na opinião do Dr. Gross (1934): "A política não pode es-

(17) *Nationalsozialistische-Korrespondenz*, junho de 1936.

perar até que a ciência tenha desenvolvido uma teoria racial; a política deve suplantar a ciência com a verdade básica intuitiva da diversidade de sangue entre povos e com sua conseqüência natural, — o direito de legislar dos mais dotados".

Assim, a origem do racismo não é científica mas política. É usada por inimigos para justificarem suas lutas, muito embora possam pertencer ao mesmo grupo racial, ou por aliados para descobrirem uma "identidade racial" mesmo quando são morfològicamente distintos. Por exemplo, os arianos deveriam em boa lógica considerar o povo japonês como inferior, uma raça de sub-homens, por causa de sua côr. Entretanto, pactos políticos tornaram necessário um acôrdo e dava-se a explicação de que o branco japonês mesclara-se consideràvelmente com as raças amarelas e por isso os japonêses de hoje, apesar de apresentarem um aspecto de homens amarelos, "possuem tôdas as qualidades morais e intelectuais de um povo ariano ou mesmo nórdico". Graças a uma teoria tão maleável, Alfred Rosemberg (1935) pôde declarar oficialmente que "os líderes japonêses eram biològicamente tão dignos quanto os alemães".

Ruth Benedict está certa quando declara: "Nenhuma falsificação dos dados antropomórficos é tão absurda demais para que a propaganda não se sirva dela, desde que seja mantida à fôrça das armas e dos campos de concentração".

Conclusão

A existência de diferenças individuais somáticas e físicas é uma realidade; em tôdas as raças, nações, classes ou comunidades podemos encontrar indivíduos mais dotados ao lado de outros menos dotados. Esta é uma realidade biológica para a qual não existem exceções. Mas tais variações não têm qualquer conexão com a propalada superioridade ou inferioridade de determinados grupos humanos.

Há muito tempo existe a crença de que nossa própria família ou raça é melhor do que as outras. O que é relativamente recente é a tentativa de justificar esta "superioridade" cientìficamente no campo das características biológicas inatas.

O crescente descontentamento dos povos da Índia, o desenvolvimento do sentimento racial entre os negros da África e a autoconfiança mostrada pelos japonêses, chineses e indonésios são algumas das muitas provas de que as raças, até então desprezadas por sua suposta inferioridade, estão cada dia menos dispostas a aceitar que suas qualidades sejam julgadas por certos critérios das raças brancas.

A democracia reconhece a existência de diferenças entre os homens, mas considera *todos* possuidores dos mesmos inalienáveis direitos e *lhes* procura garantir iguais oportunidades políticas, sociais e econômicas.

O totalitarismo também aceita as diferenças entre homens e povos como fato inevitável mas mantém que essas diferenças implicam o princípio da obediência à vontade de uma raça dominante, constituída de "homens superiores". Seu interêsse é escravizar todos os que são passíveis de se submeterem à vontade dos "dominadores" e exterminar todos aquêles incapazes de se aglutinarem no mundo totalitário.

Como as descobertas científicas e o progresso tecnológico destruíram em grande parte a eficiência do mito puro e simples no seio das massas, o racismo contemporâneo vê-se forçado a adotar uma dissimulação científica. Por isso, os mitos racistas do século XX devem-se apresentar com bases científicas muito embora, conforme diz Prenant, isto seja feito "ao preço das mais vergonhosas falsificações e contradições". O racismo tem procurado abranger e usar para seus próprios fins a antropologia. a fisiologia do sangue, as leis da hereditariedade etc. Mas tudo sem sucesso.

Em 1918 os aliados vitoriosos rejeitaram a proposta da delegação japonêsa à Conferência de Paris de 1919 para a inclusão na Carta da Liga das Nações de uma declaração proclamando a igualdade de tôdas as raças. Desde 1945, entretanto, o trabalho da Organização das Nações Unidas tem sido compartilhado por altos dolicocéfalos louros, baixos dolicocéfalos morenos, braquicéfalos, homens amarelos, negros, mestiços e representantes de muitas nações de cultura e morfologia diversas. Todos êsses elementos provaram unânimemente, em dezembro de 1948, a Declaração Universal dos Direitos do Homem, cujo segundo artigo estabelece que: "Todos são abrangidos por todos os direitos e liberdades estabelecidos na Declaração, sem distinção de qualquer espécie, tais como raça, côr, sexo, língua, religião, política, origem nacional ou social, propriedades, fortuna ou qualquer outro *status*".

A espantosa afirmação de Burgess (1890) — procurando justificar a política colonialista alemã — de que os alemães têm absoluto direito de anexar o território dos recalcitrantes e transformá-lo num lugar de gente civilizada — é um exemplo que bem revela como a "superioridade" dos racistas os conduz a aceitar, sem qualquer preocupação moral ou legal, o império da fôrça, como fonte de lei quando se trata de povos "inferiores".

Há duas perguntas cujas respostas são suficientes para aniquilar os mitos raciais. Qual o grau de diferenciação possível entre indivíduos de mesmos caracteres hereditários em ambientes diferentes? E, ainda, quais as diferenças entre indivíduos de caracteres hereditários diferentes e vivendo no mesmo ambiente?

As diferenças entre os sêres humanos devem ser consideradas como fatos que requerem compreensão e interpretação e não qualidades que mereçam críticas ou louvores. O Major Morton escreve: "Muitos dos atritos entre raças, como entre nações ou indivíduos são devidos à falta de compreensão; se os povos estivessem dispostos a dedicar um pouco do seu tempo a compreender seus recíprocos pontos de vista, freqüentemente descobririam que as coisas não vão tão mal como pensam" (1920).

O preconceito racial pode surgir de causas econômicas e políticas, de um complexo de superioridade ou inferioridade de uma raça particular, de diferenças biológicas, de caracteres hereditários ou de uma combinação de várias dessas causas. Em todos os casos, as coisas muito se agravam pela tendência de se aceitarem teorias e hipóteses sem o menor exame crítico.

Doutrinas de superioridade racial têm desempenhado um papel sem precedentes na alta política dos Estados. Têm servido de desculpa para a crueldade e desumanidade, têm sido o pretexto para a expansão colonial da Europa e do moderno imperialismo, têm aguçado o ódio entre raças, levado o patriotismo a absurdos extremos e provocado guerras.

De nada adiantará promulgar novas leis ou restringir as liberalidades das atuais, uma vez que a efetividade dessas leis é diretamente proporcional à convicção da maioria dos cidadãos de que sejam necessárias para a sua própria defesa e para a defesa dos seus direitos. Muito mais se pode fazer contra os preconceitos e mitos raciais tentando-se corrigir as condições que lhes dão origem.

O mêdo é a primeira delas: o mêdo da guerra, o mêdo da insegurança econômica, o mêdo de perder o prestígio pessoal ou de um grupo etc. O preconceito racial continuará a existir no mundo, sob uma forma ou outra, enquanto não existir um maior sentido de segurança pessoal.

É necessario que se demonstre o absurdo que representa considerar-se um grupo humano em conjunto como "totalmente bom" ou "totalmente mau". A ciência, os princípios democráticos e os sentimentos de humanidade são uníssonos em rejeitar a condenação de qualquer pessoa por causa de sua raça ou côr ou por estar submetida a um estado de escravidão.

O racismo é muito diferente de uma simples aceitação ou de um estudo científico e objetivo da existência de raças e da atual desigualdade dos grupos humanos. O racismo envolve a assertiva de que a desigualdade é absoluta e incondicional, i.e., que uma raça é por sua própria natureza superior ou inferior a outras independentemente das condições físicas de seu *habitat* e de fatôres sociais.

Nestes últimos cinqüenta anos temos visto desenvolver-se um nacionalismo hipertrofiado. Os horrores da guerra e as ansiedades causadas por uma paz armada muito têm contribuído para sua manutenção. A eliminação dos mitos raciais, através da convicção de indivíduos e de grupos, pode exercer uma poderosa influência e proporcionar uma melhor disposição e maior compreensão nas relações entre os homens.

Bibliografia

BENEDICT, Ruth. *Race, science and politics.* New York, 1945.

BURNS, Alan. *Colour prejudice,* Londres, 1948.

COMAS, Juan. *Existe una raza judía?* México, 1941
— *El mestizaje y su importancia social.* México, 1945.
— *La discriminación racial en América.* México, 1945.

COUNT, Earl W. *This is race.* Uma antologia selecionada da literatura internacional sôbre as raças humanas. New York, 1950.

DUNN, L. C. e DOBZ HANSKY, Th. *Heredity, race and society.* New York, 1950.

HANKINS, Frank, H. *The racial basis of civilization*: *a critique of the nordic doctrine.* New York, 1926.

HUXLEY, Julian S. e HADDON, A. C. *We Europeans*: *a survey of "racian" problems.* New York e London, 1936.

KLUCKHOHN, Clide. *Mirror for man.* New York, 1949.

MONTAGU, M. F. Ashley. *Man's most dangerous myth. The fallacy of race.* New York, 1942.

ORTIZ, Fernando. *El engaño de las razas.* Havana, 1946.

PARKES, James. *An enemy of the people, anti-semitism.* New York, 1946.

PRENANT, Marcel. *Raza y racismo.* México, 1939.

RAÇA E SOCIEDADE

Kenneth L. Little

Introdução

Para tratar raça e sociedade, é essencial uma clara compreensão dos têrmos empregados. Muito mais que a raça, é a história o principal fator das diferenças que se verificam entre as culturas e o grau de civilização dos povos do mundo. Essas diferenças não são, pois, suficientes para demonstrar a existência de desigualdades fundamentais entre a capacidade inata de desenvolvimento intelectual e afetivo das populações em questão.

Mas se a "superioridade racial" não é senão um mito e uma noção desprovida de todo conteúdo real, como pode a "raça" desempenhar um papel tão importante na vida moderna? Em muitas partes do mundo, as diferenças raciais servem de base a legislações e práticas sociais discriminatórias, em contradição direta com as conclusões da ciência. Ademais, tanto no Sul dos Estados Unidos quanto na União Sul-Africana, muitas pessoas continuam a afirmar categòricamente que o negro é biològicamente inferior ao branco. Grande número de americanos brancos dos Estados do Sul sustentam que os negros são sêres completamente diferentes dêles e muitos sul-africanos os consideram incapacitados para viver numa sociedade branca civilizada. A Austrália recusa-se a aceitar imigrantes de côr e, em muitos países, negros e brancos são separados, pelas leis ou pelos costumes. Deve-se concluir muito simplesmente que os governos e os povos interessados ainda não aprenderam ou compreenderam quanto falácia existe nos preconceitos raciais?

Não se trata disso, evidentemente; as superstições e a ignorância não são manifestamente a causa primária dos preconceitos raciais e das inúmeras leis e costumes que regem as relações entre as raças. O bom entendimento entre indivíduos de origem racial ou étnica diferente não depende de estarem a par das mais recentes descobertas da etnologia moderna. Se assim fôsse, seria muito difícil explicar por que as diferenças racias são toleradas num país e em outro não; por que são virtualmente ignoradas, digamos, no Brasil e no Havaí; e por que se dá muita atenção a elas na União Sul-Africana e nos Estados Unidos, por exemplo. Em relação ao número de sua população, o Brasil tem muito menos escolas que a União Sul-Africana e, no fim do século passado, muitos havaianos ainda eram analfabetos.

Na realidade, a raça pròpriamente dita, no sentido biológico, nada tem a ver com as atitudes psicológicas e com as idéias adotadas a êsse respeito. É fora de dúvida que muitas pessoas sentem uma repugnânci profunda e instintiva por indivíduos cuja côr difere da sua e não podem suportar a idéia de um contato físico com êles. Mas isso não quer dizer que tais sensações respondam verdadeiramente a um instinto. É mais provável que se adquiram tais inibições, no mais das vêzes inconscientemente, durante a primeira infância. A criança tende a imitar aquêles que cuidam dela em sua família, ou na escola, e partilha as reações afetivas de seu ambiente. Se seus pais e amigos estão firmemente convictos de que, por exemplo, os membros dêste ou daquele grupo racial são sujos, doentios etc., não é de admirar que venha a sentir, em relação a êsses indivíduos, a mesma repugnância que tem para com a sujeira ou a doença. Em todo caso, um fato incontestável e mais convincente que qualquer explicação de ordem psicológica é a ausência quase total, em certos países, de aversões raciais que são corriqueiras em alguns lugares, notadamente nõ sul dos Estados Unidos e na África do Sul. Se o sentimento de repugnância *fôsse* realménte inato, seria muito difícil explicar como milhões de homens e mulheres podem trabalhar e viver juntos sem experimentar a menor dificuldade a êsse respeito. Seria ainda mais difícil explicar por que a heterogamia continua a ser praticada exatamente no lugar em que é severamente proibida. A verdade é que as pessoas podem perfeitamente viver lado a lado sem se atribuírem mùtuamente tais ou quais características, se bem que a côr de sua pele, a forma e as dimensões de seu nariz e de sua cabeça variam em proporções consideráveis.

Essa última consideração deveria ajudar-nos a compreender que não é a existência de diferenças raciais em si que coloca o problema das relações entre raças, mas o fato de que tais diferenças são acentuadas no seio desta ou daquela sociedade. O que importa, pois, não é saber se os diversos grupos em discussão *diferem* ou *não* em têrmos biológicos reais, mas saber se êles se consideram pertencentes a diferentes raças. De fato, em tôdas as partes do mundo existem grupos nacionais ou culturais que não são pròpriamente "raças" no sentido antropológico do têrmo. Isso não impede que seus membros considerem a si mesmos e a outros grupos similares como raças. Na ausência de qualquer tomada de consciência das diferenças entre grupos, não se pode falar de relações de raça no sentido estrito dessa expressão, *qualquer que seja o grau* de heterogeneidade biológica da sociedade em consideração. Para falar claramente, não há relações raciais a não ser quando o indivíduo é considerado e tratado como representante de um grupo biológico específico (ou suposto como tal); de outro modo as relações entre indivíduos de raças diversas não se distinguem em nada dos outros tipos de relações humanas.

O problema das relações entre a raça e a sociedade é psicològicamente complexo. As atitudes e os sentimentos raciais não existem *in vacuo*. Não sendo biológica, sua origem só pode ser social. Isto significa que resultam não apenas da situação do momento, como também da natureza dos contatos que os grupos interessados tiveram entre si no passado. Êste último ponto é muito importante, pois nem tôdas as sociedades manifestam um mesmo grau de consciência racial. Em alguns países, as diferenças físicas entre membros dos diversos grupos raciais não implicam conseqüências sérias; em outros, a atenção está permanentemente voltada para elas. Em alguns casos, dão origem a leis especiais contra os casamentos inter-raciais; em outros, não têm senão uma pequena influência no plano social. Como se explica êsse paradoxo? A cultura tem algo a ver com isso? Pode ser que o antagonismo entre grupos étnicos surja sòmente quando os grupos em questão não têm o mesmo estilo de vida? Muitas pessoas julgam ser êste, de fato, um fator fundamental e que o desentendimento subsistirá enquanto, no seio de uma mesma sociedade, as diferenças de língua e de costumes coexistirem com as diferenças étnicas. Mas o fato é que grupos de cultura dessemelhante vivem em concórdia, enquanto que raças de mesma cultura são, por vêzes, hostis entre si. Em compensação, pode haver harmonia entre grupos raciais de mesma cultura, e podem produzir-se choques entre raças de cultura diferente. Alguns exemplos esclarecerão êste ponto.

Na Jamaica (Antilhas Britânicas), a população, composta de brancos, pessoas de côr (isto é, mestiços) e negros, é heterogênea do ponto de vista racial, mas a religião, a língua e a legislação são comuns a todos os habitantes. Os ricos e as altas personalidades, em sua maioria, têm a pele branca ou quase branca; há uma classe média composta principalmente de mestiços; enfim as classes operária e camponesa compreendem uma maioria de negros. Os jamaicanos dão grande importância à côr da pele, e é uma enorme vantagem, do ponto de vista social e econômico, ter a pele clara, já que as diferenças de côr correspondem, em larga escala, às diferenças de classe. Em compensação, as diferenças de raça pròpriamente dita (e não de côr) não dão lugar a qualquer prática discriminatória, e nem proíbem o acesso a qualquer função oficial na ilha. Tôdas as crianças freqüentam as mesmas escolas e, nas grandes recepções, vêem-se entre os convidados pessoas de pele escura e de pele branca.

No sul dos Estados Unidos onde, como na Jamaica, brancos e negros partilham, no conjunto, dos mesmos usos e costumes, falam a mesma língua e têm aproximadamente o mesmo modo de ver as coisas, existe, ao contrário, uma rígida separação entre os dois grupos em quase todos os setores. Os negros têm suas escolas, suas igrejas, seus lugares de reunião etc., e lhes é proibido participar pùblicamente da vida social dos brancos, quaisquer que sejam as circunstâncias [1]. As medidas de segregação

(1) De alguns anos para cá, como resultado de decisões da Côrte Suprema exigindo dos Estados do Sul que ofereçam possibilidades iguais aos negros e aos brancos no campo do ensino superior e especializado, algumas Universidades sulinas admitiram um pequeno número de estudantes negros.

são impostas em parte pela lei, e em parte pelos costumes fortemente enraizados nos brancos. A separação das raças é obtida por meios legais, pela intimidação ou mesmo pela fôrça. Pode ocorrer que os brancos recorram à violência e, por exemplo, voar pelos ares as casas de negros que tenham violado o código das relações sociais na tentativa de se elevar acima da condição inferior que lhes é imposta.

Êsses são exemplos de grupos racialmente diferentes com culturas semelhantes. Na União Sul-Africana, ao contrário, trata-se de grupos dessemelhantes tanto do ponto de vista cultural quanto étnico. Distinguem-se os europeus que falam inglês ou africano e são cristãos; os "cape-colored" (mestiços), que falam o "pidgin-english" ou africano e também são cristãos; os indianos, que falam sobretudo o hindustani e são hindus ou muçulmanos; finalmente os nativos africanos que falam, na maior parte, dialetos bantos e conservaram os costumes e as religiões tribais. Como será explicado mais abaixo com mais minúcias, medidas de segregação asseguram a separação dêstes diferentes grupos no plano social, e a parte não-européia da população é mantida numa completa dependência. Em todos os pontos onde subsistem contatos entre europeus e não-europeus, produzem-se numerosos choques e uma viva hostilidade manifesta-se entre os grupos. Algo totalmente diverso acontece na Nova Zelândia, que possui, entretanto, uma população mista do ponto de vista racial e cultural. A maioria consiste de indivíduos de origem européia principalmente britânica. São conhecidos pelo nome de Pakehas. A minoria de maoris, de origem polinésia e, em sua maior parte, fiéis aos costumes tribais, não é objeto de nenhuma medida discriminatória. A lei concede aos maoris inteira igualdade de direitos e compartilham do seguro social no mesmo título e nas mesmas condições que os neozelandeses brancos. São elegíveis assim como os outros, e realmente alguns dêles estão na Câmara dos Representantes. Os casamentos mistos não são raros, notadamente no caso dos Pakehas das classes pobres, e grande número de maoris já se estabeleceu nas cidades. Os neozelandeses brancos tendem a considerar êste último grupo com certo desprêzo, mas de um modo geral as diferenças raciais não suscitam hostilidades e, no conjunto, os Pakehas orgulham-se de seus compatriotas maoris.

Ao invés de estudar as atitudes raciais em função do contexto cultural, podemos também comparar suas *origens históricas*. No sul dos Estados Unidos, por exemplo, a instituição da escravatura nas plantações é que enraizou profundamente a idéia da inferioridade do negro no espírito dos brancos. Na União Sul-Africana, foi sobretudo em razão do estrito particularismo social e religioso dos primeiros colonos bôeres que se veio a considerar e tratar os indígenas e outros indivíduos de extração não-européia como membros de grupos "heterogêneos". Mas nem sempre os fatôres históricos por si sós desempenham um papel decisivo. A escravidão dos negros reinava também na Jamaica, onde a maioria dêles tinha nas plantações a mesma vida do "bom velho sul" (dos Estados Unidos); e esta observação se aplica igualmente ao Brasil. Mas, tanto na Jamaica como no Brasil, as relações raciais evoluíram num sentido diferente e mais liberal que nos Estados Unidos. Da mesma forma, se na União Sul-Africana as raças de côr foram reduzidas a um estado de completa dependência subseqüentemente aos seus conflitos com os colonos europeus, na Nova Zelândia as guerras que puseram frente a frente colonos e indígenas há menos de um século resultaram na instauração da igualdade entre as raças e não na sujeição de uns aos outros.

Portanto, à primeira vista, pareceria que as considerações de ordem cultural e histórica lançam apenas uma luz bem fraca sôbre o problema. Mas se, continuando a passar em revista as civilizações e a história, sairmos do quadro da civilização ocidental e da época atual, encontrar-nos-emos em presença de um fato dos mais reveladores. Constatamos, com efeito, a ausência quase total de relações raciais, no sentido que demos a êste têrmo, antes da época da expansão e das explorações que conduziram os europeus aos países de além-mar. Nenhuma outra civilização antiga ou moderna sancionou as diferenças entre grupos étnicos por meio de leis ou de costumes; isto parece ser próprio dos povos europeus que entram em contato com outras raças. No mundo muçulmano, por exemplo, as únicas distinções que contam, hoje como no passado, são as de ordem religiosa. Os muçulmanos são tradicionalmente indiferentes à côr da pele, e o Islã sublinha que todos os crentes são iguais, quaisquer que sejam sua raça ou sua côr. Segundo a lei do Corão, todos os habitantes de um país conquistado que abracem a religião maometana tornam-se, sob todos os aspectos, iguais a seus conquistadores. O sistema hindu de castas tampouco dá qualquer margem às considerações de raça, embora alguns autores lhe atribuam uma origem racial. Lembram que a sociedade hindu antiga estava dividida em quatro *varna*, ou côres, e afirmam que se tratava de diferenciações raciais. Contudo, a palavra *varna* tem um

62

sentido bem diverso da palavra *casta* e, no sistema das castas, o ostracismo se funda não em motivos de ordem racial, e sim religiosa e ritual; além disso, o indivíduo excluído concorda com aquêles que o excluem e contribui para fazer respeitar a regra. Nada lembra aqui as formas modernas de relações raciais, que são impostas pela lei e pela pressão social.

Em outras civilizações antigas, como as da Grécia ou do Egito, as relações entre representantes de raças diferentes eram as de conquistador e conquistado ou de senhor e escravo, mas existem poucos motivos para acreditarmos na existência de aversões ou interditos motivados por considerações de raça ou de côr. Os egípcios, por exemplo, falavam com desprêzo dos negros que viviam nos países do Sul e cujos lábios grossos ou carapinha alguns dos artistas do Egito caricaturavam; mas consideravam com o mesmo desdém os outros estrangeiros, principalmente os líbios de olhos azuis. Entre os egípcios, assim como entre outros povos da antiguidade, as uniões com os cativos, qualquer que fôsse sua côr, não suscitavam reprovação, e o rosto de alguns faraós apresentava os traços de sua ascendência negróide. Os gregos também conheciam os negros como escravos, mas como a maioria de seus escravos eram de sua própria raça, nada os levava a associar um tipo físico à condição servil. Seja como fôr, as distinções entre os homens estabelecidas pelos gregos eram de ordem cultural e não racial. Desprezavam todos os bárbaros, mas não consta que um bárbaro helenizado tenha sofrido qualquer privação social devido à aparência física [2]. Em Roma passava-se quase a mesma coisa. Os escravos originavam-se da África do Norte, da Ásia Menor e da Europa Ocidental e entre êles podíamos encontrar núbios e etíopes como germanos ou celtas. Os cidadãos romanos dispensavam pouquíssima estima aos povos que haviam conquistado e falavam dêles com menosprêzo, como falavam em geral de todos aquêles que não eram romanos, qualquer que fôsse sua raça. Era desonroso para um soldado romano esposar uma bárbara, não por causa da diferença de raça, mas porque isso significava uma transgressão à regra do casamento entre cidadãos. Pôde-se dizer, contudo, que ao fim do I século de nossa era, de dez plebeus livres nove tinham sangue estrangeiro, e no início do século III a cidadania romana foi concedida a todos os homens livres do Império. Esta noção da unidade da humanidade ganhou mais terreno graças aos ensinamentos dos estóicos e principalmente à difusão do cristianismo.

(2) V. Ina C. Brown. *Race relations in a democracy*. Harper, 1949.

Após a queda de Roma, a Igreja Católica realmente exerceu uma poderosa influência tanto política quanto religiosa. Trabalhou para consolidar a unidade espiritual da cristandade e ensinou que todos os critãos são irmãos. Com o tempo, era concebida cada vez mais como um instrumento da ordem internacional, a glória de Deus exigindo que tôda a terra fôsse submetida à sua lei. Por isso, os cristãos guerrearam contra os muçulmanos e os "pagãos", mas seu antagonismo era então de ordem puramente religiosa. Os judeus eram perseguidos e os muçulmanos reduzidos à escravidão enquanto inimigos da fé e não por causa de sua raça. Não obstante, os judeus, os muçulmanos e os pagãos, por serem mantidos à margem da Europa cristã, constituem uma prefiguração do conceito moderno de "raças estrangeiras". Em outros têrmos, o período compreendido entre a primeira Cruzada e o descobrimento da América por Cristóvão Colombo caracterizou-se pela noção religiosa de uma ordem mundial e, ao mesmo tempo, instituiu um tipo de relações com os povos não-cristãos que iria perdurar, destituído agora de seu substrato religioso, até nossos dias. Entretanto, na mesma época os mercadores italianos, espanhóis e portuguêses empreendiam suas grandes viagens de descobrimento e entravam em contato com povos e civilizações até então desconhecidos. Costeando a África, os portuguêses encontraram mouros e pagãos a quem puseram fora de combate sem dificuldades, mas nem por isso concluíram pela superioridade de uma raça sôbre a outra. Ademais, ninguém pensara ainda em transformar em escravos os negros capturados durante êsses ataques ou essas incursões. Ao contrário, punha-se muito zêlo em convertê-los ao cristianismo, o que iria torná-los iguais a todos cristãos. Grande número de negros aprisionados nessas condições se assimilaram à população portuguêsa e alguns dêles chegaram mesmo a exercer altas funções públicas.

Sòmente com o desenvolvimento do capitalismo e quando a procura de lucro se tornou uma das características da civilização ocidental é que se modificou esta atitude de tolerância em relação às outras raças. As novas terras descobertas na América ofereciam um campo de ação ideal do ponto de vista da exploração econômica, e os indígenas não podiam lutar contra o colono — homem de negócios, bem armados, vindos da Europa. O fumo, o anil, o arroz, o algodão e o açúcar de cana puderam, pois, ser produzidos em grandes quantidades, depois vendidos na Europa com grandes lucros. O mais difícil era conseguir a numerosa mão-de-obra necessária. Na carência de trabalhadores livres, teve-se de recorrer à escravidão. Os escravos utilizados de início nas colônias espanholas eram aborígenes, mas, bem antes do fim da era colonial, grande parte da população nativa desaparecera, em conseqüência das más condições de vida ou das doenças introduzidas pelos europeus. Além disso, a escravidão dos índios era objeto de severas críticas da parte dos jesuítas e de outros missionários, tal como o ilustre Padre Las Casas; daí a decisão de trazer negros da África que trabalhavam mais e se mostravam mais dóceis ao cativeiro.

Os primeiros negros africanos desembarcaram no Nôvo Mundo por volta de 1510. Como já vimos acima, o comércio de escravos africanos, e principalmente de negros, não era novidade, mas antes dos meados do século XV estava confinado à região mediterrânica. Na África Ocidental, não se tinham os mesmos pretextos para fazer guerra, mas, se os cristãos sentiram alguns escrúpulos, seus temores foram aplacados pela bula do papa Nicolau V, que autorizava os portuguêses "a atacar, submeter e reduzir à escravidão perpétua os sarracenos, pagãos e outros inimigos de Cristo, ao sul dos cabos Bojador e Não, a costa da Guiné inclusive", sob a condição de que se comprometessem, segundo o uso, a converter todos os cativos ao Cristianismo.

Êsses métodos rudimentares foram suficientes enquanto o tráfico de escravos manteve um caráter local, mas a rápida exploração de novas colônias nas Antilhas e no continente americano traduziu-se por notável aumento da procura, e um sistema mais aperfeiçoado entrou em vigor. Surgiram feitorias ao longo de tôda a costa da África Ocidental; eram abastecidas por fornecedores africanos e ali era possível obter escravos por meio de troca. Os africanos postos à venda eram, em teoria, prisioneiros de guerra, criminosos ou nativos que vendiam, êles mesmos, sua liberdade. Essas desculpas cômodas libertariam os europeus de qualquer responsabilidade moral, e os defensores do comércio de escravos se vangloriavam mesmo de salvar suas vítimas da morte. Entretanto, o tráfico assumira uma amplitude muito grande para deixar indiferente a opinião pública e, com o tempo, as desumanas condições de vida que reinavam nas plantações e os horrores da travessia foram divulgados mais amplamente. Se não encontrassem meios de justificar-se, os proprietários e mercadores de escravos corriam o risco de perder seus bens e seu comércio. Contentaram-se inicialmente em afirmar que a escravidão era indispensável à prosperidade econômica da nação, depois, como a ofensiva humanitária se fazia mais premente, tiveram a engenhosa idéia de apresentar os negros como sêres inferiores, incapazes de sentimentos morais; nada os obrigava, portanto, a tratá-los como homens comuns.

Eis o que Long escrevia na sua *História da Jamaica*, em três volumes, publicada em 1774:

> "Não se pode afirmar que sejam radicalmente *inaptos à civilização já que é possível ensinar os macacos* a comer, a beber, a descansar e a se vestir *como homens*. Mas, de tôdas as espécies humanas descobertas até agora, são, ao que parece, os mais incapazes, vista a *baixeza natural* de seu espírito, de chegar (salvo por intervenção milagrosa da Divina Providência) a pensar e agir como *homens*. Não penso que seria desonroso para uma mulher hotentote ter como marido um orangotango".

Isso significava uma tentativa sistemática de "despersonalizar" tôda uma categoria de sêres humanos — sendo o *objetivo visado* rebaixá-los ao nível de simples artigos de comércio e de "mercadorias". O caso do navio negreiro *Zong* mostra bem o êxito desta tentativa: cento e trinta escravos foram atirados da amurada sob pretexto de falta de água e a questão foi levada aos tribunais, não para um processo por assassinato, mas apenas para determinar se realmente houvera "lançamento de carga ao mar", acarretando uma indenização por parte da companhia de seguros, ou se era um caso de fraude à polícia.

O que é significativo no caso dessas primeiras manifestações do preconceito racial é que os esforços empregados para "despersonalizar" as relações humanas a fim de melhor explorar os homens não estavam limitados apenas aos escravos africanos. O empresário-capitalista dessa época estava disposto a tratar da mesma forma as pessoas de sua própria raça. De fato, no início, a mão-de--obra empregada nas Antilhas e no continente americano era em parte composta de servidores brancos, definidos às vêzes em têrmos exatamente semelhantes aos que eram aplicados aos negros. Os plantadores disputavam entre si as cargas de forçados vindos das prisões londrinas e centenas de crianças escocesas foram raptadas e enviadas a êles. Entretanto, os servidores brancos podiam libertar-se pelo trabalho, ao passo que os negros eram pouco a pouco assimilados aos bens móveis. Para justificar sua condição servil, as antigas considerações religiosas foram simplesmente substituídas por considerações raciais, afirmando-se que pertenciam a uma raça degenerada, degradada, imoral, desprovida de inteligência etc. Com efeito, o argumento religioso perdeu seu valor desde que foi necessário manter no cativeiro os convertidos.

Tal foi, como o notou Oliver Cox [3], a origem das "relações raciais" modernas:

"Não se tratava da manifestação de um sentimento abstrato, espontâneo e imemorial de antipatia entre grupos, mas de relações estabelecidas para fins práticos e associadas no plano psicológico e social às reações justificativas habituais — constituídas aqui pelo preconceito de raça que então nascia. Se bem que êste gênero particular de exploração ainda estivesse em seus primórdios, já adquirira suas características principais. Poder-se-ia mostrar como êle ganhou terreno e tomou sua forma definitiva no quadro do sistema capitalistá, à medida que o homem branco estabelecia seu império em outras partes do mundo e adotava a mesma atitude em relação a todos ou quase todos os povos de côr".

Cox cita a seguir a descrição que o Conde Grey dava em 1880 das razões e dos objetivos dos inglêses na África do Sul:

"Nesta parte do Império britânico, as pessoas de côr são geralmente consideradas pelos brancos como uma raça inferior, cujos interêsses devem automàticamente ceder lugar aos nossos quando lhes são contrários, e que se deve governar sobretudo em proveito da raça superior. Para isso, duas medidas parecem indispensáveis: inicialmente devem-se dar aos brancos os meios de garantir para si a propriedade das terras até então ocupadas pelos indígenas e em seguida obter a mão-de-obra cafre em quantidade imensa ao preço mais baixo possível".

Segundo Cox, a exploração racial não passa de um aspecto do problema da proletarização dos trabalhadores de tôdas as côres. O antagonismo racial é, pois, essencialmente uma luta de classes política. O empregador capitalista, sendo oportunista e prático, aproveitará tôdas as ocasiões de explorar mais fàcilmente a mão-de-obra como todos os outros recursos de que dispõe; se fôr necessário, suscitará e utilizará para isso os preconceitos raciais. Se as relações raciais são "mais fáceis" na maioria dos países colonizados pelas nações latinas (Portugal e Espanha), é em parte porque nem Portugal nem a Espanha jamais conheceram um desenvolvimento industrial comparável ao da Europa Setentrional. Êsses dois países também ficaram por muito mais tempo sujeitos à autoridade política e econômica da Igreja. Entre os espanhóis e portuguêses do século XVI, o espírito capitalista e o desejo de enriquecer eram constantemente ameaçados pelas tendências universalistas da Igreja. O respeito ao velho princípio re-

(3) Oliver C. Cox, *Caste, class and race*, Doubleday, 1948.

67

ligioso da igualdade corresponde, pois, aqui a uma tradição e contrasta com a atitude realista "capitalista" dos países anglo-saxões e germânicos, como a Grã-Bretanha, os Países-Baixos ou Estados Unidos [4]. Sob certos aspectos, todavia, poder-se-iam estabelecer pontos de contato entre essa tradição e a política de assimilação aplicada nas colônias francesas — política que se propõe levar os indígenas e os povos de côr a se integrarem numa "França" maior no quadro de uma cultura e de uma nacionalidade comuns.

Existiria assim um elo direto entre a atitude adotada em matéria de relações raciais e a forma da sociedade — as relações raciais seriam, na verdade, função de um certo tipo de regime econômico e social. Para ir mais longe no estudo dêste problema, o melhor é descrever sucessivamente um certo número de sociedades cujas reações com respeito às questões de raça e de côr são muito diferentes. É cômodo tomar a União Sul-Africana como primeiro ponto de comparação, porque êste país é sem dúvida alguma aquêle onde os sentimentos de raça são os mais intensos, os mais conscientes e mais abertamente professados pelas autoridades públicas. O Brasil e o Havaí representam a atitude diametralmente oposta; enfim, a situação existente na Grã-Bretanha, considerada como um exemplo mais ou menos intermédiário, será objeto de uma exposição bastante detalhada, porque é menos conhecida pelos especialistas em questões de raças e esclarece de modo surpreendente o fato muito paradoxal de que discriminação e tolerância raciais podem coexistir no seio de uma mesma sociedade.

União Sul-Africana

A situação atual dêsse país resulta da colonização européia que remonta a 1652, ano em que os neerlandeses se fixaram no local da futura Cidade do Cabo e em seus arredores. Em 1806, quando a colônia caiu nas mãos dos britânicos, contava cêrca de 76.000 habitantes — uns 30.000 escravos originários de Madagáscar, da Índia e das Índias Orientais, uns 20.000 Hotentotes aborígenes e mais ou menos 26.000 brancos. Nessa época, os fatôres de raça e côr desempenhavam um papel menos importante que as considerações religiosas. É assim que, se uma escrava alforriada se batizasse, muitas vêzes podia casar-se com um branco; ela própria e seus filhos assimilavam-se então à comunidade branca. Todavia, os verdadeiros ca-

(4) Oliver C. Cox., *ob. cit.*

68

samentos (por oposição à coabitação) entre brancos e hotentotes eram extremamente raros. O casamento de uma hotentote, Eva, com um explorador branco, van Mierhoff, celebrado no Government House, foi uma exceção e é citado como tal em tôdas as obras que se referem a êsse período. À medida que a colônia se desenvolvia, surgiram divergências cada vez mais acentuadas entre os pontos de vista e o tipo de vida dos citadinos, de um lado, e dos habitantes do campo, de outro. A ausência de consciência racial e, portanto, de preconceitos, nas cidades, se devia em grande parte a um modo de vida mais livre e menos convencional. A população se renovava incessantemente, sendo a cidade sobretudo um pôrto de escala onde os navios estrangeiros ancoravam para se reabastecer e permitir um repouso à tripulação. Nos campos, ao contrário, formavam-se comunidades mais homogêneas, independentes e estáveis. Compostas sobretudo de agricultores, cuja principal preocupação era escapar à ingerência da administração, adotaram costumes mais estritos e mais rígidos.

Não havia no seio dêsses grupos nenhum dos fatôres de diferenciação social que freqüentemente entravam em jôgo entre os pioneiros das colônias européias do Nôvo Mundo. Com efeito, eram homens que possuíam um código ético e uma ideologia comuns, profundamente enraizados na tradição calvinista da Europa do século XVII. A doutrina da predestinação e a idéia da condenação eterna e da salvação reservada aos eleitos eram parte de seu patrimônio a que se apegavam particularmente. O pioneiro-lavrador chegou assim a considerar sua pertinência religiosa como um privilégio exclusivo que o colocava a uma distância infinita do resto da humanidade e lhe dava o direito de dominar aquêles que não faziam parte de seu grupo, a saber, os bantos pagãos contra os quais lutava e os bosquímanos primitivos que êle perseguia como animais nocivos. Tôda concepção de igualdade dos homens lhe era estranha, e as palavras "liberdade" e "fraternidade" não tinham nenhum sentido para êle fora de seu círculo fechado.

Êsse exclusivismo de grupo encontrou sua expressão num sentimento de superioridade racial e social que coincidia com as diferenças de crença e de côr. Assim, a côr tornou-se o signo da raça e, pela primeira vez na história da África do Sul, a existência de preconceitos de côr coletivos foi admitida como fato social. A obra de evangelização dos nativos empreendida por missionários corria o risco de entravar as manifestações dêsse exclusivismo; por isso, os agricultores bôeres viram com desconfiança e hos-

69

tilidade os esforços empregados pelo clero para melhorar e regularizar as relações entre as raças.

A crescente influência da administração que exercia seu contrôle sôbre domínios cada vez mais amplos, assim como as considerações feitas acima, foram a principal razão da chamada *Great Trek*, migração para o leste e o norte, durante a primeira metade do século XIX. O movimento marcou o início da colonização do interior do país. Os *trekkers* pouco a pouco se tornaram senhores de todos os territórios situados ao norte do Vaal e do Orange; e muitos africanos foram trabalhar em suas terras. Foi instituída uma taxa sôbre a mão-de-obra e o emprêgo de crianças africanas, vivamente encorajado. Pela primeira vez, êsses pioneiros puderam então governar a seu modo e segundo seus princípios — sendo o regime estabelecido o do mais completo autoritarismo. No Cabo, ao invés, aplicava-se uma política mais liberal. A constituição do Cabo, adotada em 1853, assegurou o direito de voto a todos os homens acima de 21 anos que possuíssem pelo menos 25 libras esterlinas em móveis ou imóveis, ou que ganhassem 50 libras esterlinas por ano, sem distinção de côr ou de crença. Entretanto, em Natal, fôra instaurado um sistema de segregação. Assim, no interior do mesmo país eram formuladas e aplicadas políticas raciais absolutamente divergentes.

A descoberta das minas de diamante e de ouro em 1870 e em 1886 respectivamente introduziu mudanças radicais numa economia até então inteiramente agrícola. Em sua esteira surgiu um desenvolvimento sem precedentes da rêde de comunicações, da criação de novas cidades e do emprêgo de uma mão-de-obra africana cada dia mais numerosa. O progresso dessas novas indústrias primárias provocou a expansão de outros ramos da atividade econômica, que também recorreram às vastas reservas de mão-de-obra africana e ofereceram novos meios de vida aos trabalhadores nativos. Pela primeira vez na história, as mulheres africanas foram empregadas pelos "europeus" como domésticas, lavadeiras e cozinheiras. Por sua vez, o desenvolvimento da indústria e dos centros urbanos estimulou a agricultura, e os africanos continuaram a fornecer a maioria dos trabalhadores agrícolas. Seu trabalho dependia largamente das estações, e muitos dêles vinham para a cidade à procura de trabalho durante os períodos de desemprêgo rural. O afluxo de não-europeus — e acima de tudo dos bantos — dos campos para os grandes centros urbanos tomou então uma amplitude sem precedentes na história do país.

70

Isso constituiu um nôvo fator na evolução do problema criado na África do Sul pela coexistência de europeus e não-europeus. Na realidade, até a época da primeira mundial ou pouco antes, havia uma separação de fato entre os dois grupos: a grande massa da população vivia afastada nas reservas do Sudeste ou no longínquo Natal. Mas a passagem da economia agrícola de subsistência a um regime econômico mais complexo, onde a industrialização criava condições de vida diferentes, levou grande número de africanos a entrar em contato estreito com os europeus; ao mesmo tempo observou-se o aparecimento da classe dos "brancos pobres", composta de europeus que não haviam logrado uma posição na nova vida econômica, sobretudo porque os africanos se haviam habituado ràpidamente a servir de carregadores e serventes, enquanto que os europeus não tardaram a desprezar tais tarefas. Além disso, alguns agricultores não souberam adaptar-se com rapidez ao aumento da procura de produtos agrícolas, nem tirar proveito dos mercados urbanos. Êles, junto com os europeus sem terras, fixaram-se nos subúrbios das cidades, onde viviam sobretudo do auxílio proporcionado pelos podêres públicos e da caridade de particulares. Seu número aumentou com a crise que se seguiu à guerra dos Bôeres, e a pauperização dos europeus acabou por inquietar as autoridades. Diversos partidos políticos reclamaram medidas destinadas a proteger os trabalhadores europeus contra a concorrência dos membros de outros grupos étnicos, e uma série de leis de discriminação racial foram promulgadas.

A primeira dessas leis (1911) interditava aos africanos a obtenção dos certificados de habilitação necessários para certos trabalhos especializados e definia categorias de emprêgo reservadas aos brancos. Uma segunda lei coordenava os regulamentos sôbre a admissão e o emprêgo vigentes nas indústrias do ouro e do diamante; quando o culpado era um africano punia com pena criminal a ruptura do contrato de trabalho ou a greve. Em 1918, a Federação Industrial da União Sul-Africana estabeleceu um acôrdo de *status quo* que visava, como o seu nome indica, preservar a situação existente quanto ao emprêgo da mão-de-obra negra e branca. Uma tentativa no sentido de repudiar êste acôrdo e de despedir 2.000 mineiros brancos provocou a greve dos mineiros de 1922. Esta greve não atingiu seus objetivos, mas mostrou a que extremos os operários europeus estavam prontos a ir para salvaguardar seus privilégios.

Êste estado de coisas exerceu profunda influência sôbre a legislação industrial ulterior, e notadamente sôbre a chamada política "da mão-de-obra civilizada", instaurada pelo Industrial Conciliation Act de 1924 e pelo Wage Act de 1925. A primeira dessas leis instituía um sistema destinado a favorecer a harmonia social na indústria, com base em contratos coletivos, mas a definição legal do têrmo "empregado" no texto privava a maioria dos trabalhadores africanos dos benefícios da lei. O ato sôbre os salários visava a fixar normas em matéria de salários e de condições de trabalho nas emprêsas que empregavam mão-de-obra organizada. Mas a agricultura e os serviços domésticos eram excluídos de seu campo de aplicação — medida bastante ilógica, pois êstes são os setores onde é mais difícil organizar a mão-de-obra e onde se encontra a maioria dos não-europeus. Essas duas leis não autorizam qualquer diferenciação do valor dos salários baseada em considerações de ordem racial: para os não-europeus empregados como artesãos, as quantias mínimas de remuneração são, pois, as mesmas que para os europeus. Uma tal legislação tem por efeito limitar as possibilidades de emprêgo oferecidas aos trabalhadores menos qualificados, e em particular aos não-europeus, pois que lhes é proibido aceitar salários inferiores às normas previstas [5].

Um outro aspecto importante da situação na indústria é a existência de uma mão-de-obra africana móvel muito abundante à qual se apela amplamente, sobretudo na procura de pessoal temporário. As necessidades dos africanos crescem à medida que aprendem a conhecer uma gama mais extensa de produtos europeus, e aspiram de modo geral a melhorar sua condição econômica deixando as regiões rurais para trabalhar nas minas e em outras indústrias. Destarte, aumentam as disponibilidades de mão-de-obra nas regiões que atraem os migrantes, o que, na ausência de uma regulamentação de salários, provoca uma baixa nas taxas de remuneração e de rendimentos nas diferentes partes do país. Em outros têrmos, a existência de uma abundante mão-de-obra africana barata, assim como leis e hábitos restritivos em matéria de emprêgo, cria uma espécie de impasse: os operários europeus temem uma concorrência que arrisca afetar sua tabela de salários, enquanto que os trabalhadores africanos vêem negada a possibilidade de elevar seu nível econômico, o que os conduziria justamente a exercer uma concorrência menos forte no mercado de trabalho.

Na indústria mineira, é proibido empregar africanos, a não ser como trabalhadores não-qualificados ou

(5) V. Sheila van der Horst, no *Handbook on race relations in South Africa* publicado sob a direção de E. Hellmann, OUP, 1949.

72

semiqualificados, e os quadros técnicos e de fiscalização são compostos exclusivamente de europeus. Desde a constituição da União, procurou-se incessantemente restringir o direito dos não-europeus a participar da vida do país, de tal forma que hoje nos encontramos perante uma espécie de sistema de castas onde os europeus ocupam sempre uma posição superior, enquanto que os não-europeus são relegados à escala inferior. A hierarquia dos salários evidencia êsse fato de modo especialmente nítido. Não só os africanos constituem a massa dos trabalhadores não-qualificados, o que significa que recebem os salários mais baixos, mas mesmo aquêles que chegam a ocupar posições elevadas nunca são tão bem pagos quanto seus colegas europeus. No campo do magistério, os honorários estabelecidos variam, para uma qualificação igual, segundo se trate de um europeu ou de um não-europeu. Assim, um professor não-europeu, com um diploma universitário e certificados de aptidão, ganha de 210 a 390 libras esterlinas por ano, ao passo que um professor europeu diplomado e que recebeu uma formação de um ano ganha de 300 a 700 libras esterlinas anualmente. O salário inicial de um assistente social europeu é de 260 libras esterlinas por ano, contra sòmente 96 libras esterlinas para seu colega africano.

Êsse sistema de castas se caracteriza também pela existência de relações estreitas entre as categorias de emprêgo e a raça. Como sublinha Sheila van der Horst, o fôsso mais largo, no plano profissional, é aquêle que separa os europeus dos africanos:

> "Os mestiços e os asiáticos, nos distritos onde formam grupos bastante importantes, ocupam um lugar intermediário. As profissões liberais, os administradores técnicos, a mão-de-obra qualificada são constituídos no mais das vêzes de europeus, algumas vêzes de mestiços ou asiáticos, mas quase nunca incluem africanos. Essa regra se aplica a todos os setores da atividade econômica: agricultura, indústrias de transformação, transportes, administração pública e profissões liberais; todavia, no campo do ensino, dos cuidados médicos e da religião, os africanos são encarregados de seus compatriotas".[6]

Constata-se igualmente que os não-europeus são estritamente mantidos à margem em quase todos os campos da vida social. Recentes leis, adotadas no quadro da política do *Apartheid* posta em vigor pelo govêrno atual, estipulam que devem viver em regiões diferentes das habitadas pelos europeus, e designam zonas de residência distintas aos diferentes grupos não-europeus. Numa zona

(6) Sheila van der Horst, *ob. cit.*, p. 109.

destinada a um certo grupo, apenas os membros pertencentes a êsse grupo podem nela ocupar terras; todavia, os empregados pertencentes a outro grupo podem morar com seus empregadores, isto é, os africanos que estão a serviço dos europeus podem viver perto da casa ou da fazenda dêsses últimos. Nos distritos urbanos, a segregação se reveste de formas diversas. A mais importante é o estabelecimento de *locations* (distritos reservados), aldeias ou vilas administradas por autoridades locais ou municipais. Há uma ou mais em cada grande cidade, e os africanos podem ser autorizados a alugar terrenos nesses locais a fim de construir casas e cubatas. Outros africanos vivem nos acantonamentos estabelecidos perto das minas, ou são alojados nas casas daqueles que os empregam como domésticos, e o resto da população indígena vive em reservas ou em explorações agrícolas européias.

A separação assim imposta no campo habitacional serve de base às outras formas de segregação. Assim, os não-europeus freqüentam escolas primárias e secundárias distintas, e há também a tendência a criar estabelecimentos especiais para os diversos grupos não-europeus. Agora que algumas universidades aceitam os estudantes não-europeus, o govêrno criou em Durban uma universidade reservada a êles.

Os edifícios públicos e as lojas têm em geral entradas e balcões comuns ao uso de europeus e não-europeus. Mas, nos correios, existem guichês especiais ou, na sua falta, diferentes filas de espera; nesse caso, os não-europeus, geralmente, têm de esperar que todos os europeus sejam atendidos. Elevadores distintos são reservados aos não-europeus em alguns prédios novos. Encontram-se salas de espera e privadas distintas em tôdas as estações de trem, mesmo nas pequenas estações das estradas de ferro subsidiárias. Os ônibus da cidade do Cabo e de seus arredores são utilizados pelos membros de todos os grupos raciais, sem qualquer discriminação quanto à escolha dos lugares. Todavia, amiúde, a parte africana do grupo não-europeu dispõe de ônibus e bondes especiais, com pessoal europeu ou indiano, na maioria dos casos. Os mestiços e os indianos têm o direito de utilizar os meios de transporte dos europeus, mas de algum tempo para cá a opinião pública tem-se manifestado tão claramente contra essa tolerância que os próprios interessados preferem não usá-los. Os vagões de terceira classe de tôdas as linhas principais, auxiliares e suburbanas são reservados aos não-europeus, e os brancos utilizam sòmente a primeira e a segunda classes. Quando os não-europeus têm acesso a essas duas classes, lhes são designados vagões especiais. No Cabo, os mestiços podiam compartilhar dos vagões dos brancos, mas essa regra foi modificada pouco após a subida do Partido Nacionalista ao poder. Apesar dos protestos, a partir de então os mestiços têm de viajar em vagões diferentes.

O acesso às bibliotecas é proibido aos não-europeus em tôdas as cidades, mas, em algumas das maiores, criaram-se serviços auxiliares destinados aos nativos; por exemplo, em Johannesburg, a biblioteca pública organizou um serviço itinerante que visita uma vez por semana cada *location* municipal. Os não-europeus são tratados em hospitais distintos, por médicos europeus. Êsses últimos têm o direito de tratar negros e brancos indiscriminadamente, enquanto os médicos não-europeus só praticam entre seus compatriotas. Assistentes sociais não--europeus trabalham nas penitenciárias e nas casas para jovens delinqüentes sob a supervisão direta de um europeu. As prisões também são separadas e os carcereiros são todos europeus. Os policiais não-europeus só podem exercer suas funções nos lugares onde não há europeus, e não têm qualquer autoridade sôbre os delinqüentes de raça branca.

Essas medidas, bem como o conjunto do sistema das relações raciais vigentes na União Sul-Africana, naturalmente se apóiam na supremacia política da comunidade européia. Sòmente os indivíduos de origem européia são elegíveis para a Câmara ou o Senado. Os não-europeus perderam sucessivamente a maioria dos direitos políticos que usufruíram num certo momento devido à inscrição em listas eleitorais comuns. Em 1936, o Representation of Natives Act criou listas eleitorais diferentes para os africanos do Cabo, que até então figuravam nas listas comuns. Mais recentemente, tentou-se também inscrever os mestiços do Cabo em listas separadas. A situação atual se apresenta da seguinte maneira: os africanos do Cabo são representados na Câmara por quatro deputados europeus, que êles elegem por escrutínio individual. Os mestiços e os indianos do Cabo não têm representação especial na Câmara. Quatro senadores, eleitos segundo um sistema de voto global, representam os africanos das quatro províncias no Senado, que compreende igualmente quatro senadores designados em razão de seu conhecimento particular dos assuntos relativos aos não-europeus. Os mestiços e os indianos não têm nenhum representante eleito para o Senado.

A natureza das relações raciais na União Sul-Africana é, em larga medida, o resultado da situação particular criada pelo impacto de uma civilização tècnicamente

75

desenvolvida sôbre uma civilização primitiva. A revolução industrial que se iniciou nesse país ao fim do século passado prossegue e produz efeitos sociais análogos aos distúrbios verificados na Grã-Bretanha, ao fim do século XVIII e no comêço do século XIX. Dado o grande número de africanos que se teve de empregar para responder às necessidades das novas indústrias, as cidades se viram superpovoadas, de tal forma que, ao lado dos bairros novos, erigiram-se favelas insalubres, casebres e abarracamentos construídos de qualquer jeito por seus ocupantes, com pedaços de madeira, chapa corrugada e trapos velhos. Êsses trabalhadores africanos são subalimentados e mal cuidados, e seu nível de vida é muito baixo; além disso, a grande maioria provêm de comunidades ainda submetidas ao regime tribal e não tiveram tempo de habituar-se às regras e condições de vida muito diferentes que encontram na cidade.

Do ponto de vista do Partido Nacionalista, portanto, o *Apartheid* pode ser considerado como uma tentativa de resolver êsses problemas de maneira racional, evitando os choques entre raças diferentes que vivem e trabalham em estreito contato. Para isso, o atual govêrno da União gasta visìvelmente mais, *per capita,* para o bem-estar de sua população banto que qualquer outro território do continente africano. Seus partidários sublinham igual mente que a União Sul-Africana fêz obra de pioneiro no continente africano, ao criar, por exemplo, um sistema de pensões para os cegos bantos; que, no setor das habitações, seus esforços em favor dos bantos foram bastante eficazes, de tal sorte que suas técnicas de construção baratas servem de modêlo a outros países da África e a outras partes do mundo; que os serviços de educação destinados aos bantos, do jardim de infância à universidade, embora ainda insuficientes, superam em muito os que existem em outras regiões do continente; e que, a cada ano, milhares de africanos dos territórios vizinhos transpõem ilegalmente as fronteiras da União para usufruir de salários mais elevados. Enfim, lembram que, na aplicação do princípio do *Apartheid,* visa-se a conceder aos bantos a possibilidade de exprimir-se no plano político no âmbito de suas próprias instituições, como demonstra a adoção de certos textos legislativos como o Bantu Authorities Act.

Sob êsses diferentes aspectos, o *Apartheid* não assinala de modo algum uma reviravolta em relação à política aplicada anteriormente pela União Sul-Africana. Mas realça o fato de que as verdadeiras causas do antagonismo racial são muito mais profundas e têm uma origem tanto psicológica quanto econômica. Aparentemente, a situação do "branco pobre" é a principal razão das medidas de discriminação racial. Contudo, atrás da resistência dos trabalhadores europeus a qualquer diminuição eventual de seu nível de vida devido à concorrência se esconde o temor latente, em quase todos os brancos, de ser submerso, no plano político, pela massa das pessoas de côr. É êsse o principal motivo por que a igualdade dos direitos é negada aos não-europeus e principalmente aos africanos, que constituem perto de 70% do conjunto da população. Daí a relutância demonstrada pelos europeus a facilitar a assimilação cultural dos outros grupos e a lhes fornecer os meios de receber uma educação e uma formação comparáveis às dos brancos. Quanto mais se aumentarem as verbas destinadas à educação dos africanos, pensam êles, maior será o número dos que reivindicam direitos políticos, até o dia em que lhes pertencerá o poder; e essa perspectiva é para os brancos um eterno pesadelo.

É preciso compreender que, para muitos sul-africanos, essa oposição ao progresso dos não-europeus constitui quase um dever moral. Com efeito, para êles é sòmente uma questão política ou econômica. Grande número dos mais ardentes partidários do *Apartheid* reconhecem mesmo que uma melhor utilização das reservas de mão-de--obra não-européia seria muito útil à economia e à indústria do país. Mas a atitude de grande parte da população branca, e especialmente dos africânders, em relação a essa questão "racial" não é de ordem racional. A idéia de privar com pessoas de côr desperta nêles sentimentos absolutamente inconciliáveis com qualquer noção de igualdade racial. São sentimentos que remontam às reações dos colonizadores bôeres, que criaram a moderna África do Sul. É sempre do exclusivismo dêsse grupo de pioneiros, baseado na doutrina da predestinação e na consciência de sua homogeneidade racial, que provém o intransponível obstáculo a qualquer solução contrária ao princípio da separação de raças.

Brasil e Havaí

A situação existente no Brasil e nas ilhas Havaí oferece um surpreendente contraste com a que acabamos de descrever. Embora sob muitos outros aspectos evidentemente não se podem comparar, êsses dois países assemelham-se ao menos pelo caráter extremamente heterogêneo de sua população e pela grande tolerância que nêles se manifesta com respeito às misturas raciais. Tanto num quanto no outro, essa atitude de tolerância remonta aos primórdios da colonização européia.

BRASIL

Logo que os colonizadores portuguêses se estabeleceram, entraram em contato com as tribos indígenas autóctones. A maioria dos colonizadores, sobretudo os soldados das guarnições, era composta de celibatários e, embora a imigração de mulheres brancas fôsse estimulada, não vieram em número suficiente. Destarte, foram ampliadas as relações com as mulheres indígenas, integradas assim na comunidade portuguêsa, de início pelo concubinato, a seguir pelo casamento. Os portuguêses estavam habituados de longa data a contatos freqüentes e alianças com os mouros; por isso, em Portugal, muito antes do descobrimento do Brasil, os casamentos mistos e o nascimento de crianças mestiças já nada tinham de excepcional. Ademais, a aversão que os casamentos mistos poderiam ter suscitado entre os primeiros colonos foi superada pela Igreja Católica que sancionou tais uniões.

As misturas raciais prosseguiram quando os negros chegaram como escravos para substituir os índios. A vida nas plantações tinha um caráter patriarcal; senhores portuguêses e escravos negros estavam unidos por relações estreitas que, segundo um autor americano, "as descrições mais sentimentais e mais romanescas que possam ter sido feitas sôbre a solidariedade social existente entre senhores e escravos no sul" (dos Estados Unidos) se viam aqui ultrapassadas pela realidade. Os filhos dos escravos viviam em íntimo contato com os dos senhores; e logo chegaram a falar quase que só o português, a vestir-se à européia e a participar da vida religiosa da família. O senhor admitia entre êle e seus escravos o liame de uma religião comum e que êstes eram seus iguais diante de Deus; regularmente fazia com que lhes fôsse ensinado o catecismo.

Os filhos mulatos do fazendeiro amiúde eram acolhidos em sua família e, mesmo quando as mulheres brancas já contavam um número suficiente para permitir aos colonos encontrar uma espôsa entre elas, as relações extraconjugais com mulheres de côr continuaram a ser toleradas. Essas mulheres e seus filhos eram então alojados pelo pai, que assumia inteiramente a responsabilidade. Além disso, muitos imigrantes portuguêses chegados ao Brasil numa época mais recente não eram bastante ricos ou não tinham educação suficiente para pretender uma espôsa branca; então, ligavam-se a mulheres de côr. Quando uma destas dava à luz um filho "branco", ela gozava por isso de um certo prestígio, o que contribuiu para favorecer os cruzamentos de raças.

Julga-se que dessa seleção social resultou a tendência dos brancos a absorver os mestiços de pele clara, e os mulatos a absorver os negros. Em outras palavras, os brasileiros afirmam que a côr·da pele do conjunto da população tende a "clarear". Mas, se se descobre que um indíviduo possui um negro entre seus ancestrais, isso não acarreta qualquer mudança em sua posição social. Com efeito, se se traçasse uma linha demarcatória baseada em critérios étnicos tradicionais, em muitos casos ela separaria, sem dúvida alguma, membros de uma mesma família.

Essas circunstâncias, e principalmente a que acabamos de expor, explicam por que, no Brasil, a tolerância racial tornou-se uma espécie de filosofia que visa a amalgamar um grande número de grupos muito diversos no seio de uma mesma comunidade. Mas o povo gosta de repetir que "nós, brasileiros, nos estamos tornando um único povo, e em breve haverá em nosso país uma única raça". Assim a mistura de raças é um motivo de orgulho e o racismo é objeto de violentos ataques. As misturas raciais são aceitas como inevitáveis, e ninguém se esforça para obstar-lhes o caminho. A população brasileira compreende tipos de côr muito diversa; no conjunto, quanto mais alto está na escala social, mais clara é a pele. A côr é pois associada à noção de classe, mas seu papel continua acessório. Segundo um dito popular da Bahia, "o negro rico é um branco, e o branco pobre é um negro". Assim é a classe social, determinada [7] sobretudo a partir da situação financeira, e não a raça, que constitui o fator básico.

Quando o Brasil ainda era colônia portuguêsa, parecia haver uma distinção, tanto na cidade como no campo, entre três classes sociais: os brancos, os senhores de escravos, estavam no cume, os negros no ponto mais baixo da hierarquia e os mestiços constituíam uma classe intermediária. Após o desaparecimento do sistema de plantações, o grupo dos mestiços começou a desempenhar um papel social mais importante. Seus progressos foram facilitados por uma convicção que, pelo menos a partir do fim do século XVIII, se cristalizou na mente da elite intelectual brasileira, de que os negros de braços fortes e ombros largos, que há muito constituíam a reserva de mão-de-obra da nação, eram os artífices da prosperidade do Brasil. Entre os mestiços que deram importante contribuição à vida cultural do país encontravam-se inúmeros literatos, pintores, escultores, músicos e cientistas. Convém assinalar

(7) V. Donald Pierson, *Negroes in Brazil*, Chicago University Press, 1942.

entretanto que, se os mulatos de pele clara assumiram a frente da luta pela melhoria da condição dos homens de côr e foram efetivamente os mais numerosos a elevar-se na hierarquia social, não foram os únicos a consegui-lo; pessoas de pele muito escura seguiram-lhes o exemplo e mesmo muitas vêzes foram mais longe.

Um esquema da estrutura atual da sociedade brasileira mostraria, pois, que a proporção de brancos, muito elevada nos níveis superiores, diminui à medida que se desce na hierarquia dos empregos e se torna fraquíssima nos escalões inferiores. Um estudo da composição das classes, baseado em certos dados como a profissão, as declarações de impostos, a posse de automóveis etc., indica que os negros e os mestiços de pele escura pertencem em geral às categorias menos abastadas da população e os brancos às mais abastadas, os mulatos de pele clara ocupando uma posição intermediária. As classes superiores compõem-se sobretudo de descendentes dos primeiros colonos portuguêses, mas há também entre elas alguns negros, assim como alguns imigrantes brancos recém-chegados se acham na base da pirâmide social.

A ausência de medidas legislativas de discriminação racial não basta, evidentemente, para impedir a adoção de práticas discriminatórias; como os indivíduos de pele escura amiúde são ao mesmo tempo pessoas pobres, é difícil estabelecer claramente a separação entre os preconceitos de classe e os de raça. Se, por exemplo, em muitas cidades brasileiras, os homens de côr vivem em bairros diferentes, é porque a segregação residencial se estabelece por si só em razão das diferenças de nível econômico. E se de hábito evitam os hotéis, os restaurantes, e as casas de danças luxuosas, os brancos de nível econômico comparável fazem o mesmo.

Uma pesquisa universitária, feita no Estado de São Paulo, constatou que os negros da classe média tinham atitudes ambivalentes com respeito aos brancos. Julgavam-se desfavorecidos, primeiramente no plano profissional — segundo êles, em iguais condições, um negro tem mais dificuldade em encontrar um emprêgo ou uma situação que um branco — e depois, embora tivessem a mesma categoria social que os brancos de classe média e muitos dêles possuíssem amigos entre os brancos, tinham a impressão bem clara de que não eram considerados iguais. Em certos lugares como os clubes da moda e os hotéis de luxo, os negros são mal acolhidos e raros são os brancos que ousam acompanhar-se nesses locais de amigos ou parentes negros. Constatou-se também que grande número de sociedades formadas de membros de famílias mais respeitosas de fato segregam os negros, ainda que seus estatutos não o indiquem expressamente. Por outro lado, alguns clubes muito fechados admitem negros e mulatos de pele escura e àqueles que se surpreendem com êsse comportamento contraditório se justifica costumeiramente dizendo que essas pessoas não são consideradas negras. Em outros têrmos, a influência exercida pela classe social, enquanto fator da integração, parece sobrepujar a tendência a estabelecer entre os indivíduos divisões baseadas nas características étnicas [8].

As observações efetuadas em São Paulo sugerem, além disso, que existe uma relação entre as dificuldades que sentem os mestiços desejosos de elevar-se na hierarquia social e seu aspecto exterior; quanto mais o indivíduo fôr de pele escura e se aproximar do tipo negróide, mais possibilidades tem de ser rejeitado pelos brancos. O próprio mulato tem consciência dêsse fato. Verifica-se que a expressão "ter boa aparência" quer dizer parecer-se com os brancos.

Todavia, num país tão extenso ccmo o Brasil, a atitude adotada com relação às diferenças de raça pode, é claro, variar sensìvelmente de uma região para outra. O Estado de São Paulo, por exemplo, conta muitos imigrantes recém-chegados da Europa. Mas a maioria dos homens de côr vive alhures — nos Estados do Norte, como a Bahia. De maneira geral, parece certo que, se um dêles apresenta capacidades e demonstra possuir um valor pessoal, sua origem é esquecida, pelo menos até certo ponto. Negros ou mulatos podem assim conseguir fazer-se respeitar e admirar por seus concidadãos, tanto no plano local quanto nacional. Sem dúvida, os preconceitos raciais existem no Brasil entre alguns indivíduos e em certos meios, mas nem sempre se exprimem abertamente, e a opinião pública é oficialmente hostil a qualquer forma manifesta de discriminação racial.

Havaí

Numa escala certamente muito mais modesta, uma mistura mais extraordinária de raças e de culturas está em processo no Havaí. Além dos aborígenes, a população do arquipélago inclui, com efeito, chineses, japonêses e coreanos (que sofrem a influência do Budismo e do Confucionismo) e indivíduos originários do continente norte--americano ou da Europa Setentrional (isto é, de países

(8) Emilio Willems. "Race attitudes in Brazil". In: *American Journal of Sociology* 1948-1949, vol. 54, p. 402-408.

em que a moral porta o sêlo do protestantismo), ou ainda da Europa do Sul (isto é, de países católicos por tradição), assim como das Filipinas (país igualmente católico). As misturas de raças assumem em geral a forma de casamentos mistos, que não são proibidos por lei, nem desaprovados pela opinião pública. As ilhas Havaí atualmente fazem parte dos Estados Unidos da América e, segundo a legislação nacional, os imigrantes coreanos e japonêses não se podem naturalizar devido à sua raça; inúmeros imigrantes vindos de países latinos tampouco o podem por serem analfabetos. Mas tôdas as crianças nascidas no Havaí são cidadãs americanas de nascimento. O ensino escolar, obrigatório até a idade de quinze anos, é aberto a todos, e oficialmente os representantes de tôdas as raças gozam de igual oportunidade no plano político e econômico.

Essa ausência de discriminação social explica-se pela heterogeneidade da população, que é de tal monta que nenhum político, nenhum homem de negócios, nenhum proprietário de jornais poderia dar-se ao luxo de ofender, manifestando preconceitos racistas, qualquer de seus principais grupos de partidários ou clientes. Ademais, há tantos havaianos mestiços, são tão influentes e aliados tão próximos de importantes famílias brancas ou chinesas que é impossível insurgir-se contra os casamentos mistos sem ofender pessoas que têm parentes mestiços. Todavia, essas poucas observações ilustram, mais do que explicam, o caráter excepcional das relações raciais no Havaí.

Até meados do século XIX, havia poucos estrangeiros estabelecidos no arquipélago, e é essencialmente à imigração que se deve o rápido surto populacional. Os primeiros contatos com estrangeiros foram estabelecidos no plano comercial. As ilhas só foram descobertas em 1778 e, de início, os navios dos traficantes de peles dobravam o Cabo Horn com destino ao noroeste do Pacífico e faziam escala no Havaí para abastecer-se de água, frutas e carne fresca. Era um pôrto de descanso para os marinheiros atacados de escorbuto. A partir de 1820, os baleeiros do Pacífico Norte se habituaram também a deitar âncora em Honolulu e em outros portos da ilha para se abastecerem. Honolulu tornou-se igualmente um centro de reparos dos navios.

Alguns marinheiros náufragos ou desertores conseguiram desembarcar na ilha, e a partir de 1790 sempre era possível encontrar alguns estrangeiros; mas nenhuma mulher estrangeira aí viveu antes de 1820. Destarte, em 1849, entre as mulheres casadas com brancos contavam-se três vêzes mais indígenas do que brancas. Da mesma forma, o número de mestiços representava mais do dôbro das crianças de ascendência estrangeira nascidas no Havaí e ainda se tratava, sem dúvida, apenas das crianças reconhecidas por seu pai, sendo contados entre os havaianos os de uniões efêmeras e irregulares entre marinheiros estrangeiros e mulheres havaianas.

Os casamentos mistos não suscitavam qualquer oposição durante êsse primeiro período. Eram até mesmo favorecidos pela situação dos dois grupos em questão. Entre os poucos homens brancos chegados ao Havaí no século XVIII ou início do XIX, com efeito, alguns haviam prestado importantes serviços aos monarcas indígenas na qualidade de conselheiros políticos ou militares. Para prendê-los a si e instigá-los a ficar na região, o rei dava-lhes mulheres havaianas de altas posições. Nessa época, os brancos residentes no Havaí eram obrigados ou a tomar uma espôsa havaiana ou a ficar celibatários. Vários dêles acharam as indígenas sedutoras, desposaram-nas e fundaram uma família; outros até mesmo adquiriram terras e uma posição social elevada, graças a tais casamentos. As relações inter-raciais também eram facilitadas pelo sistema familial havaiano que permitia à mulher desposar mais de um homem. Por outro lado, durante muito tempo o Havaí manteve sua independência e foi governado por um monarca indígena cuja autoridade era respeitada por todos; e isto contribuiu igualmente para manter a igualdade entre as raças. Sòmente em 1898 o Havaí foi anexado aos Estados Unidos e, durante a maior parte do século XIX, a prosperidade das emprêsas estrangeiras dependeu, em larga escala, da benevolência real. Como todos — fôssem agricultores, negociantes ou missionários — eram obrigados a tratar a monarca com deferência, não se podia evidenciar qualquer tipo de discriminação racial muito marcada.

Todavia, o Havaí se tornou um "cadinho racial" sòmente na segunda metade do século XIX. Nessa época, a produção de açúcar sob contrôle estrangeiro tomou um considerável impulso. Os havaianos possuíam terras suficientes para satisfazer suas próprias necessidades. O trabalho monótono das plantações não os atraía de forma alguma; assim decidiu-se recorrer à imigração chinesa mediante contratos a longo prazo. A experiência continuou e, a partir de 1870, houve um afluxo maciço de imigrantes de diversas nacionalidades a fim de corresponder à demanda da mão-de-obra criada direta ou indiretamente pelo desenvolvimento da atividade econômica. Essa atividade, todavia, era exclusivamente agrícola e durante a maior parte da época contemporânea, continuou inteiramente baseada na cultura da cana-de-açúcar. Estima-se em cêrca de 46.000 o número de imigrantes chineses — em sua maioria do sexo masculino — que se instalaram no Havaí, sobretudo antes de 1898, mas perto da metade voltou para a China. O Japão e as Filipinas forneceram ainda mais mão-de-obra; mas, ainda aqui, pouco tempo depois mais da metade dos imigrantes se estabeleceram alhures. Entre os outros grupos étnicos representados, podemos citar os portuguêses, os espanhóis, os alemães, os poloneses, os russos e os portorriquenhos [9]. Segundo o censo de 1940, a população do Havaí compreende cêrca de 14.000 havaianos, 50.000 mestiços havaianos, 112.000 "caucasianos" (brancos), 29.000 chineses, 158.000 japonêses, 53.000 filipinos e 6.900 coreanos.

Êsses vários imigrantes estabeleceram múltiplos contatos com os nativos. Muitos dêles, depois de trabalhar alguns anos nas plantações, buscavam outras situações alhures, e em tôdas as partes do país estabeleceram-se relações entre estrangeiros e havaianos. Entre os recém-vindos muitos eram celibatários e alguns desposaram nativas, de sorte que a porcentagem de havaianas casadas com estrangeiros aumentou a população. Em compensação, à medida que os imigrantes se tornavam mais numerosos e vinham mais mulheres entre êles, a proporção dos casamentos entre os estrangeiros e havaianas decresceu, embora seu número tenha aumentado em valor absoluto. É interessante assinalar que a freqüência de casamentos entre os diversos grupos de imigrantes, de um lado, e os havaianos e mestiços havaianos, de outro, depende não tanto das preferências ou dos preconceitos raciais quanto do efetivo de cada grupo, da duração da estada de seus membros e da proporção de mulheres que êle engloba. Cumpre assinalar também que os brancos de origem americana e norte-européia é que mais contribuíram para assegurar a mistura das raças, em razão não só de seu grande número — ainda aumentado recentemente pela presença de membros das fôrças armadas — como também da duração de seus contatos com os havaianos. Em seguida vêm os chineses, numerosos no arquipélago há muito tempo. Sendo normal a proporção de indivíduos dos dois sexos no seio da comunidade portuguêsa, desposaram nativas com menos freqüência. Como os japonêses podiam mandar vir mulheres de seu país sem grandes dificuldades, poucos dêles praticaram a heterogamia. Cruzamentos ra-

(9) V. Romanzo Adams. *Interracial marriage in Hawaii*. New York, Macmillan, 1937.

ciais processaram-se com muita liberdade entre filipinos e havaianos [10].

Êsses cruzamentos deram origem a grande número de tipos diferentes, cujos principais são o produto de casamentos entre brancos e havaianos, entre chineses e havaianos, ou entre brancos, chineses e havaianos. Hoje, os mestiços de havaianos são muito mais numerosos que os havaianos de estirpe pura, e as estatísticas dos casamentos permitem supor que, por volta do fim do século, a população compreenderá uma maioria de mestiços. Cêrca de 1920-1924, a taxa de heterogamia atingira 22,6% e, em 1940-1941, era de quase um têrço.

Entretanto, percebeu-se que, a partir da queda da monarquia havaiana, houve um significativo decréscimo na porcentagem de casamentos entre havaianos e *haole*. (O têrmo *haole* aplica-se, no Havaí, aos brancos de condição econômica e social elevada.) A estreiteza dos laços que unem os *haole* aos Estados Unidos da América lhes permite desempenhar papel preponderante no âmbito cultural e político. Atualmente, em Honolulu, os membros dessa classe aplicam certas medidas de discriminação, sobretudo no que concerne às relações pessoais com os outros grupos raciais. Há bairros residenciais em que as casas e os terrenos de construção não podem ser vendidos aos membros de outras comunidades. Algumas escolas e igrejas são freqüentadas principalmente pelos *haole*. Os *haole* que moram no campo, bem como os brancos recém-chegados ao Havaí, não ficam tão afastados e são mais dispostos a praticar a heterogamia.

O estreitamento dos laços com os Estados Unidos e a transformação de Honolulu em base naval e militar importante exerceram influência no desenvolvimento cultural dos havaianos, que "se americanizam" cada vez mais. Do mesmo modo, a atitude adotada tradicionalmente pelos americanos quanto às relações raciais tende a difundir-se nas ilhas Havaí. Assim, embora a doutrina de igualdade de raças continue sendo admitida teórica e pràticamente, os diferentes grupos étnicos e raciais não são iguais, de fato, no plano cultural, social, econômico e político. A discriminação não pode tomar aqui uma forma aberta e oficial. Entretanto, o oriental percebe que em certos setores lhe é vedado elevar-se acima de um nível determinado. Assim, os postos mais importantes das plantações e de certas emprêsas não-políticas controladas pelos *haole* são reservados aos brancos. Na realidade, a atitude *haole* é algo ambivalente. De um lado, sente simpatia e uma espécie de sentimento paternalista para com os

(10) V. Romanzo Adams, *ob. cit.*, pp. 22-23 e segs.

havaianos, a quem, por vêzes, estaria inclinado a entregar postos importantes, não porque o mereçam mas simplesmente porque são havaianos. De outro lado, o *haole* deseja manter os autóctones·à distância no plano social e, por exemplo, quando êsses últimos desejam afirmar-se no comércio, chocam-se amiúde com uma espécie de preconceito e de sentimentos discriminatórios sutis.

Essa dualidade de relações raciais entre *haole* e havaianos tem repercussões psicológicas sôbre os outros grupos raciais e culturais, notadamente sôbre os mestiços havaianos. A condição social dos mestiços é tão complexa quanto sua herança biológica. Alguns são homens eminentes, diplomados nas universidades, e aquêles que têm ancestrais brancos e havaianos de alta classe ocupam uma posição relativamente elevada. Mas sua situação no seio da elite social havaiana é sempre algo incerta, e sentem que, em seu fôro íntimo, os membros dessa elite reprovam os casamentos mistos. O mestiço de chinês e havaiano tende a imputar a insegurança da sua situação cultural à sua ascendência havaiana. Os mestiços em que predomina a herança havaiana, e que são rechaçados pelos brancos, assimilam-se aos outros mestiços de havaianos.

Há, pois, uma tendência a criar grupos sociais em razão de afinidades étnicas e a se superporem uns aos outros. É entre os chineses que essa tendência se manifesta com mais intensidade. Os primeiros imigrantes chineses eram, em sua maioria, de origem modesta. Atualmente, seus filhos nascidos no Havaí receberam uma boa educação e, à medida que aprendem a conhecer melhor a China e a civilização chinesa, adquirem um sentimento mais vivo de sua dignidade enquanto representantes dêsse povo. Fundaram-se organizações para assegurar a sobrevivência da cultura chinesa nas ilhas Havaí, e êsse respeito crescente que sentem os chineses pela sua civilização acarretou, entre outras conseqüências, a elevação do nível social dêsse grupo. Percebe-se também que dão mostra de certo exclusivismo no que concerne aos casamentos. As famílias que chegaram a ocupar uma situação social importante desaprovam vivamente qualquer heterogamia.

Mas, de maneira geral, a evolução em curso no arquipélago tende mais a reforçar o sentimento de comunidade no plano cultural e nacional que a estabelecer uma estrita discriminação social baseada no sentimento de pertença. cultural e racial. Como os laços com a metrópole se estreitam contìnuamente e o sistema de ensino se inspira no sistema vigente nos Estados Unidos, a comunidade havaiana adapta-se ràpidamente às idéias e ao comportamento dos americanos. No que diz respeito às relações raciais existentes hoje, o comentário mais revelador é, sem dúvida alguma, o de um membro da pequena minoria negra que habita nas ilhas Havaí, segundo o qual, se não se pode, certamente, falar de uma "ausência total de negrofobia no Havaí", esta região é contudo, de tôdas aquelas em que tremula a bandeira estrelada, a única que os negros consideram atualmente como o regime mais próximo de uma verdadeira democracia[11].

Grã-Bretanha

Passaremos agora a um aspecto menos conhecido, e inteiramente diferente, do problema racial — o da Grã-Bretanha. Alguns fatos contribuem para diferenciar esta situação da que existe nos países estudados acima, sobretudo na União Sul-Africana e no Brasil. Logo de início, o grupo de pessoas de côr representa uma ínfima proporção do conjunto da população britânica e é composto principalmente de imigrantes recém-chegados. De outro lado, a expressão "homem de côr" tem um sentido muito amplo na Grã-Bretanha; em sua acepção corrente acaba por aplicar-se a quase todos os indivíduos que não são de origem européia, isto é, não só os negros africanos como também os árabes, os indianos, os chineses e os norte-africanos. Assim, quando os inglêses falam do "problema das pessoas de côr", podem pensar em qualquer tipo de relações raciais ou étnicas com indivíduos ou com grupos de indivíduos cuja pele seja mais escura que a dêles ou considerada como tal.

Não dispomos de estatística oficial ou absolutamente digna de fé em relação ao número de pessoas de côr que vivem nas Ilhas Britânicas, mas é possível fixar essa cifra, de modo muito aproximado, em 50.000 ou 60.000. Trata-se principalmente de indivíduos do sexo masculino originários das colônias britânicas, e sobretudo das Antilhas e da África Ocidental. Conta-se igualmente um grande número de hindus e paquistaneses, assim como somalis e árabes, em sua maioria oriundos do Áden. Grande parte dessas pessoas de côr vive em portos marítimos, tais como Liverpool, Cardiff, Newcastle, Manchester e Hull, bem como em Londres e em Birmingham. Em muitos casos, têm um domicílio permanente e um lar estável; mas suas mulheres ou companheiras, em geral, são brancas pertencentes às classes mais pobres e

(11) V. F. M. Davis. "A passage to Hawaii". In: *The crisis*, 56, novembro de 1949, p. 296-301.

menos instruídas da sociedade britânica. É principalmente do mar que êles tiram seu sustento: são foguistas ou graxeiros a bordo de vapôres e de cargueiros. Entretanto, alguns são operários nas fábricas ou trabalham em diversos ramos da indústria.

O número acima citado engloba, além dêsses membros das classes trabalhadoras, cêrca de 5.000 estudantes que freqüentam as universidades britânicas ou recebem formação profissional em hospitais ou estabelecimentos de ensino técnico. Êles também são originários, na maioria, das Antilhas ou da África Ocidental; mas, ao contrário dos trabalhadores, cuja maioria tem residência fixa nas Ilhas Britânicas, êles voltam em grande parte para seus países após três ou quatro anos de estudos. Finalmente, certo número de pessoas de côr exerce a profissão de médico ou alguma outra profissão liberal; outros são empregados de escritório ou comerciários ou trabalham na indústria de diversões.

Durante o século XVIII, havia em Londres um número relativamente grande de negros, e durante o século XIX pequenos grupos não-europeus estabeleceram-se na Grã-Bretanha. Mas as pessoas de côr que atualmente habitam o país foram para lá principalmente por ocasião da Primeira Guerra Mundial. De 1914 a 1918, grande parte das embarcações que fariam a ligação entre as Ilhas Britânicas e a África Ocidental ou vários outros países e cuja tripulação em geral era composta de pessoas de côr, foram requisitadas pelo govêrno para o transporte de tropas, sendo sua tripulação dispensada. Organizaram-se batalhões auxiliares de pessoas de côr para servir no estrangeiro, e subseqüentemente êsses homens foram desmobilizados na Grã-Bretanha. Pessoas de côr também foram recrutadas para trabalhar nas fábricas de produtos químicos e de munições, em Manchester e em outras cidades industriais; um considerável número de negros foram assim levados a se instalar definitivamente no país e, quando as indústrias bélicas ou outras em que trabalhavam cerraram as portas, dirigiram-se maciçamente para portos como Cardiff e Liverpool onde podiam encontrar emprêgo quer como marinheiros quer nos estaleiros navais. A última guerra deu lugar a nôvo afluxo de imigrantes; novamente foram recrutados, nas colônias britânicas, homens para a indústria e para as fôrças armadas. Vários grupos de antilhanos foram, assim, trabalhar na Grã-Bretanha como operários qualificados ou semiqualificados, ou entraram para a Royal Air Force. Embora muitos dêsses últimos tenham sido repatriados, uma grande parte retornou às suas custas para procurar um emprêgo que não podiam obter em seu país. Durante e após a guerra, também houve um afluxo muito grande de estudantes originários das colônias e além disso muitos nativos das Antilhas ou da África Ocidental conseguiram penetrar no Reino Unido por meios muito pouco ortodoxos. Em muitos casos, faziam a travessia como clandestinos; outros engajavam-se como membros da tripulação para uma viagem a um pôrto britânico e ao chegar abandonavam o navio sub-reptìciamente.

Como quase tôdas as pessoas de côr que vivem no Reino Unido são cidadãos britânicos por terem nascido numa colônia ou num protetorado ou até na própria Grã-Bretanha, gozam dos mesmos direitos e privilégios que todos os outros súditos britânicos, qualquer que seja sua raça ou côr. Não existe qualquer tipo de legislação estatutária ou oficial que se refira às relações raciais — como encontramos, por exemplo, na União Sul-Africana — fixando o lugar de residência de uma pessoa de côr ou o gênero de emprêgo que lhe é permitido ou interditado. Isso não quer dizer que inexistam formas não oficiais de discriminação de raça ou côr, ou que as relações entre brancos e as pessoas de côr sejam totalmente amigáveis. Quando se trata de empregos, por exemplo, muitas vêzes é difícil persuadir um empregador a admitir um homem de côr e empregados brancos para trabalhar lado a lado. Como dissemos acima, a maioria das pessoas de côr se estabelecem nos portos marítimos e dependem de atividades relacionadas com navios para viver; isso significou tempos difíceis para muitos dêles, porque, nos períodos de depressão econômica entre as duas guerras, os trabalhadores de côr foram muito mais duramente atingidos pelo desemprêgo do que os outros. Por exemplo, a 11 de junho de 1936, de um total de 690 foguistas desempregados, segundo o Registro das Docas de Cardiff, 599 eram homens de côr. Uma estatística mais recente feita em Liverpool mostra que, de cada seis trabalhadores de côr de origem "colonial", um é desempregado, enquanto que esta proporção é de um para vinte no conjunto da população registrada no seguro social.

Em especial, houve um amplo preconceito contra o emprêgo de jovens de côr tanto em Liverpool quanto em Cardiff. Em 1929, um comitê de emprêgo de jovens notava:

"Poucas dificuldades são experimentadas em relação às crianças de côr durante os anos de escola, pois elas se misturam bem livremente com seus colegas brancos, geralmente pertencem a lares que pelo menos são iguais aos das crianças

89

brancas quanto a condições, supervisão e cuidados dos pais. É quando deixam a escola e desejam entrar na indústria que surgem as dificuldades... O problema industrial é muito mais agudo em relação às môças, embora os rapazes não se empreguem tão fàcilmente quanto os brancos, o preconceito de côr demonstrado pelos homens é menos violento que o das mulheres. Grande parte dos jovens acaba então indo para o mar, alguns meses depois de ter deixado a escola, mas, no que concerne às môças, o problema é muito mais grave, porque elas não são comumente aceitas nas indústrias, e não podem aspirar senão a um emprêgo doméstico dos mais subalternos. Foi feita uma pesquisa a êsse respeito na indústria, e pediu-se aos empregadores que admitissem algumas dessas môças em suas oficinas ou indústrias; mas suas reações estiveram longe de ser animadoras. A oposição encontrada não vem aliás dos próprios empregadores, mas dos assalariados brancos que protestam vivamente contra o eventual emprêgo de mestiços. Essa atitude não honra o seu espírito cristão e mostra que o preconceito racial ainda desempenha um papel muito importante em nosso país"[12].

Mais recentemente assinalou-se que, em Liverpool, a contratação de técnicos antilhanos suscitava novas dificuldades; e, depois da guerra, marinheiros de côr se queixaram de que as companhias de navegação marítima cada vez mais evitavam admiti-los, especialmente nos navios em que teriam de trabalhar ao lado de brancos. A situação atual é complexa e muitas vêzes difícil de definir. Assim, algumas emprêsas há diversos anos empregam trabalhadores de côr e se declaram muito satisfeitas com seus serviços. Em compensação, outros se recusam a admitir um homem de côr sob o pretexto de que seus empregados entrariam em greve; outros se queixam de que os operários de côr são pouco assíduos, ou recusam trabalhos de operários não-especializados que consideram abaixo de sua dignidade. De seu lado, o trabalhador de côr afirma que é vítima de discriminação deliberada e não lhe confiam senão tarefas menores, tais como varrer o chão.

As pessoas de côr que vivem nas Ilhas Britânicas, geralmente, estão em bons têrmos com os membros da comunidade branca, salvo em tempo de desemprêgo geral e de insegurança econômica. Em tais períodos, pôde-se constatar a existência de um antagonismo racial que por vêzes levou a atos de violência. Desta forma, em 1919, depois da Primeira Guerra Mundial, irromperam tumultos raciais em certas cidades. Em Liverpool, durante uns

(12) Êste texto, assim como as demais indicações relativas à situação na Grã-Bretanha, foram extraídos de minha obra intitulada *Negroes in Britain;* são reproduzidos aqui graças à autorização de Routledge and Kegan Paul, Ltd.

90

dez dias, muitas famílias negras não ousaram sair de suas casas, e pelo menos um negro se lembra ainda hoje de que era obrigado a ir diàriamente para seu serviço sob proteção da polícia, com mêdo de ser linchado. Afirma-se que eram muitos milhares de agitadores e por diversas vêzes a polícia precisou dispersar a multidão a golpes de cassetete. Em Cardiff, lojas e casas onde moravam negros foram atacadas e uma loja foi inteiramente saqueada. Quinze feridos a tiros de revólver e a navalha tiveram de ser admitidos no hospital, onde um dêles morreu. Afinal de contas, chamou-se o exército para prestar auxílio à polícia, mas não antes que a população caçasse um certo número de infelizes negros que no momento exato encontraram abrigo em algumas casas ou atrás dos cavalos da polícia montada. Outros distúrbios bastante graves (com brigas entre brancos e negros etc.) verificaram-se em Liverpool em 1948 e deram lugar a sessenta prisões.

Da mesma forma, protestos públicos elevaram-se periòdicamente em Cardiff, Liverpool e certas partes de Londres, contra a presença dos homens de côr e de suas famílias. Tanto na imprensa como em reuniões públicas, mesmo na Câmara dos Comuns, houve queixas sôbre sua "indesejabilidade moral" e sôbre os "perigos" dos cruzamentos raciais. Êsses ataques eram amiúde conseqüência de conflitos do trabalho; eram devidos, por exemplo, ao fato de que, na opinião dos marinheiros brancos, os armadores sistemàticamente davam preferência às pessoas de côr, para economizar nos salários. Damos abaixo um exemplo bem marcante de tais explosões de cólera. Em 1934, quando de um debate na Câmara dos Comuns, Logan, membro do Parlamento, expressava-se nesses têrmos:

"Será agradável, quando se passeia pela parte sul de Liverpool, ver uma colônia negra, uma multidão de negros — não estou falando de sua côr — florescentes e prósperos, enquanto que uma multidão de brancos, que sofreu os horrores da guerra, vagueia sem trabalho pelas ruas? Será agradável ver êsses marinheiros indianos pavonear-se na Scotland Road e em tôda Cardiff, ver os chineses passear com as algibeiras bem forradas, como acontece aos homens do mar, que não conhecem o desemprêgo, enquanto que os inglêses vagam pelas ruas e apelam aos comitês de auxílio aos desempregados?"

Êsse tipo de sentimentos também suscitou tentativas de "repatriamento" das pessoas de côr, consideradas como um ônus para o tesouro nacional. A idéia era transportar a todos, jovens e adultos, para a costa oeste da África.

91

Em resposta a uma sugestão dêsse tipo, formulada durante uma reunião pública em Liverpool, um homem de côr levantou-se na assistência e perguntou, com um sotaque local bem carregado, para onde, na opinião do orador, êle deveria ir!

As leis protecionistas em favor da marinha mercante também afetaram a situação das pessoas de côr. Foi assim que, em Liverpool e em Cardiff, a Special Restrictions Order de 1925, destinada a regulamentar o emprêgo de marinheiros de côr estrangeiros, foi aplicada de tal forma que muitos homens de côr, que na realidade eram súditos britânicos, foram obrigados a inscrever-se como estrangeiros, porque não podiam provar claramente sua nacionalidade — e mesmo os que possuíam tais documentos freqüentemente eram objeto de grandes pressões que os levava a obedecer aos regulamentos e a se inscrever na polícia como estrangeiros. Calcula-se que em Cardiff, por exemplo, cêrca de mil e quinhentos marinheiros foram assim abusivamente obrigados a munir-se de cartas de estrangeiro. A Special Order tinha por primeiro objetivo impedir que tripulações estrangeiras tomassem o lugar de tripulações britânicas, mas na verdade os súditos britânicos de côr foram gravemente lesados pela aplicação que se fêz dessa lei; muitas das sociedades que até então os empregavam regularmente, deixaram de lhes dar trabalho. Em Liverpool, as coisas ainda foram piores para êles, porque nessa cidade as inglêsas casadas com homens de côr foram consideradas estrangeiras sob todos os aspectos e até mesmo privadas do direito de voto. É difícil dizer em que medida se deve ver aqui o resultado das manobras das seções locais dos sindicatos de marítimos, ou ao invés o resultado de acasos e erros involuntários.

Na Inglaterra, as pessoas de côr também encontram dificuldades em encontrar casas ou acomodações. O contrato de aluguel de alguns imóveis e apartamentos contém uma cláusula especial que proíbe a sua locação a pessoas de côr; e amiúde tais famílias são obrigadas a pagar aluguéis mais altos do que as outras. Os proprietários evitam aceitar locatários de côr com receio de que sua presença faça baixar o valor locativo do bairro e seus bens sejam desvalorizados. Quanto aos vizinhos, temem pela tranqüilidade e pela boa reputação dos arredores. As dificuldades surgidas são ainda maiores quando se trata de viver na mesma casa ou na mesma pensão que pessoas de côr. Isso tem por efeito a concentração definida de famílias de côr nos bairros menos desejados da cidade, pela dificuldade de encontrar quartos em outros lugares.

Conseqüentemente, encontramos nas cidades referidas — sobretudo em Cardiff, Liverpool e Manchester — bairros isolados, chamados "bairros de côr", que até certo ponto reproduzem, pelas características sociais e também por outros, as "zonas negras" (*black belts*) das grandes cidades americanas como Chicago e New York. Entretanto, cumpre reconhecer que a semelhança não é completa; em parte porque o fenômeno da concentração de pessoas de côr agrega um número de indivíduos, e em parte porque é quase que inteiramente limitada às classes mais pobres. Entretanto, os habitantes brancos dessas cidades britânicas sentem, mais ou menos como os americanos, que têm muito em comum, no plano racial e social, com a população do bairro de côr. E essa atitude, por sua vez, cria obstáculos psicológicos peculiares que impedem os dois grupos de estabelecer relações no plano social por vias normais. Percebemos, por exemplo, que a imprensa dá grande destaque a qualquer incidente que tenha levado a polícia a intervir no bairro em questão e geralmente procura-se fazer recair essa reprovação sôbre todos os que vivem no lugar e não sòmente sôbre os responsáveis. De outro lado, o estereótipo do homem de côr adotado pelos brancos baseia-se então nas características dos membros de uma comunidade cujos recursos e grau de instrução são geralmente bem medíocres.

O fato de muitas pessoas hesitarem em viver na vizinhança imediata de uma pessoa de côr cria dificuldades particulares aos estudantes vindos das colônias. A atitude das senhorias e dos proprietários de pensões de família depende, em grande parte, dos preconceitos de sua clientela, e as necessidades comerciais podem obrigá-los a excluir sistemàticamente os hóspedes de côr, caso sua presença cause objeções. Um estudante que tenha reservado por correspondência ou por telefone muitas vêzes pode levar a porta na cara quando se apresenta pessoalmente. É difícil dizer com precisão até que ponto essas práticas discriminatórias estão difundidas, mas certamente são bem conhecidas, sobretudo em Londres. Assim, pesquisas efetuadas antes da guerra mostraram que 60% dos proprietários de quartos mobiliados ou de pensões de família e particulares que recebem pensionistas recusavam-se a receber pessoas de côr mesmo que fôssem "pessoas de bem". Essa situação levou o Colonial Office a criar um certo número de casas especiais destinadas aos estudantes das colônias, e outras foram abertas há alguns anos e atualmente são dirigidas pelo British Council. Há um esfôrço assim para oferecer aos estudantes de côr um quadro agradável e um lugar de reunião onde possam receber visitas e encontrar tôdas as comodidades desejadas. Êsses lares estão igualmente abertos aos estudantes brancos originários das colônias, mas na prática o sistema acaba por separar os membros dos diferentes grupos étnicos. Por isso, o British Council tentou um nôvo método, que consiste em encontrar quartos individuais para estudantes de côr em alojadores aprovados.

Ressalta de tudo isso que na Grã-Bretanha existe um preconceito de côr sòlidamente arraigado, embora nenhuma lei o sancione; pelo contrário, comumente os tribunais testemunham uma clara reprovação às suas manifestações. Assim foi que em Liverpool, durante uma audiência, o juiz Hemmerde reprovou o govêrno por permitir que súditos britânicos provenientes das colônias recebessem tratamentos descorteses. Em outro processo, em que estava implicado um indiano, um jurado que levantara o "problema da côr" foi convidado a ceder seu lugar a outro. Como não existe qualquer legislação especial que proíba as medidas discriminatórias baseadas na raça ou na côr, é muito difícil invocar prátjcas dêsse tipo para apresentar uma queixa na justiça. Se uma pessoa de côr a quem se prometera um alojamento o vê negado a si, não tem outro recurso a não ser processar o hotel por ruptura de contrato. O hoteleiro comete uma infração criminal ao recusar alojamento a uma pessoa de côr quando tem a possibilidade de fazê-lo. Casos dêsse gênero foram levados aos tribunais, mas cada vez que o veredito era favorável ao queixoso de côr, apoiava-se ùnicamente em razões técnicas, ficando em silêncio as considerações de raça ou de côr.

A adoção de uma legislação adequada foi proposta na Câmara dos Comuns, tanto no que concerne ao estatuto das pensões e hotéis quanto no que se refere à concessão de licenças para as casas de danças. Mas em ambos os casos replicou-se que tais questões não eram da competência dos podêres legislativos: as casas de dança, em particular, estavam sob a alçada das autoridades locais. Se fôr possível provar que um estabelecimento explorado sob licença adota realmente medidas discriminatórias em relação a certos membros da comunidade, é possível dar queixas às autoridades locais contra o titular da licença. Muito recentemente Reginald Sorenson, membro do Parlamento, tomou a iniciativa de apresentar uma proposta de lei nesse sentido, mas seu texto não pôde ser colocado em discussão por falta de tempo.

Se muitos inglêses são favoráveis à adoção de leis que proíbam as práticas discriminatórias, muitos outros pensam que as pessoas de côr — ou os judeus — são cidadãos dotados dos mesmos direitos e das mesmas obrigações que os outros. Julgam que tôda legislação protetora tenderia a delimitar muito precisamente os grupos em questão, o que iria contra a política adotada em relação aos judeus, que é de assimilação [13]. Êste é um argumento ao qual não falta fôrça e que é preciso levar em conta.

O fato de que a discriminação racial exista na Inglaterra sem que encontre qualquer apoio na lei ou na constituição mostra claramente que os preconceitos de côr são parte integrante das tradições da sociedade britânica. Convém lembrar aqui que os inglêses desempenharam um papel fundamental no tráfico de escravos negros e que grande parte dêstes foi transportada por navios britânicos. Por isso, acontecia muitas vêzes que os restos dessas cargas humanas fôssem desembarcados em portos britânicos e vendidos em leilões públicos. Além disso, os plantadores que voltavam das Antilhas traziam outros negros na qualidade de escravos e de criados de quarto. Calcula-se que numa certa época só em Londres habitavam 20.000 negros. Certamente foi assim que os inglêses se habituaram a considerar os negros como escravos e domésticos, e estava preparado o terreno para as idéias e argumentos que, como dissemos acima, seriam usados na Inglaterra e em outros países ocidentais para combater a abolição da escravatura. Duzentos anos mais tarde, não se poderia dizer até que ponto essas circunstâncias tiveram efeitos psicológicos determinantes, mas não há dúvida de que o mito de inferioridade do negro estava firmemente arraigado na maioria das classes da sociedade inglêsa do século XIX. É exatamente esta a impressão dada pelos romances da época. Em *Vanity Fair,* de Thackeray, George, descendente de uma ambiciosa família da classe média, é convidado a propor casamento a uma herdeira de côr das Antilhas. Eis sua resposta: "Esposar esta mulata? Não gosto desta côr de pele, senhor. Dirija-se ao negro que é varredor em frente a Fleet Street, senhor. Eu não vou casar com uma Vênus hotentote..." E no *St. Giles and St. James,* de Jerrold, Miss Canary, a gentil vendedora de flôres e refrigerantes no teatro de Covent Garden, recua de horror e desagrado diante de Gumbo, o cocheiro negro.

Pelos meados do século XIX, a Grã-Bretanha possuía imensos territórios além-mar, sobretudo a Índia e grandes colônias na África, o que parece ter difundido entre os inglêses a convicção de que eram muito superio-

---

(13) Quero agradecer ao Sr. L. G. Green, da Faculdade de Direito, do University College, Londres, pela orientação nas questões mencionadas acima.

res aos homens de côr; chegaram assim a tratar os nativos de alta classe com uma arrogância e uma dureza tais que levaram, entre outras, à revolta dos sipaios. "O mais insignificante, o mais medíocre representante da *race blanche,* escrevia o correspondente do *Times,* considera-se infinitamente superior a um radjpute cuja genealogia remonta a um milênio."

Sem dúvida, o nôvo interêsse suscitado em muitos meios pelas teorias sôbre a evolução e o lugar do homem em relação aos outros membros do reino animal também contribuiu para intensificar o desprêzo que inspiravam as raças de côr. Já em 1796, um texto lido para a Sociedade Filosófica de Manchester intitulava-se "Exposição sôbre as Gradações Regulares no Homem, e em Diferentes Animais e Vegetais, e da Passagem de uma à outra". Sua tese era que o negro "parece mais próximo do animal que qualquer outra das espécies humanas". Mais tarde, no século XIX, as teorias biológicas muitas vêzes foram in terpretadas da mesma forma pelo grande público, e a doutrina de Darwin ·sofreu as mesmas deformações. A partir de então, para justificar a preponderância das raças brancas, argumentou-se muitas vêzes que estas, tendo obtido melhor resultado que as outras, só podiam ser superiores a elas, não só em matéria de organização e de eficácia prática como também no plano intelectual, moral etc. As teorias da evolução biológica foram completadas pelas teorias da evolução social. Desta forma, Lewis Morgan, que estudava em particular as questões relativas à consangüinidade, ao casamento e à propriedade, dividia a história universal em três grandes períodos — selvageria, barbárie e civilização — cada um dos quais correspondia a um certo nível intelectual e econômico. Como era preciso, segundo êle, saber ler e escrever para ser civilizado, considerava todos os iletrados, inclusive as tribos negras da África, como primitivos muito atrasados em relação aos europeus. De outro lado, no curso dos últimos anos do século XIX, as potências européias não sòmente ocuparam e partilharam a maior parte da África negra, como também souberam encontrar imediatamente pretextos racionais para justificar suas tendências imperialistas. Os britânicos, como muitos outros, recorreram amplamente a mitos raciais, tais como o "arianismo", o "nordicismo" ou o "teutonismo", que convertiam a raça branca na raça superior e atribuíam às raças de côr uma inferioridade biológica. Isso nada tinha de surpreendente, poís os novos territórios colonizados eram, em sua maioria, habitados por povos cuja cultura divergia totalmente das nações ocidentais e cuja técnica era muito menos desenvolvida. As teorias evolucionistas já haviam preparado o terreno. Ademais, os notáveis resultados obtidos pelos países ocidentais no campo da mecânica, da ciência, da técnica, da organização etc., formavam um contraste marcante com os recursos rudimentares de que dispunham os africanos e os melanésios. E, uma vez de volta ao seu país, os viajantes, os comerciantes e os missionários contavam amiúde terríveis histórias sôbre os costumes nativos, que, isolados de seu contexto cultural, pareciam bárbaros e repelentes aos ouvintes inglêses.

Êsse complicado pano de fundo da exploração ultramarina, do comércio de escravos, expansão colonial e racionalização científica ajuda a compreender a natureza ambivalente das modernas atitudes raciais na Inglaterra. São um misto de apatia e tolerância, porque muitos britânicos jamais tiveram um contato individual com pessoas de côr, têm pouco interêsse pelas colônias e quase nunca se preocupam com elas. Nisso também entra uma boa dose de curiosidade amigável e de paternalismo, elementos que fazem parte de nosso patrimônio social ao mesmo título que os sentimentos de repulsa ou condescendência. Muito antes da aparição do movimento abolicionista, escritores e filantropos inglêses defendiam a causa da escravatura negra e lutavam para obter sua emancipação. O movimento abolicionista pròpriamente dito, na Inglaterra, em grande parte originou-se entre as seitas não-conformistas e criou uma tradição de filantropia e liberalismo que ainda desempenha um grande papel nas relações dos britânicos com povos coloniais. Mas essa tolerância para com as outras raças tende, no conjunto, a ser mais teórica que real. Na verdade, ela é oriunda de uma convicção de princípio — a idéia de que o negro deve ser livre — que não precisa traduzir-se em ação nas relações cotidianas. Assim, ainda que muitos inglêses sejam favoràvelmente dispostos e plenos de compreensão à respeito dos homens de côr, seu desejo de vê-los tratados eqüitativamente em grande parte permanece muito abstrato, pois é contrabalançado por outros fatôres psicológicos também poderosos embora menos conscientes.

A essa tendência idealista opõe-se o sentimento extremamente difundido de que as pessoas de côr de alguma maneira são "inferiores", não simplesmente porque são estrangeiras, mas também por causa de sua côr e de outros caracteres físicos. Algumas côres de pele e alguns traços fisionômicos encontram-se assim associados a um sentimento de horror e de aversão cuja origem é de ordem cultural. Portanto, para certas pessoas, tudo acontece como se o "negrume" do negro se espalhasse sôbre os objetos e as pessoas que o cercam. Alguns dizem ter sido "contaminados" por uma vizinhança dessas, e sobretudo as mulheres sentem uma repugnância particular à idéia do contato da mão do negro em sua pele branca. Parece, pois, que para muitos inglêses a côr da pele tem um significado preciso — uma pele escura constitui uma desvantagem social. Procura-se manter a distância os africanos e antilhanos de pele muito escura, não sòmente por pertencerem a uma outra raça, como também por causa da desonra social que tal convivência poderia suscitar. Em outras palavras, o preconceito de côr está ligado até certo ponto ao preconceito de classe, o que explica que muitas vêzes as pessoas de côr, mesmo bem educadas, não são recebidas nas famílias britânicas de classe média. Um bom número de indivíduos pertencentes a essa classe podem não ter nenhum preconceito pessoal, mas sentem que sua reputação seria comprometida se se soubesse que pessoas de côr figuram entre seus amigos ou suas relações. Apresentar um negro em seu clube social ameaçaria seu prestígio e os envergonharia tanto quanto se se tratasse de apresentar o entregador da mercearia ou o leiteiro. Eis um exemplo: um diretor de banco com quem eu examinava o pedido de dois estudantes africanos desejosos de ocupar a casa vizinha à sua (e que lhe pertencia) rejeitou violentamente essa proposta. "Oh! sei que hoje em dia todos nós somos considerados iguais!", acrescentou de certa forma sem querer, mas também como um pedido de desculpas. Também se ouve a miúdo a afirmação de que ter convidados negros dá à casa "uma péssima reputação". A "côr" torna-se um símbolo de inferioridade social, assim como falar gramaticalmente errado, ou sem o acento "correto", ou usar um lenço de pescoço em vez de colarinho e gravata.

Êsse sentimento de superioridade racial e social não é encontrado apenas entre os membros da classe média, tão cônscios de sua posição. Sem dúvida, muito depende da atitude política ou ideológica da pessoa interessada, mas os membros da classe operária podem ser igualmente sensíveis às diferenças da pigmentação da pele, quando se trata de serem vistos na companhia de pessoas de côr. O fato adquire relêvo particular sempre que se trata de qualquer tipo de contato ou cruzamento com sexo diferentes. Muitas pessoas dirão que não têm absolutamente nada contra as pessoas de côr, desde que "deixem as môças tranqüilas", e uma das razões mais comumente invocadas para não levar um africano ou um antilhano à sua residência é o temor de que se estabeleça uma ligação entre êle e uma mulher ou uma môça da casa. Uma jovem branca vista em companhia de um homem de côr causa amiúde um efeito emocional muito violento, e às vêzes são dirigidas ao casal observações bem injuriosas. Conseqüentemente, quando ocorre um casamento inter-racial, quase sempre é com uma viva oposição dos pais da môça e ela é obrigada a se afastar de quase todos os seus amigos. Dada a ausência quase total de mulheres de sua raça, muitos homens de côr se vêem, pois, quase que totalmente privados de tôda companhia feminina, afora a das prostitutas. Assim, instaura-se um "círculo vicioso". Antes de se decidir a estabelecer uma relação com um homem de côr, uma jovem de "boa família" pode ser obrigada a considerar se está disposta a arriscar sua reputação.

O homem de côr comum reage à situação racial na Inglaterra com uma boa dose de amargura — nem sempre expressa claramente. Aquêles que nasceram no país julgam naturalmente ter os mesmos direitos e privilégios de qualquer outro cidadão e pensam que é particularmente odioso ser considerados e tratados como "estrangeiros". Os que chegam das colônias sentem que o princípio da igualdade racial adotado na Inglaterra não passa de um engôdo, pois são aplicadas medidas discriminatórias sem que o govêrno intervenha. Acham pois que os britânicos dão mostra de uma hipocrisia revoltante quando pretendem tratar tôdas as raças da mesma maneira.

Grande número de jovens vindos das colônias inglêsas para a Grã-Bretanha recebeu uma educação fortemente marcada pela influência missionária e cristã. Tendo sido educados num ideal de fraternidade humana, sofrem muito particularmente ao constatar que são mal vistos devido à sua côr. Tanto para os antilhanos como para os africanos, o cerrado fogo de perguntas curiosas a que estão sujeitos o tempo todo é quase tão penoso quanto as manifestações abertas de preconceito racial. Essas perguntas se referem principalmente à suposta abundância de animais selvagens em seu país, às condições climáticas, ao comportamento "pouco civilizado" dos "nativos". Os antilhanos sobretudo se ressentem quando lhes perguntam se falam inglês, que é sua língua materna. Os estudantes africanos observam às vêzes que muitos lhes perguntam se usavam roupas antes de vir para a Inglaterra, e se queixam de que são vistos como selvagens até mesmo por mendigos que lhes pedem esmola na rua.

Quer tais atitudes impliquem ou não a existência atual de preconceitos raciais, o importante é que muitas pessoas de côr vivem na constante apreensão de que êles se concretizem. Resulta daí que o homem de côr comum se mostra muito circunspecto em suas relações com os britânicos. Às vêzes êle receia a tal ponto as humilhações que deliberadamente se mantém à parte pelo grande mêdo de expor-se a elas.

Paradoxalmente, o próprio fato das relações raciais não serem oficialmente regulamentadas na Grã-Bretanha exacerba ainda mais êsse sentimento. Contràriamente aos da União Sul-Africana ou dos Estados Unidos, os podêres públicos da Grã-Bretanha não são responsáveis pelas medidas discriminatórias, e desta forma quaisquer privações sofridas pelas pessoas de côr são sentidas não como algo impessoal e não premeditado, mas como um ato pessoal e deliberado de discriminação. Da mesma forma, o fato de que o preconceito de côr não se exerça simples ou necessàriamente neste ou naquele âmbito particular mas possa manifestar-se em todos os tipos de relações sociais, apenas aumenta sua incerteza e dúvida quanto às relações pessoais. Por exemplo, quando sua saudação ou sua mão estendida são ignoradas, como pode saber se deve ver nisso um ato não-intencional ou, pelo contrário, uma prova de rejeição racial? O caminho mais fácil é desistir das especulações e admitir pura e simplesmente que todos os inglêses que conhece no fundo carecem de sinceridade, qualquer que seja o princípio a que êles dizem obedecer. Por exemplo, um técnico antilhano a quem se pediu uma opinião sôbre o comportamento de um contramestre colocado sob suas ordens respondeu que, embora a atitude dêste fôsse sempre "correta", sabia que "por dentro" o contramestre o considerava inferior.

Outros choques e mal-entendidos de ordem racial provêm das próprias experiências anteriores de homem de côr. Grande número dos habitantes das colônias chega à Inglaterra sem muito conhecimento das sutilezas dos costumes e etiquêta europeus. Desconhecem a importância da pontualidade tanto nas relações pessoais quanto nas profissionais; ignoram as convenções no caso das visitas; é-lhes estranha a atitude ocidental quanto às relações entre sexos. Muitos dos recém-chegados não sabem ler ou escrever, seu conhecimento de inglês é muito insuficiente e não possuem a capacidade técnica que corresponde a bons salários na indústria. Nèm sempre percebem que, se lhes é negado um emprêgo ou se são afastados dos trabalhos cujo pagamento é mais alto, não é devido à sua raça, mas porque não têm a experiência ou a formação desejadas. Nas colônias, viram os europeus exercer funções não-manuais relativamente bem remuneradas e concluíram que acontece o mesmo com todos os habitantes dos países da Europa.

Enfim, alguns dêles tomam por aversão ou por ostracismo racial o caráter anônimo que "normalmente" é apresentado pela existência nas grandes cidades européias. Vindos diretamente de comunidades africanas ou antilhanas, onde o parentesco ou a vizinhança criam estreitos elos afetivos, julgam quase intolerável a espécie de anonimato a que são condenados em seu nôvo meio e sofrem de uma aguda sensação de isolamento. Outros, até mesmo os estudantes, sofrem dificuldades financeiras, temem não encontrar um emprêgo ao retornar para seu país ou fracassam num exame que para êles tem uma importância capital. Em tais casos, sentem em geral uma impressão de insegurança e frustração, e então é cômodo invocar a discriminação racial para explicar e desculpar as dificuldades ou fracassos individuais.

Portanto, há múltiplas razões para que a questão racial provoque ûm vivo interêsse entre as pessoas de côr que vivem na Grã-Bretanha. Dada a diversidade de suas origens culturais, de sua experiência e de suas aspirações individuais, êsse interêsse é o único fator que os une ao seio de um mesmo grupo e tem criado entre êles uma comunidade de sentimentos.

Entretanto, o aparecimento de uma "consciência de raça" bem marcada é muito mais raro do que se poderia crer. Certamente isso se deve ao fato de que a maioria das pessoas de côr que residem na Grã-Bretanha são pouco instruídas; além do mais, o pequeno número e a dispersão dessa população tornam difícil a organização de um movimento de envergadura nacional destinado a defender seus interêsses. Os estudantes vindos das colônias constituem o único grupo capaz de manifestar pùblicamente sua opinião e dotado de alguma influência, mas, estando "de passagem", não se ocupam dessas questões a não ser ocasionalmente e se preocupam muito mais com o que acontece em seu próprio país. Sòmente em raras ocasiões, em caso de crise das relações raciais — por exemplo, quando do caso Seretse Khama — é que se cria uma frente comum.

Por conseguinte, na Grã-Bretanha existem pouquíssimas organizações de defesa dos direitos do negro (ou do homem de côr) e nenhuma delas desempenha um papel ou tem uma importância que possam ser comparados aos da National Association for the Advancement of Coloured People in the United States, por exemplo. De fato, no plano político, as verdadeiras conseqüências da situação racial existente da Grã-Bretanha se exerceu sobretudo nas colônias britânicas. Os jovens de ambos os sexos que vêm dêsses territórios para estudar na metrópole pertencem em geral às classes que dirigem a opinião pública em seus respectivos países, e não há dúvida de que sua experiência e suas reações constituem um dos fatôres do rápido desenvolvimento dos nacionalismos coloniais. Boa parte do descontentamento suscitado pela situação na Grã-Bretanha não se manifesta senão indiretamente e vai "fomentar" as reivindicações dos territórios coloniais, que exigem autonomia a curto prazo.

O problema racial na Grã-Bretanha, que por si só, comparativamente, não é importante, na verdade é acima de tudo uma função das relações entre o Reino Unido, como metrópole, e os outros membros da Commonwealth e do império. Um certo número de países de "côr" (como a Índia, o Paquistão e o Ceilão) permaneceram na Commonwealth após terem adquirido a independência, e era o desejo expresso do govêrno britânico que os territórios ainda dependentes fizessem o mesmo quando, por sua vez, adquirissem o direito de autodeterminação. Lògicamente, esta política tem duas implicações. Em primeiro lugar, significa que o govêrno britânico deve preservar e, se possível, incrementar os sentimentos de lealdade e boa vontade entre seus súditos coloniais. Mas, òbviamente, para isso será necessário algo mais que os progressos políticos e as reformas constitucionais do estrangeiro. Também será preciso tomar medidas positivas no país entre o público britânico, para despertar a simpatia e o interêsse em relação aos países e aos povos coloniais. Isto, por sua vez, exigirá um maior esfôrço no campo da educação para corrigir as idéias errôneas que surgem em relação a questões raciais e assuntos conexos. Em segundo lugar, o acesso à independência de uma ou mais colônias da África ou das Antilhas deveria ter como conseqüência não só melhorar a posição política dos países interessados como também o *status* pessoal de seus habitantes. Isto, conseqüentemente, deveria suscitar uma melhora no *status* de tôdas as pessoas da raça negra, uma vez que, do ponto de vista do homem do povo, todos os negros são iguais, venham da Jamaica, de Trinidad, de Gana ou da Nigéria.

Como já se mencionou acima, o British Council esforça-se por fornecer, ou por obter, alojamento para os estudantes que precisam; um departamento especial do Ministério das Colônias também trata de problemas concernentes ao bem-estar em geral. Por outro lado, vê-se que as igrejas e os sindicatos têm um interêsse cada vez maior por êsses assuntos, e inúmeras associações particulares oferecem hospitalidade a estudantes e organizam reuniões "sociais" e conferências de caráter inter-racial. Institutos no-

102

turnos, com o objetivo de oferecer oportunidades de estudo e recreação tanto a negros quanto a brancos, foram abertos em várias cidades. No plano local, as relações entre a comunidade de côr residente e seus vizinhos brancos são geralmente amigáveis. As relações pessoais do estudante de côr com o grande público também estão crescendo e normalmente êle é aceito com pouca ou nenhuma reserva na maior parte dos meios universitários.

Assim, é possível prever o surgimento de novas tendências nas relações raciais na Grã-Bretanha. Convém sublinhar, todavia, que o "problema racial" não resulta sòmente de certas atitudes tradicionais, mas também do fato de que o nível de instrução e as condições de vida das pessoas de côr, bem como outras características, parecem amiúde confirmar o estereótipo da inferioridade racial. Parece hoje que a população de côr está em vias de crescimento na Grã-Bretanha e de que, dada a imigração, ela continuará a aumentar futuramente. Isso tornará improvável uma assimilação, no sentido biológico do têrmo. O melhor remédio parece ser a eliminação das diferenças de instruções e cultura existentes. Atualmente elas constituem o principal obstáculo do progresso econômico das pessoas de côr residentes na Grã-Bretanha e limitam as possibilidades sociais daqueles que desejam melhorar sua posição na sociedade britânica.

Conclusão

Os quatro tipos de "situações raciais" estudados acima permitem tirar certo número de conclusões quanto à tese proposta no presente estudo. As quatro situações são uma decorrência, direta ou indireta, da colonização branca. Ora, essa colonização só em raríssimos casos foi ditada por motivos filantrópicos. É certo que sacerdotes e missionários se moveram para a América, África, Índia e Pacífico a fim de pregar o Evangelho, mas a maioria dos europeus que se transferiam para o além-mar entre os séculos XV e XX pretendiam ganhar a vida, comerciar e obter lucros. O gênero de vida dêsses emigrantes era totalmente oposto às formas culturais autóctones; eram pois levados a suprimir os indígenas cada vez que êsses contrariavam, ou ameaçavam contrariar, seus desígnios. Essa supressão foi relativamente fácil, pelo menos no comêço, e se fêz sem muitos escrúpulos, sob o pretexto de que os nativos constituíam um "grupo periférico" do ponto de vista da cristandade.

Mas os argumentos religiosos perderam gradativamente sua fôrça - e tiveram de encontrar outros motivos mais compatíveis com o espírito racionalista e científico da época. Afirmou-se então que as raças de côr são mentalmente atrasadas, pueris e incapazes de adaptar-se sem ajuda às técnicas especializadas e às economias modernas; constituem pois o "fardo do homem branco". Responsável pelo bem-estar das raças de côr, o homem branco tem o direito de dirigir seus negócios como quiser. Se considera que o contato com sua civilização lhes é nefasto, a política mais justa e mais lógica consistirá em mantê-los à parte e impedi-los de adquirir o conhecimento e as aptidões próprias dos ocidentais.

O exemplo da União Sul-Africana ilustra melhor êsse ponto de vista, mas a situação existente na Grã-Bretanha mostra como a racionalização da exploração da Índia e de outros territórios coloniais moldou a atitude do homem comum. É óbvio que o sentimento de superioridade racial dos inglêses data principalmente da época em que a Grã-Bretanha era a maior potência política e militar do globo. A racionalização é necessária em tais casos, dado o profundo abismo, comum em matéria de relações raciais, que estabelece entre ideologia e prática. Povos como os inglêses, e os norte-americanos e os sul-africanos, que tradicionalmente são muito apegados ao Cristianismo, à democracia e ao ideal de igualdade, são também os que estabeleceram as distinções mais profundas entre as raças; daí a tendência à racionalização. Ela permite aos membros do grupo preconceituoso escapar a um grave conflito moral e intelectual oferecendo-lhes uma explicação do que é incongruente. Por exemplo, a crença de que a segregação racial é ordenada por Deus, torna possível ao crente excluir de sua igreja as pessoas de outra côr, sem abandonar sua fé na paternidade de Deus.

Entretanto, os exemplos do Brasil e do Havaí sugerem uma explicação algo diferente dessa teoria da exploração. No Brasil, os portuguêses jamais erigiram barreiras entre si e a população de côr. Dados os cruzamentos raciais e os casamentos mistos, os brancos, enquanto grupo racial distinto, não puderam manter nesse país o monopólio exclusivo do poder e dos privilégios. Além disso, Portugal industrializou-se muito mais devagar do que as potências colonizadoras da Europa Setentrional, e o desenvolvimento do capitalismo foi retardado pela atitude da Igreja Católica Romana. Talvez a atuação da Igreja com o objetivo de encorajar e proteger a família enquanto instituição social tenha sido ainda mais decisiva. Constituindo a família um todo indivisível e organizado segundo o sistema patriarcal, e preenchendo as funções e obrigações que lhe competiam, era difícil criar distinções que comprometessem a ligação recíproca de seus membros.

No Havaí, só em data tardia é que os brancos realmente tomaram a direção dos negócios do país. As primeiras condições em que se fizeram contatos inter-raciais criaram uma atitude liberal em relação aos casamentos mistos, atitude compatível com o caráter da imigração que ocorreu mais tarde. Além disso, o surgimento, entre a população de côr, de um certo número de grupos culturais relativamente influentes e econômicamente importantes, cujas características raciais pouco diferiam entre si impediu o desenvolvimento de critérios de discriminação.

A conclusão dêste ensaio é que o fenômeno das relações raciais é parte de uma era especial na história humana, que êle remonta às primeiras tentativas feitas pelos europeus de explorar os territórios ultramarinos, e mais tarde torna-se parte integral do colonialismo como política econômica e imperialista. O estudo da política ocidental do século XX, com efeito, revela a existência de relações muito estreitas entre mitos raciais e a ambição nacional e imperialista. Pode-se pois descrever as atitudes e os antagonismos raciais como funções da organização mais ampla da sociedade ocidental, e como o produto dos movimentos sociais que moldaram seu desenvolvimento nos últimos quinhentos ou seiscentos anos.

Se esta tese é correta, significa que nada há de permanente quanto ao problema racial. A sociedade humana é essencialmente dinâmica e há vários indícios de que muitos dos países fundamentalmente envolvidos estão tomando uma nova atitude. Por exemplo, a noção britânica do *welfare state* é atualmente estendida às possessões coloniais da Inglaterra sob a forma de importantes subvenções anuais e empréstimos sem juros para o desenvolvimento local. Os inglêses também concederam autonomia às suas colônias; alguns territórios já são independentes e outros estão no mesmo caminho. Os franceses, cujas principais possessões coloniais também estão na África, igualmente instituíram importantes reformas constitucionais e jurídicas. A qualidade de cidadão francês é agora aplicada a todos os africanos. Isso significa que um muçulmano ou pagão desfruta das mesmas liberdades públicas. Também gozam de certos direitos políticos, análogos ou às vêzes até mesmo idênticos aos do cidadão francês. Para as culpas graves, o direito penal é o mesmo para todos e já não é mais administrado por côrtes especiais para os não-europeus, distintas das reservadas a europeus; todavia, são levados na devida conta a religião e os

105

costumes tradicionais. Numa esfera totalmente diversa das relações de raça, nos Estados Unidos, os progressos do liberalismo são contínuos. Certo número de Estados aprovou leis que proíbem a discriminação na indústria e certas cidades têm também leis locais.

Nas formas de transporte interestaduais a segregação foi declarada ilegal e recentes julgamentos nas côrtes tornam cada vez mais difícil aos Estados do Sul manter os negros afastados das intituições de ensino superior para brancos. Grande número de cidades dos Estados do Sul já empregam homens de côr nos serviços públicos, e até mesmo na polícia; e os negros começam a participar efetivamente da vida política. Sua participação era muito limitada no Sul pelo obstáculo — recentemente removido — de que só os brancos tinham o direito de votar nas eleições primárias. O Sul ainda se obstina em segregação racial, mas boa parte de sulistas brancos condenam abertamente tôdas as práticas violentas, e um grande número apóia a idéia de dar ao negro totais oportunidades econômicas e políticas.

Temos pois razões para crer que no futuro virá um dia em que as distinções de raça e côr deixarão de ser um flagelo para a humanidade. Sem dúvida, as gerações futuras poderão achar incrível que uma pequena diferença na composição química da pele tenha levado os homens a se odiar, desprezar, insultar e perseguir. Mas por enquanto o perigo permanece e é temível — podendo ter graves repercussões no plano mundial. Já há sinais de que os temores e tensões que jazem sob a consciência racial dos sul-africanos já se estão espalhando pela parte central e oriental do continente africano e ameaçam transformar uma anterior divisão cultural de povos numa estreita divisão racial.

Um dos elementos fundamentais do problema é a imensa disparidade entre prosperidade financeira dos países ocidentais e o resto do mundo. O nível de vida dos norte-americanos e da maioria dos europeus é muitas vêzes maior, do ponto de vista do confôrto material e da segurança social, que o da maioria dos asiáticos e africanos. Essa disparidade criou entre os dois grupos um abismo psicológico análogo, em grande parte, ao que separava os ricos dos pobres na época das revoluções agrária e industrial. Escritores como J. L. e Barbara Hammond descreveram a atitude da classe dirigente em relação ao trabalhador inglês em têrmos que poderiam ser aplicados a diversas situações atuais de raça. Segundo êles, o inglês comum era considerado apenas como capaz de cortar madeira e carregar água; deveria receber apenas uma educação vocacional e industrial, e não deveria ser encorajado ou incentivado a melhorar sua condição, exercendo trabalhos que estivessem fora de sua condição mínima de vida [14]. A analogia não pára aqui. Assim como os trabalhadores inglêses se organizaram e triunfaram contra o poder tirânico da classe dos empregadores e dos proprietários de terra, os povos colonizados se revoltam hoje contra o que consideram um jugo estrangeiro. A única diferença é que os oprimidos não são da mesma estirpe étnica que os privilegiados e, na maioria dos casos, o conflito assumiu um caráter nacionalista ou racial em lugar de revestir-se da forma de luta de classes. Essas novas tendências são ilustradas, de diversas maneiras e numa medida variável, pelo exemplo da Índia, da Indonésia e, mais recentemente, dos povos africanos colonizados. É preciso igualmente considerar como significativo, do ponto de vista político e psicológico, que uma grande potência mundial, a União Soviética, afirma que o problema racial não existe em seu território. A Constituição da URSS garante a igualdade de direitos a todos os cidadãos, qualquer que seja sua origem, e os russos declaram ignorar a segregação racial: nenhuma diferença é feita por êles no campo da educação ou em qualquer outro campo entre os indivíduos de raça ou de côr diferentes.

Visto sob êssè aspecto, o futuro das relações raciais está ligado ao conjunto da reorganização do mundo e deve ser regulado em escala mundial. Para encontrar soluções aos problemas tanto no plano prático quanto no plano psicológico, será preciso recorrer a medidas mais hábeis e mais realistas que o rearmamento. A aplicação de uma política paroquial já não é suficiente. O que acontece às pessoas de côr na União Sul-Africana ou nos Estados Unidos, os não-europeus de quase todo o mundo sentem-no como um problema seu. Deveriam pois igualmente senti-lo os brancos de outra nações e particularmente os que pertencem a países que contam homens de côr entre seus cidadãos ou súditos.

Antes de mais nada, é preciso um esfôrço internacional para tornar mais liberais as atitudes raciais. Cumpre não se ater às advertências, porque infelizmente o estabelecimento da paz entre as raças não é uma simples questão de boa vontade; ela põe em jôgo fatôres políticos e econômicos de grande alcance. Assim, um país como a' União Sul-Africana deve enfrentar não só o problema psicológico criado pelas atitudes raciais adotadas por seus habitantes, como também a necessidade de aplicar um am-

(14) Para um estudo mais minucioso do problema, ver Oliver C. Cox, *op. cit.*, pp. 358 e seg.

plo e oneroso programa de urbanização, a questão de lutar contra as sociedades tribais em plena desintegração e recuperar com tôda urgência a economia rural. Em outras palavras, uma boa parte dos problemas mais urgentes nada tem a ver com as atitudes raciais pròpriamente ditas.

Finalmente, os "povos de côr" têm outras desvantagens: o analfabetismo, a subalimentação, a pobreza geral e uma produção insuficiente. A Unesco e outras organizações competentes se esforçam atualmente por dar solução a êsses males, organizando campanhas de educação sanitária e de luta contra o analfabetismo, distribuindo material educativo e cultural etc. Os Estados Unidos, por seu turno, aplicam um programa de assistência econômica aos países sub-desenvolvidos e a MSA encarrega-se de fornecer a êsses uma ajuda financeira e técnica. As potências coloniais elaboram planos de desenvolvimento dos territórios que administram. Mas será necessário fazer muito mais, não sòmente para "aplainar" as desigualdades econômicas existentes, como também para convencer os povos de côr da sinceridade dos europeus e dos brancos em geral. Não se deve dissimular que essa tarefa exigirá das nações européias não só muita compreensão, como também sacrifícios. Ser-lhes-á necessário renunciar a alguns dos privilégios que consideraram até agora como indispensáveis à conservação de seu patrimônio cultural e racial.

Bibliografia

ADAMS, Romanzo. *Interracial marriage in Hawaii*. Macmillan, 1937.

BENEDICT, Ruth. *Race: science and politics*. Viking Press, 1945.

BROOMFIELD, A. W. *Colour conflict*. Edinburgh House, 1943.

BROWN, Ina C. *Race relations in a democracy*. Harper, 1949.

COX, Oliver C. *Caste, class and race*. Doubleday, 1948.

DINGWALL, E. J. *Racial pride and prejudice*. Watts, 1946.

DOLLARD, J. *Caste and class in a southern town*. Yale University Press, 1937.

FRAZIER, E. F. *The negro in America*. Macmillan, 1950.

FREYRE, G. *Casa Grande e Senzala*, José Olympio, 1948.

HANKINS, F. H. *The racial basis of civilization*. Knopf, 1827.

HELLMANN, Ellen (ed.) *Handbook on racial relations*. Oxford University Press, 1949.

JOHNSON, C. S. *Patterns of negro segregation.* Harper, 1943.

LITTLE, K. L. *Negroes in Britain.* Routledge & Kegan Paul, 1948.

LOCKE, A., e STERN, B. J. *When peoples meet.* Ninds, Hayden & Eldrege, 1946.

MACCRONE, I. D. *Race attitudes in South Africa.* Oxford University Press, 1937.

MACMILLAN, W. M. *Africa emergent.* Faber, 1938.

McWILLIAMS, Carey. *Brothers under the skin.* Little, Brown & Co., 1944.

MYRDAL, Gunnar. *An American dilemma.* Harper, 1944.

PIERSON, Donald. *Negroes in Brazil.* Chicago University Press, 1942.

REUTER, E. B. *Race and culture contacts.* McGraw-Hill, 1934.

O POVO DA TERRA PROMETIDA

Harry L. Shapiro

Os Vestígios do Passado

A antiguidade não é a característica menos notável do povo judeu. A maioria das nações e dos povos que apareceram antes ou ao mesmo tempo que os judeus há muito tempo que não existem mais ou foram assimilados por nações ou por povos de origem mais recentes. Os sumérios, os acádios, os hititas, os assírios, os babilônios, os fenícios, assim como uma infinidade de grupos menos importantes que não eram mais que tribos, todos desapareceram. Os judeus, pelo contrário, há quatro mil anos dão provas de uma coesão que os une entre si e que lhes permitiu conservar sua identidade através dos séculos. Sòmente os egípcios os ultrapassam em antiguidade, enquanto povo consciente de possuir tradições particulares e de formar uma entidade à parte.

Êsse fato torna-se muito mais considerável se pensarmos que, durante pelo menos a metade de sua história, os judeus não tiveram nem organização sistemática, nem pátria. A bem dizer, é difícil aplicar aos judeus a forma de classificação sócio-política em uso nos dias atuais. Não constituem nem um clã, nem uma nação no sentido estrito do têrmo. Foram tudo isso, em diversos períodos de sua história, tendo começado simplesmente como uma família numerosa para chegar, há cêrca de três mil anos, à forma de nação, isto é, ao estágio mais elevado e mais complexo da organização sócio-política. Como a maioria das outras nações, haviam então adquirido os atributos costumeiros a êsse tipo de organização política: uma tradição e uma língua comuns, uma estrutura política unificada, o sentimento de ter a mesma ascendência, e enfim um território nacional. Entretanto, quando perderam sua independência nacional e foram dispersos pelo mundo inteiro e por tôdas as nações, pareciam destinados, ao que tudo indicava, a desaparecer enquanto judeus. Certamente era êsse o destino que lhes preparavam os assírios, e mais tarde os romanos, que figuram entre os principais responsáveis pela Diáspora. A maioria das nações submetidas a uma tal provação — destruição da vida comum e supressão dos laços políticos, dispersão geográfica e perda de unidade lingüística acarretando o aparecimento de tendências à divisão, e sobretudo exílio fora do país natal — jamais voltam a se erguer e deixam de existir enquanto entidades distintas. Entretanto, tal não foi o caso dos judeus. Que perderam uma grande parte dos seus é fato reconhecido, que permanece a seus olhos como uma grande infelicidade. Mas, privados dos atributos de uma nação e divididos pelo exílio e pela dispersão, ainda assim conseguiram preservar sua identidade, tornando-se assim uma espécie de exceção: um grupo que conserva sua coesão graças aos elos da tradição e da religião e cujos membros continuam a poder comunicar-se numa língua comum, quando a adoção de línguas diferentes poderia ter erigido entre êles um obstáculo intransponível.

Os judeus da atualidade são assim os herdeiros de uma tradição ininterrupta, cuja antiguidade só é ultrapassada pela de um único povo. Essa continuidade histórica seria suficiente para convertê-los num objeto de estudo excepcionalmente frutífero para os especialistas em dinâmica da população. Se conhecêssemos todos os ele-

112

mentos da história biológica dos judeus de quatro mil anos para cá, encontraríamos nela dados extraordinàriamente preciosos, que ofereceriam também o mais alto interêsse para outras populações. Mas a história dos judeus nos convida, de maneira mais precisa, a formular as seguintes questões: Quais são as origens étnicas dêsse povo, de que forma se modificou no curso dos tempos, que efeitos exerceram sôbre êles de dois mil anos para cá — isto é, depois de sua dispersão — a co-habitação e os contatos com populações diversas, e quais são atualmente suas características raciais e biológicas? Estas questões, assim como diversos problemas análogos, são o objeto do presente' estudo. Embora não me julgue em condições de dar respostas definitivas, não me parece inútil tentar estabelecer o que o estado atual de nossos conhecimentos nos permite afirmar sôbre êsses diferentes assuntos. Ademais, tantos absurdos foram escritos e oficialmente proclamados a próposito dos judeus, nesse conjunto de idéias, que talvez não seja supérfluo precisar alguns pontos.

Já que cabe retraçar a história biológica dos judeus, tentar seguir a evolução racial de uma população através de quatro milênios, parece razoável examinar, primeiramente, os conhecimentos objetivos em que nos podemos basear para tal reconstituição. Poderíamos mesmo começar perguntando se é realmente possível levar a cabo empreendimento tão complexo. Cumpre admitir, de início, que as informações disponíveis para um estudo dêsse tipo nunca são completamente satisfatórias, qualquer que seja o povo considerado. Os povos ou as nações de outrora não se ativeram deliberadamente a reunir ou deixar atrás de si os dados que — sòmente agora o estamos percebendo — são indispensáveis à execução de semelhante trabalho. Para dizer a verdade, jamais lhes teria ocorrido a idéia de tais pesquisas.

Entretanto, isso não nos deve desencorajar totalmente, porque podemos, apesar de tudo, obter dos próprios antigos alguns testemunhos a respeito dos acontecimentos do passado. Os vestígios materiais ou os documentos escritos que nos deixaram são fontes de informações cuja utilidade aumenta à medida que as escavações dos arqueólogos fornecem novos meios para confirmá-las e interpretá-las. Uma das principais fontes da história antiga dos judeus é sem dúvida a própria Bíblia. Há algum tempo, vem diminuindo o interêsse dispensado à Bíblia como documento histórico. No curso do século passado, era de bom-tom minimizar o valor histórico do Antigo Testamento e acentuar suas qualidades literárias. Tendo os sábios demonstrado que o relato bíblico da Gênese é um

113

mito, concluiu-se que o conjunto do texto não constituía uma fonte digna de fé. Isso equivale a esquecer que o *Gênese* e as passagens análogas do Antigo Testamento exprimem as concepções cosmogônicas em voga entre os judeus no momento em que foram escritas e, por conseguinte, têm um valor histórico, senão científico. O valor histórico das obras de Heródoto ou de Tucídides não é de maneira alguma diminuído porque encontramos nelas idéias que nos parecem ingênuas e contrárias à verdade científica. Concedemos às explicações contemporâneas uma significação independente de sua veracidade: de outro modo, teríamos de rejeitar grande parte, ou mesmo a totalidade, das obras históricas do passado sob o pretexto de que refletem os mitos de seu tempo. E quem poderia assegurar que as obras de história escritas atualmente não correriam o risco de ser consideradas infundadas, se nossas crenças atuais — inclusive as que repousam em bases científicas — fôssem desmentidas pelo futuro?

Mas o ponto essencial não é o crédito que convém conceder à cosmogonia bíblica, ou a qualquer outra: são concepções sempre sujeitas a modificações, de século para século. A Bíblia é mais do que isso. É um documento complexo que contém explicações dos fenômenos naturais, o relato de acontecimentos políticos, poemas, exortações, regras morais, tomadas de posição, profissões de fé, dissertações, reflexões sôbre a vida, anedotas, mitos, e que ilustra tôda a diversidade dos aspectos da existência e das convicções de um povo. É uma epopéia, um auto-retrato, uma crônica dos judeus numa certa fase de sua evolução espiritual e material. E, se fôr o caso de rejeitar os aspectos "científicos", isso não diminui em nada nem a importância das observações que nela encontramos sôbre a vida contemporânea, nem o valor histórico da obra. Êsses elementos situam-se num outro plano e devem ser submetidos a outras normas críticas. Convém, pois, tratar sèriamente a Bíblia enquanto documento histórico. Ao lado de reconstituições históricas, encerra relatórios de acontecimentos contemporâneos, que é claro, não são mais deformados que as narrativas análogas escritas em outros lugares e em outras épocas. As partes que resistem ao exame crítico podem, pois, oferecer o mais vivo interêsse.

De outro lado, para chegar ao nosso objetivo, dispomos também de fontes históricas do tipo mais tradicional. Flávio Josefo e Filo, sobretudo, fornecem informações abundantes sôbre o período da dispersão dos judeus e de sua adaptação ao mundo romano.

Enfim, tôda população deixa atrás de si, nos lugares em que viveu, os objetos que fabricou e utilizou e até mesmo seus próprios restos, sob a forma de ossadas ou cinzas: quanto mais longa tenha sido a ocupação do lugar, tanto mais espêssa é a camada de destroços ou depósitos. Pensava-se outrora que não subsistiam outros traços do passado; mas as pesquisas recentes nos informaram que aos parcos vestígios dos produtos da atividade humana (*artefatos*) se acrescentaram muitos outros restos, tais como pólen, sementes ou alimentos, que também podem ajudar na reconstituição da vida dos homens de outrora. Um arqueólogo competente pode tirar vários tipos de conclusões do estudo dêsses elementos, sejam objetos fabricados ou outros vestígios. As técnicas e os estilos de fabricação e decoração fornecem indicações sôbre as relações culturais entre os povos; a descoberta de objetos de proveniência conhecida informa sôbre as rotas comerciais; os vestígios arquitetônicos, sôbre o número de membros de uma comunidade assim como sôbre sua organização social, política e religiosa. Pode-se assim reunir, graças ao estudo dêsses restos deixados por um povo, uma quantidade surpreendente de informações. É evidente, elas não são tão documentadas quanto as que encontramos nos textos e se referem mais às coisas que aos homens. Mas, em compensação, têm um caráter de objetividade que raramente oferecem os documentos escritos: livres da influência enganadora das personalidades e das situações, os testemunhos arqueológicos refletem, em geral, com exatidão as tendências mais características do conjunto de uma sociedade. E, se é comum as reconstituições arqueológicas servirem simplesmente para corroborar a história, acontece muitas vêzes também — esta observação se aplica muito particularmente a êste caso — que elas esclareçam aspectos da vida que os documentos escritos deixam na obscuridade.

A arqueologia oferece, aliás, aqui, um interêsse especial para nós: traz à luz não só os destroços acumulados pelos homens no curso de sua vida diária, como também as ossadas dêsses homens. Ora, muitos dados preciosos podem extrair-se do exame dos ossos e dos crânios. Seu estudo comparativo permite determinar a variabilidade do grupo humano em questão, bem como suas afinidades com outros grupos. Os esqueletos fornecem indicações sôbre certas doenças, sôbre a evolução demográfica da população e a freqüência de tipos sangüíneos A, B e O, que apresentam importância especial, já que lhes conhecemos a hereditariedade e a divisão — de sorte que

115

os dados referentes a isso constituem um elemento particularmente útil para uma tarefa como a nossa.

Abeberando-se nessas diferentes fontes, é possível fazer uma idéia das características biológicas dos antigos hebreus, enquanto pesquisas sôbre seus descendentes da época contemporânea nos permitirão avaliar as mudanças introduzidas nessas características no curso dos quatro milênios da história do povo judeu. As populações judaicas atuais foram objeto de estudos de tipos diversos. Possuímos, por exemplo, algumas informações sôbre os samaritanos e outros grupos que continuam estabelecidos nas proximidades de sua antiga pátria. Cabe perguntar se êsses sobreviventes se assemelham realmente aos judeus dos tempos antigos. Na afirmativa, serão para nós de importância considerável, porque nos fornecerão, a respeito dos hebreus de outrora, dados que não se podem obter do exame das ossadas, e poderão servir-nos de norma, por assim dizer, para a avaliação das mudanças sofridas pelo resto do povo judeu.

Felizmente, também existe grande número de estudos sôbre diversos grupos judeus estabelecidos não só em diferentes partes da Europa, como também na África do Norte, na Ásia e mesmo no Nôvo Mundo. As mais antigas publicações dêste gênero são, na sua maioria, de caráter antropométrico, isto é, tratam dos traços físicos e raciais dos indivíduos. Mas dispomos também de estudos demográficos e médicos que nos podem ser úteis.

Mais recentemente, os judeus foram objeto, assim como muitos outros grupos de população, de pesquisas destinadas a determinar a distribuição dos tipos sangüíneos e de outros traços genéticos: os resultados dessas pesquisas permitirão formular algumas conclusões.

Embora ainda nos faltem muitos elementos de informação, êsses diversos dados não deixam de ter um valor considerável. Proponho-me, pois, determinar que tipo de continuidade biológica permitem estabelecer.

Origem dos Judeus

Um estudo das origens biológicas e genéticas de uma população deve naturalmente remontar tão longe quanto possível. No caso dos judeus, isso sempre significou que se deve começar por Abraão [1], tradicionalmente considerado o fundador de sua linhagem. Conforme o *Gênese,*

(1) As pesquisas arqueológicas e os estudos bíblicos mais recentes levaram os especialistas a situar a época de Abrão numa data remota, o início do II milênio a. C. Por isso, fixei em quatro mil anos a duração aproximada da história judaica.

116

Abraão nasceu em Ur, cidade caldéia da Mesopotâmia; os seus continuaram a viver nesta região, perto de Haran e Nahor, e foi para lá que enviou seu filho Isaac a fim de procurar espôsa. Mas Abraão recebera do Senhor a ordem de abandonar seu povo e seu país natal para estabelecer-se na Terra de Canaã. Acompanhado de seu sobrinho Lot, e da família de ambos, dirigiu-se pois para o oeste e chegou à Terra de Canaã, que lhe fôra prometida, a êle e à sua posteridade. Lá, continua a relatar o *Gênese,* os descendentes de Abraão se multiplicaram de geração em geração e formaram o grupo dos israelitas, que mais tarde seguiram José, um dêles, ao Egito, para onde fôra levado e onde vivia em prosperidade. Embora os israelitas tenham continuado a multiplicar-se sob o domínio dos faraós, sua servidão no Egito tornou-se tão penosa que finalmente tiveram de fugir, aos milhares, sob a chefia de Moisés, a fim de buscar refúgio no deserto do Sinai. Após um período de nomadismo e de provações, durante o qual permaneceram unidos graças à lei mosaica — um código religioso — e à sua aliança com o Senhor, regressaram à terra de Canaã, que conquistaram. Assim, os filhos de Israel acabaram formando, como haviam desejado ardentemente por muito tempo, a nação dos hebreus, estabelecidos na Terra Prometida.

Tal é, extremamente resumido, o relato do nascimento do povo judeu, tal como o encontramos na Bíblia. A tradição faz pois a linhagem de Israel remontar a um patriarca fundador de uma família que em seguida proliferou até tornar-se uma nação. Não é raro êsse gênero de mito genealógico, servindo de explicação para a formação de uma tribo ou de um povo, mas em lugar algum êle é mais apropriado e mais natural do que numa sociedade primitiva, nômade e pastoril como a dos primeiros israelitas, aos quais todos os aspectos de seu modo de vida incitavam a conceber desta maneira a sua origem e a de seus vizinhos. O Velho Testamento menciona um grande número de tribos e de povos que da mesma forma são considerados descendentes de um ancestral único: os ismaelitas são filhos de Ismael, e as diversas raças humanas são originárias do três filhos de Noé — Sem, Cam e Jafet [2].

Numa economia nômade e pastoril, a família grande, composta pelo patriarca cercado de seus filhos e de suas mulheres assim como de seus servos, era a realidade essencial e se mantinha através das gerações sucessivas. Era

---

(2) Ainda hoje, as tribos árabes e berberes se consideram descendentes de um ancestral comum e usam nomes que compreendem têrmos tais como *beni, bani* ou *ait,* cujo sentido é "filho de".

uma entidade econômica que formava um grupo estreitamente unido e capaz de satisfazer suas próprias necessidades; seus membros estavam capacitados a fazer frente, juntos, aos rigores do meio e à hostilidade dos inimigos, enquanto que isolados estariam expostos a inúmeros perigos e não teriam encontrado lugar na sociedade humana. Os laços estabelecidos entre os diferentes clãs familiares nômades não eram organizados e altamente estruturados; eram antes muito fracos e de caráter tradicional. No seio de cada família, o poder e o prestígio do grupo eram personificados pelo patriarca que lhe dirigia os destinos e estavam envoltos numa atmosfera de temor e respeito. Seus descendentes podiam submeter-se à sua autoridade ou revoltar-se contra ela, mas lhes era impossível não levá-la em conta. Os filhos, os netos e sua descendência eram considerados como originários dêle e sua filiação era traçada segundo a linhagem masculina. Essa ascendência patrilinear era venerada e conservavam-se cuidadosamente as genealogias, de descendente masculino em descendente masculino, como o provam as enumerações intermináveis, e amiúde fastidiosas, que encontramos muitas vêzes no Antigo Testamento. Nessas condições, era natural que os israelitas nômades remontassem sua origem ao patriarca Israel (inicialmente chamado Jacó) e, através dêste, a seu avô Abraão que, segundo a tradição, deixara seu povo para se estabelecer na Terra de Canaã. Aos seus próprios olhos, pois, os judeus eram literalmente os descendentes de Abraão.

Embora essa explicação tivesse o mérito da simplicidade e servisse para confirmar os primeiros hebreus em sua convicção de ser o povo eleito, ressaltando que eram os descendentes diretos de um patriarca especialmente amado do Senhor, algumas passagens da própria Bíblia mostram que a história verdadeira era mais complexa. Quando essas crenças populares foram registradas por escrito, vários séculos depois dos acontecimentos relatados, ainda continham, como a maioria dos mitos, um elemento de verdade. Mas os fatos originais estavam mesclados a detalhes tirados da experiência quotidiana dos autores, assim como a interpretações e interpolações destinadas a tornar o conjunto coerente e harmonioso. E, como na maioria das narrativas lendárias, não é difícil vislumbrar nela inúmeras contradições.

No entanto, seria deplorável desprezar os ensinamentos exatos contidos na Bíblia sob pretexto de que também se encontram erros. Outrora, era difícil aos historiadores distinguir entre a verdade as adulterações, e reconhecer que a adulteração é também um tipo de verdade, na me-

118

dida em que reflete o espírito do tempo e as conjeturas dos homens. Mas atualmente a arqueologia, a lingüística comparada, a análise literária e textual permitiram confirmar muitos testemunhos em que antes se era obrigado a crer sem provas. Além disso, essas pesquisas trouxeram à luz diversos aspectos do mundo contemporâneo dos israelitas, que êstes conheciam apenas vagamente ou não conheciam de modo algum, e de um passado que haviam esquecido totalmente, mas do qual procediam e que ainda exercia sua influência sôbre êles. É como se o tempo e a arqueologia nos houvessem permitido subir a um cume de onde distinguimos, nas planícies do passado, formas e relações que não podiam ser apreendidas pelos que lá viviam.

Por mais incertas que sejam essas perspectivas enquanto nossos conhecimentos não forem mais completos, já é possível discernir que a história antiga dos israelitas situa-se num contexto mais vasto. Seu grupo surgiu em seguida a um dêsses movimentos de população que periòdicamente varriam o Crescente fértil, como enxames de fôlhas mortas arrastadas pelo vento. Chegados à região de Canaã, e após tê-la conquistado, criaram um modo de vida — e sobretudo uma entidade nacional — que se mantiveram até hoje.

A região em que os israelitas se fixaram e se transformaram numa nação já estava ocupada por outros povos que iriam estabelecer com êles relações de vários tipos. As informações que é possível reunir a respeito dos homens que habitaram a Terra de Canaã antes dos judeus e ao mesmo tempo que êles oferecem, pois, um interêsse mais do que efêmero para os estudiosos da história dos israelitas. O povoamento da região remonta ao início do paleolítico, e sua ocupação prosseguiu ininterruptamente até nossos dias. Todavia, sòmente a partir do paleolítico médio — ou mustierense — podemos começar a ter uma idéia do tipo de homens que lá viviam e cujo desenvolvimento cultural é revelado pelas ferramentas de pedra que fabricavam. Sabemos que, durante essa época — isto é, uns 100 a 125 mil anos atrás — homens da raça de Neanderthal e povos similares habitavam a região; com efeito, seus restos foram descobertos por Turville-Petre perto da Galiléia, por McCown nas grutas de Et-Tabun e de Mugharet el-Skhul, nas encostas do monte Carmelo, e por Neuville e Stekelis na gruta de Djebel Kafzé, perto de Nazaré. Parece que havia entre êles, ao lado de tipos difíceis de se diferenciar dos homens de Neanderthal que eram seus contemporâneos na Europa, com as pesadas arcadas superciliares, o maxilar maciço e o queixo inexistente, alguns indivíduos que marcam a transição para o homem moderno; mas todos êsses tipos desapareceram, no sentido de que seus traços característicos não mais são encontrados entre os seus sucessores de que sabemos algo. É verdade que se trata de homens bem posteriores, pois viviam no período mesolítico — há apenas uns dez mil anos.

A civilização natufiense é uma fase tardia do período mesolítico na Palestina; foi identificada pela primeira vez graças às pesquisas dirigidas pela Mlle. Garrod. Os natufienses viviam em grutas; tiravam sua subsistência da caça e da pesca e continuavam a utilizar instrumentos de pedras. Se bem que sua cultura ainda nos pareça muito primitiva, tinham feito grandes progressos no plano técnico, em relação à época paleolítica: fabricavam instrumentos para colhêr as gramíneas selvagens e para moer os grãos. Childe chega mesmo a supor que já tentavam uma forma rudimentar de agricultura. Para ter uma idéia de seu aspecto físico, dispomos de restos relativamente numerosos: 132 esqueletos foram exumados das grutas de Shubka e do monte Carmelo, enquanto que seis ou sete outros foram descobertos por Neuville em Erq el-Ahmar, ao sul de Belém. Infelizmente, êsses ossos são muito fragmentários e foram objeto apenas de uma descrição sumária, com exceção de um crânio estudado por Vallois. Entretanto, é claro que os natufienses pertenciam ao tipo do *Homo sapiens*. Eram de pequena estatura: em média, os homens tinham sòmente 1,60m, e as mulheres cêrca de 1,52 m. Segundo Sir Arthur Keith e H. H. Vallois, seus crânios apresentam as características próprias do que poderíamos chamar tipo mediterrâneo primitivo, ou em vias de formação, cujos equivalentes encontramos no Oriente Próximo, na África do Norte, em Malta, nos egípcios pré-dinásticos e entre a população mesolítica de Mugem (Portugal). Os dois pesquisadores assinalam, sobretudo, um certo grau de prognatismo e a aresta do nariz um pouco elevada, o que evoca a possibilidade de afinidades negróides. Êsses caracteres foram igualmente observados na Europa, no caso de alguns crânios paleolíticos, e atribuídos à mesma origem racial. Mas ainda é muito cedo para excluir outras explicações.

Teremos de esperar o início do período neolítico para continuar o estudo da população palestina: pesquisas sistemáticas, feitas numa parte da cidade de Jericó — a mais antiga aglomeração descoberta na Palestina e talvez em todo o Oriente Próximo — sob a direção de Kathleen Kenyon, realmente permitiram estabelecer que os homens estavam instalados ali desde o período neolítico e já praticavam a agricultura. Onde é possível obter do mar abundantes recursos alimentares, podem formar-se populações sedentárias mais importantes do que as que vivem, num estágio mais primitivo, da caça e/ou da coleta; mas a expansão dessas populações permanece limitada. O exemplo de Jericó mostra, pois, que a partir do momento em que a agricultura se torna o meio usual de assegurar a subsistência de um povo, não só é indispensável uma vida sedentária, como também podemos assistir ao desenvolvimento de uma verdadeira organização urbana, com tôdas as conseqüências que daí podem resultar do ponto de vista da evolução da humanidade.

Os achados de Jericó provaram também que a invenção das técnicas da cerâmica, outrora considerada como pràticamente contemporânea do período neolítico, pode ser posterior. Com efeito, não encontramos cerâmica nas mais antigas camadas neolíticas de Jericó. Isso confirma a teoria amiúde formulada por Childe, segundo a qual o acontecimento que desencadeou a "revolução neolítica" é de ordem econômica — isto é, a passagem da economia de caça ou de coleta à agricultura.

Felizmente, descobriu-se grande quantidade de esqueletos humanos nesses níveis neolíticos mais antigos da região de Jericó; são anteriores ao uso da cerâmica e remontam, segundo parece, a cêrca de 7500 a. C. O estudo dessas ossadas nos forneceria, um dia, algumas informações preciosas, impossíveis de obter de outro modo, mas os dados publicados a seu respeito ainda são incompletos. A única descrição até o momento é a de G. Kurth [3], que participou das escavações; suas observações sucintas, porém muito interessantes, terão necessàriamente um caráter provisório até que êle possa reunir e analisar todos os materiais disponíveis.

Nessa população neolítica anterior à idade da cerâmica (82 indivíduos — cifra elevada depois a mais ou menos 200), Kurth pôde diferenciar dois tipos, aos quais atribui origens diferentes, por várias razões arqueológicas. O tipo predominante, pelo menos nesse período, é de pequena estatura (cêrca de 1,63m para os homens), com ossos pequenos e um crânio longo e estreito (dolicocéfalo). Êsses caracteres lembram os dos natufienses do período mesolítico: a aproximação é feita pelo próprio Kurth; mas êle atribui alguns dos traços particulares dessa população a uma espécie de processo de "domesticação", devido talvez à influência de seu nôvo meio agrícola e urbano e de fatôres genéticos que então predominaram.

(3) G. **Kurth.** Artigos publicados em *Homo,* vol. 6, 1955; vol. 8, 1957; vol. 9, 1958.

121

Se fôsse preciso provar que realmente existia um eío entre êsses homens e os natufienses, e que sua semelhança é tão marcante quanto se afirmou, talvez fôsse necessário estudar novamente o problema da influência exercida sôbre êles pelo meio urbano de Jericó; em todo caso, é provável, segundo a idade de morte dos diversos indivíduos cujo esqueleto foi encontrado, que essa população fôsse submetida a uma seleção muito rigorosa. A mortalidade infantil era muito elevada, e a duração média da vida, muito pequena (cêrca de vinte e um a vinte e dois anos). Os homens dessa época jamais ultrapassavam por assim dizer a idade madura. O segundo elemento da população neolítica de Jericó oferece, por outro lado, as mesmas características demográficas.

Importa lembrar que dolicocéfalos de pequena estatura, comparáveis aos de Jericó, viviam na época neolítica em outras regiões do Oriente Próximo: tipos análogos foram exumados em camadas que datavam do início da civilização mesopotâmica, bem como no Egito. Embora ainda seja muito cedo para formular conclusões quanto à continuidade da população do Crescente fértil neste estágio inicial da civilização urbana, torna-se cada vez mais evidente que os homens dispersos nesse território apresentavam um certo parentesco, malgrado a existência de variações locais.

O segundo elemento identificado na população de Jericó anterior à idade da cerâmica é muito diferente. Seus representantes são maiores (os homens atingem em média 1,75m) e seus esqueletos maciços contrastam com a ossatura delicada dos indivíduos do tipo predominante. Voltamos a encontrar a mesma oposição no que concerne às proporções do crânio e da face: os homens do segundo tipo tinham um rosto largo e relativamente curto, com uma abóbada craniana moderadamente alongada e estreita. Por êsses diferentes traços, lembram a raça Cro-Magnon do período paleolítico superior na Europa. De fato, Kurth chama-os "cro-magniformes" e sugere que poderiam descender de um grupo de pastôres que se teriam reunido à pequena colônia agrícola de Jericó. Suas tumbas apresentam particularidades que permitem considerá-los como possuidores de uma cultura distinta. O crânio é habitualmente separado do corpo, o que faz pensar em alguma forma de culto aos ancestrais; além disso, muitas vêzes apresenta deformações artificiais. Êsses tipos mantiveram-se, pelo menos em Jericó, durante todo neolítico e depois na idade do cobre, sem modificações fundamentais, nem adição de novas populações.

122

Em Meguido, ao norte da Palestina e a alguma distância de Jericó, encontramos a outra população que parece datar do calcolítico ou idade do cobre, e que portanto coincidiu em parte com os antigos habitantes de Jericó. Nessa época — por volta de 4.000 a. C. — os pequenos vilarejos agrícolas se estavam transformando em cidades, não só na Palestina, como em todo o Crescente fértil. Sem dúvida, a prática da agricultura se difundira amplamente. É interessante pois constatar, segundo os dados fornecidos por uma pequena série de 28 crânios descritos por Hrdlička, que o tipo predominante em Meguido assemelha-se, sob certos aspectos, aos dolicocéfalos de pequena estatura que parecem ter constituído o substrato indígena em Jericó. Segundo Hrdlička, "todos os espécimes pertencem ao tipo mediterrâneo, com exceção de um crânio de uma jovem mulher que apresenta características negróides" [4]. Minha própria análise estatística dos dados publicados confirma essa conclusão geral, contanto que se tome o têrmo "mediterrâneo" num sentido bem amplo. Êsses homens da idade do cobre tinham um crânio longo, muito estreito e de abóbada baixa, portanto extremamente dolicocéfalo; sua ossatura facial, na medida em que subsiste, também é relativamente estreita, com um nariz fino — o que confirma tratar-se de uma variante de raça mediterrânea. Como em seus contemporâneos de Jericó de tipo análogo, a estrutura óssea é leve e delicada. Hrdlička declara que êles eram também relativamente pequenos.

Hrdlička sublinha, por outro lado, que os homens de Meguido são de tipo extraordinàriamente "puro", o que significa de forma bem patente que há pouquíssimas diferenças individuais entre os crânios exumados. Poder-se-ia concluir disso que naquela época a população de Meguido estava bastante isolada e talvez fôsse endógama; mas sem dúvida Hrdlička queria dizer, por sua vez, que era de raça pura. Entretanto, a mim me parece que nossos conhecimentos em matéria de genética das populações confirmam antes a primeira interpretação.

Além das ossadas encontradas em Jericó e em Meguido, o conjunto do período que engloba o neolítico e a idade do cobre é representado sòmente por dois ou três crânios descobertos em 1912 pelo Padre Hansler, numa gruta de Ain-Jebrud, na Judéia. Na medida em que seu mau estado permite proceder a comparações, êles não parecem afastar-se sensìvelmente do tipo de Meguido.

(4) A. Hrdlička. "Skeletal remains", em *The Megiddo tombs*, por P. L. O. Guy e R. M. Engberg, Papers, Oriental Institute, Chicago vol. 33, 1929.

Os caracteres raciais da população não parecem ter sofrido qualquer modificação fundamental no período seguinte, isto é, no início da idade do bronze — até o ano 2000 a.C. mais ou menos. O tipo predominante continua mediterrâneo, pelo menos na medida em que o podemos estabelecer segundo os dados ainda insuficientemente estudados, recolhidos em Gezer, Meguido e Jericó. Kurth, que examinou os crânios de Jericó, considera-os como protótipos do tipo "orientalóide", aparentemente em razão da freqüência dos perfis nasais convexos. Mas, como as supostas diferenças entre os tipos "mediterrâneo" e "orientalóide" concernem sobretudo às partes cartilaginosas que desapareceram, seria provàvelmente prematuro querer estabelecer nesta altura uma distinção muito precisa.

Na idade do bronze, todavia, a duração da vida se tornara sensìvelmente mais longa, como mostram a descoberta de crânios de anciãos e o fato de ser mais elevada a média da idade dos indivíduos dessa época cujo esqueleto foi encontrado em Jericó. No estado atual de nossos conhecimentos, é impossível determinar se se pode atribuir êsse progresso a uma melhora das condições de vida, ou aos efeitos de uma seleção rigorosa durante vários milênios.

Tais eram, de acôrdo com os testemunhos fornecidos por seus restos, aquêles a quem os hebreus deveriam chamar de cananeus, ou habitantes da terra de Canaã. Êsses homens estavam ligados a um vasto grupo humano que se estendia para além da Mesopotâmia até o Egito. A despeito de variações locais, os indivíduos que povoavam o Crescente Fértil na época em que a civilização começou a desenvolver-se nessa região pertenciam, em sua maioria, ao tipo racial chamado mediterrâneo. A variedade cro-magniforme secundária, identificada por Kurth no neolítico, fundira-se, ao que parece, no conjunto da população da idade do bronze ou, pelo menos, fôra reduzida ao estado de elemento insignificante. Não dispomos de informações completas sôbre a distribuição final dos mediterrâneos do tipo predominante, no neolítico e no início da era do bronze. Tipos análogos foram descobertos nas margens do Mediterrâneo, na Anatólia, no Egito e em regiões transmesopotâmicas tais como Tep Hissar e Sialk. A bem dizer, levando-se em conta a extensão do território considerado, as semelhanças são muito acentuadas e parecem indicar uma ampla difusão, talvez a partir do próprio Crescente Fértil. Foi lá, com efeito, que a agricultura, as cidades e a civilização se desenvolveram inicialmente, comunicando uma fôrça de expansão centrífuga à população local.

Essa semelhança das origens raciais explica a razão pela qual não constatamos qualquer mudança fundamental nos caracteres físicos da população de Canaã a partir do neolítico até o fim da primeira fase da idade do bronze (2100 a.C.), embora a arqueologia revele uma ampla difusão cultural e mesmo migrações. Todavia, a partir dos meados da idade do bronze, é possível discernir algumas modificações: os crânios encontrados em Gezer, Meguido e Jericó são sensìvelmente mais largos que nas épocas precedentes, os casos de braquicefalia, até então inexistentes ou muito raros, tornam-se bastante freqüentes. Infelizmente é impossível proceder a análises e a comparações mais avançadas, devido ao estado fragmentário de muitos dos restos e da insuficiência das descrições feitas a seu respeito. Contudo, essa mudança mostra que estava em curso uma evolução de caráter fundamental. Poderíamos atribuí-la quer a um tipo de adaptação seletiva que levava à braquicefalia — processo que alguns especialistas acreditaram poder observar em outros lugares e em outros períodos — quer à chegada de invasores de raça diferente. No estado atual de nossos conhecimentos, a primeira hipótese permanece necessàriamente uma dedução baseada na analogia; a segunda é confirmada, pelo menos até certo ponto, por fatos históricos; e oferece uma explicação menos complexa do ponto de vista biológico.

Se bem que no momento atual seja bastante difícil estabelecer um paralelo entre fenômenos raciais sobrevindos em diversas partes do Crescente Fértil, é digno de nota que a braquicefalia tenha aparecido quase que simultâneamente na Anatólia, na Síria e na Mesopotâmia; e os dados arqueológicos nos levam a pensar que essa transformação coincidiu com invasões, conquistas e com a entrada em cena de novas influências culturais. Como os antigos impérios foram destruídos por invasores e novos impérios, como os dos Hititas e dos Mitanianos, foram criados em suas fronteiras, parece extremamente verossímil que os novos povos estabelecidos nos limites das antigas zonas de civilização tenham feito então incursões vitoriosas. Êsse processo econômico e histórico assemelha-se muito ao que iriam sofrer mais tarde tanto a Grécia quanto Roma: a civilização e o povo micênios tinham com que despertar a cobiça dos dórios saqueadores e empreendedores que devastaram, e depois conquistaram, as ricas cidades da Grécia; da mesma forma, no início da era cristã, as províncias européias de Roma, ricas e populosas, constituíam uma prêsa tentadora para as tribos germânicas, que delas se apoderaram e lá se estabeleceram. É fora de dúvida que, nesses dois casos, houve trocas de genes e que as populações vencidas foram por isso profundamente modificadas do ponto de vista genético.

Nada impede de pensar que, após as invasões de povos vizinhos, trocas de genes análogas introduziram mudanças nas características da antiga população da Mesopotâmia e da Anatólia; e parece inevitável que essas novas influências raciais e genéticas tenham acabado por atingir a região de Canaã e por atuar sôbre sua população. Essa região permaneceu exposta, como nas épocas anteriores, às influências culturais do Norte e do Leste e aos contatos intermitentes que isso supõe. Mas, além disso — fato mais importante, sem dúvida — parece indubitável, segundo o conjunto dos documentos arqueológicos e literários de que dispomos, que ela sofreu invasões maciças durante o período médio da idade do bronze.

Com efeito, se no início da idade do bronze a região de Canaã estava relativamente tranqüila, próspera e povoada por comunidades florescentes, quando começa o período médio dessa idade, constata-se que numerosas cidades foram abandonadas e que o nomadismo se tornara extremamente difundido. Tudo isso só pode ser explicado pelo desmoronamento da estrutura urbana e social. Nos Textos cominatórios que foram descobertos no Egito e que datam dêste período, as passagens relativas a Canaã confirmam a idéia de que naquele momento o país era instável e conturbado [5]. Os próprios vestígios arqueológicos revelam um nítido declínio da habilidade e do refinamento, uma verdadeira regressão técnica e cultural.

Essa situação conturbada, que coincide com o aparecimento de novos impérios ao norte e a leste de Canaã, indica que as perturbações causadas pela transferência do poder a conquistadores e pelo dinamismo de um povo recém-organizado levaram ao deslocamento e à migração das antigas populações. Temos, aliás, boas razões para crer que novos grupos semíticos, vindos de impérios orientais, penetraram na região de Canaã durante êsse período, e talvez essas populações anônimas tenham sido, em parte, responsáveis pelo declínio da civilização e da vida sedentária no lugar. Os semitas foram seguidos, durante a primeira metade do segundo milênio a. C., por uma série de invasores que não mais são anônimos — chamamo-los de hicsos, hititas, hurritas etc. — mas cujas carac-

(5) W. F. Albright. *The Archeology of Palestine*, 1956.

126

terísticas raciais são pouco conhecidas. Supôs-se frequentemente que englobavam pelo menos alguns elementos provenientes das novas populações que se haviam infiltrado entre os antigos habitantes da Mesopotâmia e da Anatólia. O aumento repentino e acentuado do número de nomes de origem indo-européia que se observa nesse período permite, sem qualquer dúvida, pensar que influências indo-européias puderam entrar em jôgo. Como a chegada dêsses povos coincidiu com algumas modificações raciais, parece lógico concluir que êles provàvelmente introduziram novas linhagens genéticas na região de Canaã e contribuíram para as mudanças constatadas nos homens em cujo meio os hebreus deviam estabelecer-se e com os quais iriam travar estreitas relações.

O Povo Eleito

Para determinar a origem racial e cultural dos povos do passado, assim como as relações estabelecidas entre êles, vimos que os sábios estudam suas ossadas e os restos de suas habitações e dos objetos que fabricavam e utilizavam; ora, no caso dos primeiros israelitas, não dispomos de qualquer fonte de informação dêsse genero. Com efeito, como se tratava de pastôres nômades, os vestígios de interêsse arqueológico que poderiam deixar forçosamente deveriam ser raros, muitos dispersos e difíceis de encontrar. E, mesmo que as escavações tornassem possível sua descoberta, como poderíamos diferenciá-los dos vestígios semelhantes deixados pelas outras tribos de pastôres que percorriam os mesmos territórios e cujo modo de vida provàvelmente não era muito diverso? Podemos, pois, perguntar através de que meios podemos esperar conhecer sua aparência, suas relações genéticas com as populações que os cercavam e sua verdadeira origem. A própria Bíblia é curiosamente pobre em precisões do gênero daquelas que gostaríamos de obter. Assim, não nos fornece pràticamente qualquer indicação sôbre o aspecto físico das personagens que nela desempenham um papel importante. Numa fase posterior da história dos israelitas, restos identificáveis, mais ou menos abundantes — esqueletos, vestígios arquitetônicos e objetos fabricados — vêm confirmar os documentos escritos ou mesmo preencher suas lacunas. Mas, quanto ao período em que começaram a sair do anonimato e levar uma existência distinta enquanto grupo organizado, não dispomos atualmente de nada exceto de fontes indiretas tais como a Bíblia, dados lingüísticos e conclusões que podemos tirar de nosso conhecimento de outros homens dessa época. Certamente, êsses elementos não são tão probantes quanto os testemunhos mais diretos, mas seria absurdo não levá-los em consideração ou subestimar-lhes o valor.

Quase todos os eruditos reconhecem hoje, de maneira geral, a historicidade das tradições bíblicas que concernem à origem de Abraão e de seus descendentes. Na Bíblia diz-se claramente que Abraão partiu da cidade de Ur, na Caldéia. Também se informa no mesmo lugar que membros de sua família continuaram a viver por muito tempo, depois de sua partida, em Haran e em Nahor; estas cidades foram localizadas na Mesopotâmia, região em que se tinham desenvolvido as antigas civilizações de Sumer e Acad. A língua que falavam os primeiros israelitas confirma essa origem, pelo menos no que concerne a Abraão e seus descendentes imediatos. No *Deuteronômio,* 26:5 (segundo a versão moderna), está escrito: "Meu pai era um arameu nômade". Também lemos em *Gênese,* 28:15: "E Isaac fêz partir Jacó, e êste partiu para Padan-Aram (Mesopotâmia), para a casa de Labão, filho de Betuel, o arameu, irmão de Rebeca, a mãe de Jacó e de Esaú". O aramaico é um dialeto semítico ocidental, ramo a que pertencia também a língua dos cananeus. O estudo dos nomes mencionados nas primeiras genealogias também apóia essa identificação; quase todos pertencem aos mesmo grupo lingüístico que, segundo os especialistas, tem sua origem na região mesopotâmica.

As recentes pesquisas sôbre os documentos literários provenientes dessa região confirmam igualmente que a Mesopotâmia é a terra natal dos fundadores do povo hebreu. Em particular, observam-se entre as concepções cosmogônicas do *Gênese* e as das epopéias mesopotâmicas, como o Poema de Gilgamesh, semelhanças muito marcantes para que seja possível explicá-las de outra forma que não pela existência de uma tradição comum.

Uma vez que não há qualquer razão de acreditar que os fundadores do povo hebreu formavam, em seu país natal, um grupo separado, do ponto de vista lingüístico, religioso [6] ou cultural, não é verossímil que tenham sido muito diferentes, no plano genético ou racial, do conjunto da população. Uma tal diferenciação só se poderia produzir em condições especiais que, pelo menos até onde sabemos, não existiam de modo algum na região. Com efeito, o estudo dos povos mais conhecidos demonstrou claramente que, na ausência de qualquer barreira cultural, religiosa ou lingüística, os diversos grupos habitantes

(6) Dalém do rio antigamente habitaram vossos pais, Tera pai de Abrão e pai de Nahor, e serviram a outros deuses" (*Josué,* 24:2).

128

de uma região, mesmo que sejam distintos por suas características genéticas, tendem a se cruzar, o que provoca permutas de genes que levam finalmente a um amálgama.

Seja como fôr, as informações que recolhemos a respeito dos caracteres raciais da população mesopotâmica contemporânea da migração da família de Tera, assim como a respeito das variações dêsses caracteres, não indicam de modo algum a existência de um grupo racial distinto que poderia ter dado origem aos israelitas. Se os fundadores de Israel eram realmente representativos de seus contemporâneos que viviam na Mesopotâmia, nas vizinhanças de Ur, de Haran e de Nahor, nossas conclusões quanto à sua origem racial dependeriam pois de nosso conhecimento do todo dessa população no momento da migração de Abraão.

Embora reconhecendo a dificuldade de datar precisamente essa migração, Albright [7] declara que em sua opinião, levando em conta os dados disponíveis, podemos fazê-la remontar aos séculos XX e XIX a. C. Parece que hoje essa data é aceita pela maioria dos especialistas com algumas pequenas variações. Já vimos que grande parte do Crescente Fértil, inclusive sobretudo a Mesopotâmia e a região de Canaã, foi ocupada por uma população onde predominava o tipo mediterrâneo, pelo menos até o fim do primeiro período da era do bronze (cêrca de 2100 a. C.).

Como indiquei acima, pode-se distinguir posteriormente algumas modificações dos caracteres físicos da população, devidas certamente à chegada de grupos invasores que formaram novos impérios. Uma vez que, segundo nosso conhecimento, os primeiros hebreus não faziam parte dos exércitos conquistadores dêsses impérios, pode-se pensar que também não eram representativos da nova população que finalmente se fixou na Mesopotâmia. Parece muito mais provável que encontrem sua origem nos elementos mais antigos que, nessa época, eram expulsos de região e forçados a emigrar. Dados da mesma natureza parecem mostrar, além disso, que êsses grupos de imigrantes, vindos do Leste, penetravam, há algum tempo, na região de Canaã, como nas outras zonas costeiras. Como os idiomas não-semíticos foram introduzidos nessa região pelos novos elementos de população, o fato dos primeiros israelitas falarem uma língua semítica confirma a idéia de que descendiam das antigas camadas de população; se é êsse o caso, seria necessário considerar que ti-

(7) W. F. Albright. *The archeology of Palestine*, 1956; *From Stone Age to Christianity*, Philadelphia, 1946.

nham uma origem principalmente mediterrânea. Entretanto, convém também admitir a possibilidade de que, entre os companheiros de Abraão ou entre os indivíduos que se uniram ulteriormente ao grupo dos hebreus, tenham figurado representantes das mais recentes contribuições ao complexo racial então em processo de desenvolvimento na região. De acôrdo com essa segunda hipótese, os hebreus seriam, portanto, de origem essencialmente mediterrânea, mas compreenderiam também alguns dos elementos braquicéfalos que começavam a surgir em certas localidades.

Os casamentos mistos que se verificam entre membros de grupos distintos que vivem lado a lado são o meio pelo qual se efetuam as permutas genéticas. Para estudar fatôres biológicos que contribuíram para a constituição de grupo israelita, é pois impossível não levar em conta a população em cujo meio êle estava estabelecido. Se bem que, em diversos momentos da longa história dos judeus, as uniões com os estrangeiros tenham sido solenemente condenadas por seus dirigentes, na verdade a existência dessa prática pode ser provada por documentos e é mesmo amplamente demonstrada pelas interdições de que foi objeto. Por outro lado, convém notar que os textos que contêm ameaças e advertências contra os casamentos mistos são bem posteriores ao estágio de formação de que tratamos, e datam de uma época em que as distinções religiosas, tendo assumido um caráter formalista e tradicional, corriam o risco de se diluir em conseqüência de contatos com representantes de outros sistemas religiosos. De fato, o verdadeiro temor que inspira essas interdições é muitas vêzes bastante explícito. Se os filhos de Israel esposam mulheres estrangeiras, serão compelidos a praticar ritos e a adorar deuses que os fiéis consideram abomináveis. Cumpre reconhecer que essa concepção não deixa de ser justa; e, para um crente, há nela um perigo concreto. Dêsse ponto de vista, a regra da endogamia no interior da nação — que já corresponde a uma tendência natural em condições normais — pode ser considerada como uma espécie de dogma e como um meio de conservar intata a religião israelita.

Mas no início, quando o povo de Israel ainda não formava uma entidade tão distinta e certamente não tinha a consciência algo ciosa de sua individualidade que devia adquirir mais tarde, o casamento misto podia não ser considerado tão nefasto, e podemos supor que reinasse uma maior liberdade a êsse respeito. Evidentemente, é impossível estabelecer com alguma certeza se as uniões com os membros das tribos vizinhas eram então mais ou menos freqüentes do que posteriormente. Mas, em todo caso, se êsses casamentos não eram muitos raros, suas conseqüências de ordem genética devem ter sido tanto mais sensíveis nessa época quanto a população ainda era pouco numerosa.

A própria Bíblia menciona muitas vêzes casamentos mistos, quer durante essa primeira fase da história de Israel, quer em períodos ulteriores. Assim, é que o próprio Abraão teve um filho, Ismael, de Agar, a serva egípcia de sua mulher Sara. Sendo o concubinato considerado uma prática normal na época, é bem provável que algumas das concubinas do patriarca tenham sido de origem estrangeira. A questão é novamente evocada nas passagens que se referem a Isaac e Rebeca. Esaú, um de seus filhos, desposara uma mulher hitita e Rebeca temia que seu filho caçula, Jacó, escolhesse também uma estrangeira. "Enfadada estou da minha vida, diz ela, por causa das filhas de Het; se Jacó tomar mulher das filhas de Het, para que me será a vida?" (*Gênese*, 27:46). E Isaac diz a Jacó: "Não tomes mulher dentre as filhas de Canaã" (*Idem*, 28:1). Essas injunções talvez exprimam, na realidade, pela bôca dos patriarcas, os temores das gerações subseqüentes; pois, como demonstra uma tradição sagrada que era impossível modificar, os próprios ancestrais reverenciados pelo povo judeu haviam muitas vêzes contraído casamentos mistos.

Parece que o próprio Moisés, por duas vêzes, desposou uma estrangeira. Nos *Números* (12:1) diz-se que êle tomou uma mulher cuxita e, segundo o *Êxodo* (2:21), tomou por mulher Zipora, a filha de um midianita. Entre os israelitas que erravam no deserto sob a direção de Moisés, encontrava-se "o filho de uma mulher israelita, o qual era filho dum egípcio". (*Levítico*, 24:10). Certamente é impossível avaliar, mesmo de maneira conjetural, o número de filhos de Israel que tinham desposado egípcias durante a estada no Egito.

Além do mais, êsses não passam de alguns dos exemplos de casamentos mistos mencionados na Bíblia. Poderíamos citar muitos outros e conviria lembrar também as uniões contraídas com mulheres estrangeiras levadas ao cativeiro após a derrota de seu povo. Assim, muitos milhares de virgens midianitas foram aprisionadas e algumas delas deram à luz crianças israelitas, pois era considerado natural e lícito tomar mulheres escravas como espôsas. O *Deuteronômio* (21:10-14) sanciona essa prática nos seguintes têrmos:

131

"Quando saíres à peleja contra os teus inimigos, e o Senhor teu Deus os entregar nas tuas mãos, e tu dêles levares prisioneiros, e tu entre os presos vires uma mulher formosa à vista e a cobiçares, e a queiras tomar por mulher, então a trarás para a tua casa: e ela rapará a cabeça e cortará as suas unhas, e despirá o vestido do seu cativeiro, e se assentará na tua casa, e chorará a seu pai e a sua mãe um mês inteiro: e depois entrarás a ela, e tu serás seu marido e ela tua mulher. E será que, se não te contentares dela, a deixarás ir à sua vontade; mas de sorte nenhuma a venderás por dinheiro nem com ela mercadejarás, pois que a tens humilhado".

Assim, os filhos de Israel entraram em contato com quase todos os povos e tôdas as tribos de alguma importância que, segundo a Bíblia, habitavam a região de Canaã e seus arredores. Infelizmente, os nomes da maioria dêsses povos não nos fornecem indicações úteis porque, salvo no caso dos egípcios, não conhecemos qualquer vestígio deixado por êles. O importante, todavia, é saber que os israelitas não estavam isolados genèticamente do resto da população local. Parece mesmo fora de dúvida que os primeiros israelitas contraíram livremente uniões com seus vizinhos, que estavam aliás, geralmente, muito próximos dêles pela língua, cultura e origem racial. Certamente sofreram, no plano biológico, a influência das populações vizinhas e não deviam diferir muito do tipo predominante.

Êsse tipo, pelo menos até onde podemos determinar segundo as publicações referentes aos restos encontrados em Gezer [8] — único conjunto importante de materiais arqueológicos dessa época de que dispomos — era muito semelhante ao tipo mediterrâneo que nos apareceu como característico da região mesopotâmia. Seríamos assim levados a concluir que as tribos cananéias com as quais os israelitas se confundiram não eram muito diferentes dêles do ponto de vista racial.

A propósito do período estudado no presente capítulo, isto é, o meio e o fim da idade da bronze — quer dizer mais ou menos dos séculos XX a XV a. C. — a Bíblia menciona muitas vêzes os hititas. Sabemos, por outros testemunhos, que os hititas realmente invadiram a terra de Canaã mais ou menos nessa época, mas é difícil precisar se as populações assim chamadas pelos arqueólogos são exatamente aquelas de que fala a Bíblia. Os hititas nos interessam particularmente aqui, pelo fato de que sua língua não era semítica, e sim indo-européia (ora,

(8) R. A. S. Macalister, *Gezer*, London, 1912.

sabemos que nomes indo-europeus aparecem na região de Canaã nessa época), e sobretudo porque amiúde são considerados como um dos novos elementos raciais que então encontramos na região. Nas zonas setentrionais sujeitas à influência dos hititas, a presença de indivíduos braquicéfalos coincide, conforme os documentos arqueológicos disponíveis, com a supremacia dêsse povo. Além disso, segundo alguns autores, a braquicefalia que teriam introduzido é de uma espécie particular, típica das populações armenóides. Mas, no estado atual de nossos conhecimentos, não podemos pronunciar-nos com certeza quanto à matéria, ainda que uma certa tendência à braquicefalia pareça efetivamente ligada à chegada dêsse povo.

Todavia, ignoramos qual o número daqueles que foram chamados hititas na região de Canaã, e não sabemos se êsse grupo era composto de verdadeiros descendentes dos hititas da Anatólia, ou sòmente de uma parte da população vencida por êles e que teria recebido seu nome; é-nos, pois, manifestamente impossível determinar em que medida atuaram, no campo biológico, sôbre os israelitas e os outros habitantes da terra de Canaã. Quando muito, podemos dizer que a influência do tipo racial hitita sem dúvida se fêz sentir até certo ponto inclusive nessa região, pois que nela registramos, ao que parece, uma ligeira tendência à braquicefalia. Essa evolução não é aliás nem geral nem muito acentuada. Entretanto, levando em conta a freqüência dos casamentos mistos de todo tipo no período em questão, parece pouco verossímil que os israelitas tenham podido escapar a essa influência.

Nos textos cuneiformes da época, descobertos na Mesopotâmia e na Síria, faz-se menção a uma categoria de população denominada 'Aipru (Khapiru) que, segundo Albright [9] e outros autores, teria algumas relações com os hebreus. Trata-se de soldados sem terra, de saqueadores e de escravos. Nos documentos cananeus do século XIV, aparecem como rebeldes que recusam submeter-se à autoridade egípcia e que por vêzes se aliam a príncipes nativos. No plano étnico, têm diversas ascendências, sendo originários de várias populações mesopotâmias. Se fôsse provado — o que ainda não é o caso — que os hebreus ou israelitas provêm, em parte, dêsse grupo, continuaria a ser muito pouco verossímil que, do ponto de vista racial, fôssem muito diferentes dos outros povos entre os quais viviam na época.

(9) W. F. Albright, *From Stone Age to Christianity*, Philadelphia, 1946.

O Egito desempenhava um papel considerável na região de Canaã nos meados e no fim da idade do bronze, mas sobretudo na qualidade de sede do poder imperial. Aí residiam governadores, administradores, comerciantes e, certamente, soldados e diversos tipos de subalternos e servidores vindos do Egito. Mas, pelo que sabemos, jamais houve muitos colonos egípcios. Os israelitas que continuavam a viver na região e nos territórios vizinhos e a se deslocar com seus rebanhos jamais tiveram grandes possibilidades de contrair casamentos com membros dessa classe dirigente relativamente pouco numerosa.

Todavia, durante sua estada no Egito que, na opinião de alguns especialistas modernos, deve ter sido muito longa, pelo menos parece certo que as possibilidades de cruzamento se multiplicaram, e conhecemos casos em que realmente se efetuaram casamentos mistos. José desposara a filha de um sacerdote egípcio, de modo que seus filhos Manassés e Efraim eram meio egípcios. Já citei acima um texto bíblico que fala do filho de uma israelita e de um egípcio. É impossível dizer qual o número global de uniões dêsse gênero durante os longos anos passados no Egito, mas certamente foi elevado. Antes de chegar ao Egito, os israelitas já se uniam muito livremente aos seus vizinhos de Canaã, e seria surpreendente que tivessem renunciado aos casamentos mistos a partir de seu estabelecimento no Egito. Os obstáculos de ordem religiosa ainda não podiam ser muito sérios nesse estágio, porque nem na época de sua primeira estada em Canaã, nem no Egito, os israelitas tinham elaborado plenamente seu sistema religioso ou adquirido a consciência de sua própria individualidade, que mais tarde a adesão a êsse sistema devia dar-lhes.

Portanto, o estudo, feito até agora, do período em que o povo de Israel se constituiu nos leva a considerar os israelitas como uma população compósita, originária do noroeste da Mesopotâmia, mas que, subseqüentemente, absorveu elementos dos diversos grupos tribais próximos com quem entrou em contato através de migrações, e que contraiu os matrimônios com membros dêsses grupos.

A descrição que a Bíblia fornece do mundo em que viviam os primeiros israelitas e das estreitas relações que travavam, durante seus deslocamentis, com os diferentes grupos de tribos em cujo meio se encontravam não permite duvidar que êsse período e essa forma de existência exerceram sôbre êles uma influência determinante. As migrações que, em quinhentos ou seiscentos anos, os conduziram de Haran, Nahor e Ur até o Egito, passando por

134

Canaã, fizeram-nos atravessar pràticamente todo o Crescente Fértil, e êles assimilaram elementos raciais ou étnicos oriundos de tôdas as regiões dessa vasta parte do mundo civilizado. Portanto, de alguma forma, sintetizaram os diversos tipos de população que na época habitavam êsses territórios.

A Terra Prometida

Os filhos de Israel voltaram a Canaã — a terra que lhes fôra prometida — por volta do início da idade do ferro, isto é, durante o século XIII a. C. Ainda é controversa a data exata. Como já vimos, provàvelmente formavam então um grupo compósito, onde se haviam fundidos os diversos tipos étnicos locais com quem se haviam associado, não só quando de sua passagem anterior por essa mesma região, como também durante sua lónga estada no Egito. Uma vez que a população a que pertenciam era de origem essencialmente mediterrânea, com uma contribuição de elementos raciais mais recentes, caracterizados pela braquicefalia, os israelitas não deviam afastar-se muito do tipo originário da fusão dêsses dois grupos de elementos.

Ao regressarem para a região de Canaã, encontraram uma população sem dúvida muito semelhante a êles, assim como um grupo com quem estavam estreitamente aparentados: o dos israelitas que não haviam participado da migração para o Egito [10], os quais se haviam estabelecido na zona montanhosa e menos povoada, à leste das planícies habitadas pelos cananeus, e parece que estavam sòlidamente fixados ao norte da parte central da Palestina quando a conquista de Canaã começou. Segundo alguns eruditos, as fontes bíblicas, combinadas com outros dados fragmentários, permitem pensar que se assimilaram rápida, completa e pacìficamente aos israelitas que voltaram do Egito [11].

Em compensação, no que diz respeito aos cananeus, privados de suas cidades e estabelecidos nas ricas zonas costeiras, o processo de assimilação não podia assumir a mesma forma. Para instalar-se no país habitado pelos

(10) W. F. Albright, *op. cit.*
(11) A dramática aventura da estada no Egito e do Êxodo, bem como a cristalização do sistema religioso dos israelitas no deserto, naturalmente ocupam um lugar preponderante nas tradições relatadas pela Bíblia. A narrativa se encontra destarte centrada em tôrno das personagens principais e deixa na sombra os israelitas que não participavam dos grandes acontecimentos da história de seu povo. Sòmente há pouco é que os eruditos puderam reconstituir diversos episódios de um vivo interêsse para nós, graças a uma análise minuciosa do texto bíblico e à luz de documentos da mesma época descobertos recentemente.

135

cananeus, era preciso conquistá-lo. Ora, o desejo de instalar-se e tomar posse do solo era, para os israelitas, um móvel determinante. Para êles, haviam passado realmente os antigos tempos do nomadismo, ligado aos deslocamentos dos carneiros e à necessidade de fazê-los pastar. Os progressos culturais e a adoção de um modo de vida sedentária durante a estada no Egito haviam criado novas necessidades; e, para satisfazê-las, era necessário assenhorear-se do solo.

A Bíblia descreve de modo notàvelmente preciso a conquista que os israelitas empreenderam no século XIII a. C. e nos seguintes. Entretanto, parece que essa conquista em nada se assemelhava às guerras entre nações da época moderna, onde o objetivo visàdo é apoderar-se da sede do poder inimigo e de todo o território colocado sob sua autoridade. Canaã não era um Estado organizado: era antes um conjunto de cidades e de aldeias, muitas das quais, em certos períodos, submetidas a um domínio estrangeiro, como o dos egípcios ou dos hititas, enquanto que, em outros momentos, recuperavam a autonomia ou se agrupavam em pequenos principados, dirigidos por algum chefe indígena particularmente poderoso. Os cananeus não se identificavam, pois, com uma entidade política cujo desaparecimento arriscaria afetá-los a todos; cada um de seus principados autônomos podia sucumbir sem necessàriamente arrastar os outros na queda. Sua comunidade se baseava, em grande parte, na existência de uma língua e de uma cultura comuns, bem como em diversas crenças e práticas religiosas largamente difundidas.

Como não havia estrutura política centralizada na região de Canaã, os israelitas não eram obrigados a conquistar o conjunto de uma só vez; por outro lado, não estavam em condições de fazê-lo de forma definitiva. Mas podiam — e foi o que fizeram — conquistar pouco a pouco uma série de cidades isoladas, que ocupavam ou colonizavam, enquanto as cidades vizinhas permaneciam nas mãos dos cananeus. Em outros têrmos, operou-se um lento processo de infiltração e de conquista progressiva. Mesmo quando Israel conquistou uma posição predominante, subsistiram na região "ilhotas de resistência".

As modalidades dessa conquista tiveram conseqüências que aparecem implìcitamente — e, às vêzes, até mesmo explìcitamente — no texto bíblico. Quando uma cidade cananéia era vencida, podia acontecer: que sua população desaparecesse completamente, sendo todos os habitantes passados ao fio da espada ou obrigados a um exílio em massa; ou que coexistisse com os colonos israe-

136

litas; ou ainda que alguns de seu habitantes — comumente as mulheres e crianças — sobrevivessem entre os conquistadores israelitas. A Bíblia não indica expressamente o que ocorreu em cada caso dêsse tipo, mas está claro que era uma ou outra dessas eventualidades. Considerando os costumes da época — e mesmo da nossa — a coisa nada tem de surpreendente. Seja como fôr, mostra a história que, com raras exceções, os conquistadores assimilam os vencidos ou são assimilados por êles. Pode-se concluir daí que, se os israelitas já não estivessem inteiramente amalgamados ou aparentados com os cananeus numa fase anterior, esta evolução deve ter-se realizado durante sua conquista de Canaã.

E, se a incorporação de mulheres cananéias ou de sobreviventes da população das cidades vencidas não fôsse suficiente para assegurar uma fusão completa, os centros cananeus ainda não submetidos forneciam possibilidades suplementares de permutas de genes entre os dois grupos. Com efeito, embora as Escrituras insistam na hostilidade que os separava, numerosas passagens nos provam que, na realidade, estreitas relações culturais se estabeleciam muitas vêzes entre êles, e mesmo havia casamentos mistos.

O fato de israelitas e cananeus falarem dialetos de uma mesma língua semítica deve ter facilitado consideràvelmente os contatos e os intercâmbios culturais. A melhor prova disso nos dão as múltiplas admoestações dirigidas aos israelitas que adotavam práticas contrárias à pureza de sua fé religiosa. Êsses erros lhes são reprovados em têrmos precisos e veementes, e os culpados são ameaçados com os raios vingadores de Jeová. As imagens dos deuses cananeus, bem como seus ritos, que parecem ter tido um caráter orgíaco, continuaram a exercer viva atração sôbre os israelitas enquanto os cananeus sobreviveram como povo; em seguida, desaparecem as alusões a pecados dêsse tipo.

É igualmente imaginável que tais relações culturais e religiosas devem ter favorecido os casamentos mistos. Ainda aqui, a Bíblia nos mostra que isso realmente aconteceu. Dada a multiplicidade dos cruzamentos genéticos que, segundo os elementos de informação disponíveis, devem ter-se produzido, somos levados a concluir que tôda distinção racial ou genética que possa ter existido anteriormente teria inevitàvelmente desaparecido. As fôrças em ação não podiam levar a qualquer outro resultado; portanto, mesmo na ausência de documentos minuciosos — que, aliás, temos poucas possibilidades de descobrir — podemos considerar o fato como certo, parece.

137

Os dados publicados a respeito da população da Palestina ou da região de Canaã referentes à época que vai da volta. dos israelitas até sua dispersão — mil e duzentos ou mil e trezentos anos mais tarde — estão longe de fornecer uma documentação completa que apóie essa generalização. Mas tudo o que êles nos dão corrobora os conceitos expostos acima.

Em primeiro lugar, alguns dos crânios descobertos por Macalister em Gezer podem ser datados do início dêsse período. Macalister assinala que, de maneira geral, êles se parecem com os da época imediatamente anterior (fim da idade do bronze), e os quadros que êle estabeleceu confirmam esta continuidade. A proporção dos braquicéfalos atinge cêrca de 10%; o número dos crânios muito longos e de abóbada estreita é menos elevado que o do período anterior, mas a maioria dos indivíduos conservaram as proporções cranianas que caracterizam o tipo mediterrâneo. Uma série de outros detalhes anatômicos vêm apoiar essa identificação: o nariz é bastante estreito e muito saliente, as órbitas altas, com um eixo horizontal inclinado para baixo e para a parte externa, o rosto geralmente estreito. Com duas ou três exceções, nem os homens nem as mulheres apresentam protrusão facial ou prognatismo.

Os restos exumados em Meguido forneceram igualmente algumas indicações sôbre a população da Palestina na idade do ferro. Embora êsses espécimes sejam pouco numerosos e fragmentários, Hrdlička publicou algumas precisões que permitem estabelecer comparações úteis. Os poucos crânios relativamente completos se parecem, na maioria de suas características, com os de Gezer; Hrdlička assinala, entretanto, uma certa tendência do conjunto do grupo à braquicefalia: êle examinou, particularmente, um indivíduo cujo rosto apresenta o que êle chama aspecto "assiróide". Mas não sei o que êle entende exatamente por isso, porque os traços geralmente considerados como assiróides dizem respeito às partes cartilaginosas que, evidentemente, é impossível estudar nos crânios.

Além de espécimes dispersos, as únicas outras séries de crânios de que dispomos foram exumados em Lakhish e parecem datar de mais ou menos 700 a. C. Já que se trata da mais importante amostra conhecida de uma população palestina e que provém de uma cidade ocupada pelos israelitas por mais de cinco séculos, êsses crânios deveriam ajudar-nos a determinar as características dos israelitas nesse estágio de sua história. Entretanto, convém não esquecer que foram encontrados numa única localidade e, embora a Palestina seja uma região pequena

138

onde tôdas as partes são de acesso relativamente fácil, é possível que tenham subsistido, entre os habitantes dessas diversas regiões, pequenas diferenças herdadas de uma época anterior, ou mesmo aparecidas no curso da complexa história da invasão e conquista.

As ossadas de Lakhish foram descobertas numa série de câmaras ou túmulos subterrâneos: estavam amontoadas em desordem, e algumas calcinadas. Risdon [12] concluiu daí, bem como da divisão etária dos indivíduos que compunham essa amostra, que êles deveriam ter perecido em alguma catástrofe ou durante um holocausto e foram enterrados dessa maneira.

Foram recolhidos no total 695 crânios; mas os restos de outros indivíduos poderiam encontrar-se entre os esqueletos desarticulados. Infelizmente, a série não compreende todos os fragmentos de esqueletos descobertos, pois os arqueólogos assinalaram "que foi dada menor atenção aos crânios de crianças, porque pareciam oferecer menos importância do ponto de vista antropométrico". Parece pois que, se todos os restos fôssem considerados, a idade média calculada para o conjunto da série teria sido ainda menor. Ora, os esqueletos estudados já compreendem um número muito pequeno de indivíduos de idade madura ou de velhos, e grande proporção de jovens adultos. Essa divisão etária é muito diferente daquela que se registra comumente no caso de amostras de importância comparável, tanto antigas como modernas, mas é difícil apreciar o significado dêsse fato, pois não possuímos precisão sôbre as circunstâncias em que foi constituído o depósito das ossadas de Lakhish.

Segundo Risdon, os ossos e os dentes não possuem sinais patológicos. As cáries dentárias são relativamente raras, assim como as anomalias da dentição.

Oito crânios pertencentes a indivíduos dos dois sexos estão artificialmente deformados. A prática que consiste em modelar o crânio dos lactentes e das crianças por meio de bandagens, tampões ou plaquetas, quando ainda é muito máleável, é um fenômeno cultural conhecido. Segundo Risdon, essa prática era extremamente rara, senão inexistente, no Egito, mas era encontrada em certas partes da Ásia Ocidental, em Creta e em Chipre. Kurth também observou crânios deformados entre as ossadas exumadas em Jericó que datam do neolítico.

Os crânios deformados de Lakhish indicam, pois, a sobrevivência, na Palestina, de um fenômeno cultural antigo, próprio talvez a um setor da população. Certamente

(12) D. L. Risdon. *Biometrika*, 1939, vol. 31, pp. 99-166.

não é um costume israelita, e uma particularidade apre‑sentada por mais de 1% dos crânios encontrados dificil‑mente pode ser explicada pela inclusão fortuita, na amos‑tra, de indivíduos de origem estrangeira.

É claro, não se pode esperar que essas ossadas for‑neçam tantas indicações quanto os organismos vivos; mas constituem a única fonte de informações de primeira mão de que dispomos acêrca das populações antigas e devemos tirar daí pleno proveito. Uma das perguntas que os es‑pecialistas fazem mais freqüentemente com relação a uma população qualquer, viva ou morta, é a seguinte: Qual é sua origem e a que outra população conhecida se apa‑renta? Para respondê-la, somos naturalmente levados a proceder a comparações. Na prática, consideramos como parentes ou de mesma origem populações que se asseme‑lham de maneira tal que é impossível distingui-las; os sis‑temas de classificação dos zoólogos repousam, aliás, no mesmo princípio, com alguns aperfeiçoamentos de méto‑do. Até prova em contrário, supõe-se que, se um grande número de características ou de tendências morfológicas são idênticas ou muito próximas, isso indica necessària‑mente uma comunidade genética; inversamente, desseme‑lhanças acentuadas ou estatìsticamente significativas são consideradas como provas de que há disparidade no plano genético.

Embora as análises genéticas e os estudos da plasti‑cidade orgânica feitos em nossos dias tenham revelado que a realidade pode ser muito mais complexa, em certas circunstâncias, e que certamente não se deveria construir êsses princípios sôbre regras imutáveis, o grau de seme‑lhança das características visíveis e mensuráveis dos orga‑nismos não deixam de ser também critério fundamental para classificar e ordenar êsses organismos, em inúmeros casos, senão em todos. A confiabilidade dêsse método aumenta com o número dos elementos de comparação: assim, quando duas populações têm em comum todo um conjunto de traços, podemos tirar conclusões com muito maior segurança do que se as semelhanças incidem apenas sôbre um ou dois caracteres. Em todo caso, não poderíamos contestar o valor dos sucessos alcançados gra‑ças a êsse método por gerações de sistematizadores.

Entretanto, os esqueletos humanos suscitam proble‑mas mais complexos que os animais de que se ocupam os zoólogos. É difícil ou impossível reconstituir, segundo a estrutura óssea que os sustenta, as partes cartilaginosas e a configuração superficial que tanto facilitam as observa‑ções feitas sôbre homens vivos. Por isso, o estudo com‑parativo dos esqueletos se concentra sobretudo no crânio,

140

em que se encontram, segundo parece, os principais elementos de diferenciação. Resulta daí que os critérios de classificação da humanidade baseados no estudo dos indivíduos vivos podem diferir, por seu número e natureza, daqueles que se baseiam no estudo dos crânios. Certos erros de julgamentos e de interpretação podem produzir-se, e convém evitá-los com cuidado.

Felizmente, no que concerne à amostra de Lakhish, os crânios disponíveis foram examinados muito cuidadosamente e medidos com muito maior precisão que a maioria das séries de ossadas antigas oriundas da mesma região. É verdade que as outras amostras palestinas, que são de dimensões muito limitadas ou pouco conhecidas, só podem dar lugar a comparações de alcance geral; no conjunto, entretanto, a série de Lakhish coincide muito bem com elas. A amostra mais ampla, que provém de Gezer e data do período israelita, aproxima-se muito delas, pelos raros elementos que se prestam a uma comparação. Os crânios de Meguido, que remontam à mesma época, também são bastante análogos aos de Lakhish, se considerarmos o fato de que a população de Meguido na idade do ferro é representada por um número muito pequeno de crânios (um a três).

A extraordinária semelhança dos crânios de Lakhish com diversas séries abundantes e perfeitamente estudadas que foram encontradas no Egito oferece um interêsse excepcional. As semelhanças mais notáveis concernem a uma série da quarta e quinta dinastias, provenientes de Deshasheh e de Medum, no Baixo Egito, assim como a espécimes da décima-oitava dinastia encontradas em Tebas e Abidos, no Alto Egito. Essas analogias são de tal forma surpreendentes em muitíssimos pontos que de sua análise estatística Risdon conclui que, por volta de 700 a. C., Lakhish bem poderia ter sido habitada por uma colônia egípcia.

Não é possível negar essas constatações, mas a conclusão que se tirou exige um exame mais aprofundado. Dispomos de informações gerais relativamente abundantes e dignas de fé a respeito da história de Israel em mais ou menos 700 a. C. — provàvelmente a época em que viveram os indivíduos descobertos em Lakhish. Ora, nenhuma indicação permite imaginar que, na época, o Egito tivesse estabelecido uma colônia ou uma guarnição militar nessa localidade. E, se a população a que pertenciam êsses indivíduos descendia de uma colônia muito mais antiga, é difícil compreender como ela teria podido preservar sua integridade no curso dos séculos, pois permutas

141

genéticas deveriam tê-la levado a fundir-se com os elementos cananeus e israelitas da vizinhança.

Por outro lado, se entre Canaã e o Baixo Egito existisse uma continuidade racial que poderia remontar a uma época extremamente recuada, as semelhanças entre os habitantes de Lakhish e os egípcios estariam em plena harmonia com os conceitos expostos acima. Ora, há certamente razões para pensar que a população do Crescente Fértil apresentava características raciais comuns. Já assinalei a predominância de um tipo, que foi chamado mediterrâneo e se encontrava pelo menos da Mesopotâmia até a região de Canaã, numa data tão tardia quanto a idade do bronze. Quanto aos egípcios dessa época, de fato possuíam também as características fundamentais do tipo mediterrâneo, ainda que por vêzes sejam classificados na categoria dos camitas, por razões de ordem lingüística.

Uma comparação dos crânios de Lakhish com um grupo importante de crânios encontrados em Tepe Hissar III, localidade iraniana situada a leste da Mesopotâmia, confirma a verossimilhança de nossa hipótese. E. Schmidt[13], que exumou essas ossadas, calcula que êles datam do III milênio a. C.[14]. Foram estudados por W. M. Krogman[15]. Ora, parece que êles são tão semelhantes aos crânios de Lakhish quanto as séries egípcias de Deshasheh e de Medum. De fato, sob alguns aspectos as proporções médias dos crânios do Lakhish se aproximam mais das proporções dos crânios iranianos de Hissar[16] que das dos espécimes egípcios aos quais, segundo Risdon, são pràticamente idênticos. Parece pois que, até o fim da idade do bronze, a zona de população mediterrânea que ocupava o conjunto do Crescente Fértil estendia-se até Tepe Hissar. Amostras mais restritas provenientes de Sialk e de outras regiões iranianas confirmam essa idéia. Assim, uma população que pode ser considerada como relativamente homogênea estava estabelecida sôbre um vasto território que ia do Irã (e talvez mesmo além) até o Egíto. Depois, novos elementos começaram a misturar-se a êles, em condições diversas e em tempos e lugares diferentes. À medida que esta evolução prosseguia, provocou — como o mostram os dados recolhidos em grande parte do território da Mesopotâmia e das zonas situadas nos limites da Anatólia — uma série de modificações complexas, que não nos interessam aqui.

(13) E. Schmidt. *Excavations of Tepe Hissar*, Philadelphia, 1937.

(14) Alguns especialistas lhes atribuem uma origem mais recente.

(15) W. M. Krogman. "The people of Early Iran" etc. *Amer, Journ. Phys. Antrop.*, vol. 26, 1940.

(16) Êsses crânios deveriam estar agrupados numa só amostra.

142

Somos pois levados a adotar a tese seguinte: na época de que datam os restos encontrados em Lakhish, a comunidade racial que ocupara uma parte tão grande do Crescente Fértil subsistia pelo menos do Egito a Israel, e os israelitas ainda podiam ser considerados como bastante representativos dessa comunidade.

Os documentos arqueológicos disponíveis provam que, pouco depois da invasão de Canaã pelos israelitas vindos das montanhas, os homens que nas Escrituras são chamados de filisteus apoderaram-se da costa meridional da região e a colonizaram. Vestígios encontrados durante diversas escavações forneceram indicações precisas sôbre sua cultura e permitiram estabelecer que ela se relaciona com as de Creta, de Chipre e da Ásia Menor. É bem provável que se trate do povo conhecido pelo nome de pelasgos, que precedeu os gregos da época clássica e foi assimilado por êles. Sabe-se pouca coisa da origem racial dêsses recém-chegados; o fato de terem introduzido um tipo de cultura pelásgica indica que eram biologicamente aparentados com os pelasgos, mas não o prova necessàriamente. Além disso, os próprios pelasgos não apresentavam homogeneidade suficiente para que essa designação possa ajudar-nos muito a identificar os filisteus. Os cipriotas, por exemplo, eram claramente diferentes dos cretenses e, embora estejamos muito mal informados sôbre os pelasgos da Ásia Menor, sabemos que êles também se diferenciavam por alguns traços.

Graças à Bíblia, é bastante sabido que os israelitas entraram em contato com os filisteus para que seja necessário insistir sôbre isso. Da mesma forma — ou quase — que no caso dos cananeus, dos amorreus e de diversos outros grupos tribais que os israelitas tiveram que enfrentar, êsses contatos resultaram em guerras, e depois em casamentos. Ora vencidos, ora vitoriosos, também os filisteus se uniram às vêzes aos israelitas — sendo a mais célebre dessas uniões a de Sansão e Dalila. Os poucos dados que pudemos reunir não nos permitiriam, no momento atual, procurar determinar a amplitude, ou mesmo a natureza, da contribuição dada pelos filisteus ao amálgama de grupos locais que o povo de Israel constituíra desde a origem, mas está fora de dúvida que êles realmente contribuíram para êsse amálgama.

Para estudar a evolução biológica dos israelitas de 700 a.C. — data atribuída às ossadas de Lakhish — até a conquista romana e o início da Diáspora, dispomos apenas de um pequeno número de referências relativas a

143

alguns crânios de indivíduos identificados como judeus [17] ou supostos como tais [18]. Cinco dêsses crânios foram descobertos em Wadi-en-Nar, perto de Jerusalém; julga-se que pertenciam a indivíduos que viveram pelo ano de 200 a.C. Dois outros, que provêm do monte das Oliveiras, parecem datar do tempo de Cristo; finalmente, um oitavo espécime foi encontrado entre Belém e Helvan, mas as referências limitam-se a indicar, sem que seja possível maior precisão, que remonta ao I milênio a.C. Êsses oito crânios estão longe de constituir uma amostra satisfatória da população judaica da Palestina durante os séculos considerados, mas convém assinalar que são notàvelmente heterogêneos, levando em conta seu pequeno número. Dois dêles se afastam mesmo claramente do tipo mediterrâneo que parecia predominar antes e apresentam caracteres raciais encontrados mais comumente na Anatólia e na Ásia Menor. Entretanto, o tipo tradicional continua a ser bem representado.

Essa diversificação da população responde, aliás, à evolução de uma cultura que se tornara cosmopolita sob numerosos aspectos, como o sabemos de vestígios arqueológicos abundantes, bem como da própria Bíblia. Com suas cidades florescentes, seu comércio e sua economia em plena expansão, a Palestina atraía os negociantes, os mercadores e os artesãos. Durante os períodos de paz e de prosperidade, sua situação geográfica transformava-a numa via de passagem natural entre os dois principais centros de civilização e riqueza da época, isto é, o Egito e a Mesopotâmia. Encontrando-se assim lançada na órbita da economia mundial, a Palestina sofreu necessàriamente a influência dos movimentos de populações que, não obstante sua importância numérica relativamente fraca, deviam contribuir para tornar os habitantes cada vez mais heterogêneos.

Os elementos estrangeiros introduzidos pela política assíria de deportação das populações vencidas talvez tenham tido uma importância ainda mais considerável, mas infelizmente é impossível apreciar hoje o papel que desempenharam no plano biológico. A partir da Mesopotâmia, sede de seu império, os assírios deveriam estender sua influência a todo o Oriente Próximo, por volta dos meados do I milênio a.C. e acabar por conquistar quase que totalmente a região. A Palestina, como os outros

(17) Após a conquista do reino de Israel pelos assírios, por volta do fim do século VIII a. C., o reino de Judá subsistiu sòzinho; é por isso que os hebreus, a partir de então, foram chamados de filhos de Judá ou judeus.

(18) Ver H. Virchow, "Ein Schaedel aus altpalaestinischen Grabkammern". *Zt. Ethnol.*, vol. 60, 1929. K. D. Henckel. "Zur Kraniologie Palaestinas", *Zt. Morph. u. Anthrop.*, vol. 28, 1930.

Estados relativamente fracos que se encontravam no caminho dêsse colosso, não podia deixar de embater-se em seu poderio; e a resistência ineficaz que os pequenos reinos de Israel e de Judá [19] podiam opor-lhe dissolveu-se ràpidamente.

O reino de Israel foi o primeiro a ser devastado pelos assírios. Sargão, rei da Assíria, comemorou sua vitória, conseguida em 721 a.C., pela inscrição citada abaixo, encontrada em seu palácio de Khorsabad:

Sitiei e conquistei Samaria, e levei ao cativeiro 27 920 de seus habitantes. Escolhi entre êles as equipagens de 50 carros de guerra e ordenei aos outros habitantes que retomassem suas ocupações. Coloquei acima dêles um dos meus oficiais, e lhes impus o tributo fixado pelo antigo rei [...] Reconstruí a cidade, de modo que ela está mais bonita que antes, e aí estabeleci os habitantes originários dessa região que eu mesmo conquistara.

O mesmo acontecimento é descrito na Bíblia, no segundo *II Reis,* 17:24, como segue:

O rei da Assíria trouxe gente de Babel, e de Cutha, e de Ava, e de Hamath e Sefarvaim, e a fêz habitar nas cidades de Samaria, em lugar dos filhos de Israel e tomaram a Samaria em herança, e habitaram nas suas cidades.

Um pouco antes, em 739 a.C., Teglatpalasar fizera incursões, que são mencionadas em tábuas de pedra descobertas por Layard em Nimrud.

Quanto a Menahem, eu a varri como uma tempestade de neve [...] e eu levei todos os seus habitantes [os de Israel] com suas possessões para a Assíria.

O texto bíblico correspondente figura em *II Reis,* 15:29:

Nos dias de Peka, rei de Israel, veio Teglatpalasar, rei da Assíria e tomou a Ijon, a Abel-beth-maaca, e a Janoa, e a Kedes, e a Hasor, e a Gilead, e a Galiléia, e a tôda a terra de Neftali, e os levou para a Assíria.

Senaquerib também declara ter deportado inúmeros israelitas:

Expulsei de seus lares [...] 200 150 pessoas, jovens e velhos, homens e mulheres, com seus cavalos, suas mulas, seus burros, seus camelos, gado grande e pequeno em quantidade inumerável, e eu os considerei como butim.

(19) O reino único, que prosperava no tempo de Davi e Salomão, dividira-se em dois reinos aparentados, mas diferentes: Israel, cuja capital era Samaria, e Judá, que tinha por capital Jerusalém.

Essas breves menções de desastres sobrevindos em tempos muito antigos são particularmente pungentes por sua própria secura, e as múltiplas tragédias que implicam nos aparecem tanto mais claramente quanto nada nos dizem sôbre elas. Por outro lado, se alguém ainda duvidasse do valor da Bíblia como documento histórico, a extraordinária concordância entre êsses relatos distintos deveria ser suficiente para regular a questão. Entretanto, se êsses textos oferecem para nós um interêsse todo especial, é porque provam a existência de largos cruzamentos de população.

Os assírios aplicavam de maneira mais sistemática que qualquer outro povo da antiguidade o sistema da deportação dos vencidos, tendo em vista desencorajar possíveis rebeliões. No caso mencionado acima, haviam manifestamente deportado uma proporção, impossível de avaliar, da população israelita, para substituí-la por habitantes de outras partes de seu império.

Para conhecer as conseqüências dêsse acontecimento capital, somos obrigados a nos basear em deduções. Os hebreus instalados nos estrangeiros foram considerados "perdidos"; terei algumas sugestões a êsse respeito para apresentar mais adiante. Quanto aos estrangeiros instalados pelos assírios entre os hebreus restantes, parece que não tardaram a sofrer a influência do processo de aculturação, como revela o texto bíblico que se segue:

E sucedeu que, no princípio da sua habitação ali, não temeram ao Senhor: e mandou entre êles o Senhor leões, que mataram a alguns dêles. Pelo que falaram ao rei da Assíria, dizendo: A gente que transportaste e fizeste habitar nas cidades de Samaria não sabe o costume do Deus da terra: pelo que mandou leões entre ela, e eis que a matam, porquanto não sabe o culto de Deus da terra.

Então o rei da Assíria mandou dizer: Levai ali um dos sacerdotes que transportastes de lá; e vão-se e habitem lá: e êle lhes ensine o costume do Deus da terra. Veio pois um dos sacerdotes que transportaram de Samaria, e habitou em Betel, e lhes ensinou como deviam temer ao Senhor. (*II Reis*, 17:25-28.)

O cronista precisa, é verdade, que as novas nações "temiam ao Senhor, e ao mesmo tempo cultuavam suas imagens"; mas não devemos concluir disso que sua hebraização fôsse totalmente ineficaz. Teria sido surpreendente que pelo menos alguns indivíduos não fôssem assimilados pela comunidade hebraica, pois os próprios filhos de Israel eram amiúde punidos e censurados por ter "cultuado imagens". Entretanto, se a concordância das cren-

146

ças e das práticas religiosas podia favorecer os casamentos mistos, não era indispensável, como já o vimos.

Tendo em vista estudar os contatos que os judeus puderam ter durante os séculos seguintes — sob a dominação dos Ptolomeus, dos Selêucidas e depois dos romanos — seremos novamente levados a basear-nos, por falta de provas verdadeiras, em probabilidades muito bem estabelecidas. Sob muitos aspectos, a influência selêucida foi a mais profunda e mais duradoura. Sob a dinastia criada por Seleuco, general de Alexandre, a civilização grega, que já começara a espalhar-se por uma grande parte da bacia oriental do Mediterrâneo, inclusive a Palestina, adquiriu, enquanto cultura oficial dos senhores da região, um prestígio que se exerceu particularmente sôbre os judeus mais afortunados. A extensão da helenização da Palestina no campo secular ressalta de maneira evidente do testemunho imparcial dos vestígios dessa época. A arquitetura dos edifícios públicos lembra o estilo dos monumentos gregos; a cerâmica e a arte decorativa se inspiram em modelos gregos. Construíram-se arenas onde se realizavam jogos praticados, como na Grécia, por adolescentes nus — o que representa, certamente, uma inovação revolucionária em relação às atitudes e aos costumes judaicos tradicionais. As inscrições gregas que figuram nos túmulos e em outros lugares mostram que o grego servia de língua comum. E muitos judeus — sobretudo entre os membros das classes superiores, mais influenciáveis — adotaram mesmo nomes gregos.

Em grande parte, o processo de assimilação, sem dúvida alguma, estava limitado ao plano cultural. Mas, levando em conta a maior mobilidade de que os judeus afortunados e os comerciantes poderiam gozar como membros do vasto império selêucida e, inversamente, a crescente facilidade com que os estrangeiros vindos da Ásia Menor e de outros países podiam penetrar na Palestina, está claro que essa evolução cultural devia favorecer a introdução de representantes de outros grupos na comunidade judaica. Essas tendências à assimilação existiram tanto sob os selêucidas quanto sob os romanos; mas infelizmente é impossível avaliar a amplitude de seus efeitos.

Enfim, para dar uma idéia da maneira pela qual a comunidade judia era constantemente enriquecida por contribuições exteriores, podemos citar aqui dois episódios históricos que esclarecem as modalidades dêsse fenômeno. O primeiro episódio refere-se à dinastia herodiana, que reinava no tempo de Cristo. Herodes era judeu, mas sua família era de origem iduméia: ao mesmo tempo que outros habitantes da Iduméia, região situada ao sul da

Judéia, ela fôra obrigada a adotar oficialmente a religião judaica, cêrca de um século antes. A conversão dos idumeus, aliás, já se realizara, em parte, de maneira espontânea, pelo fato de viverem na proximidade dos centros de influência judaica, e também por terem aceito anteriormente a autoridade dos patriarcas israelitas.

O outro episódio nos foi revelado pela descoberta de uma série de túmulos talhados no calcário, em Marisa, na Judéia. Êsses túmulos, que datam do fim do III século a.C., são ornados por pinturas especialmente ricas e notáveis; mas, se aqui nos interessam singularmente, é porque foram feitas em honra dos chefes de uma colônia sidoniana, que se encontrava, pois, instalada no coração da Judéia. Assim, colônias de comerciantes estrangeiros continuavam, durante o período helenístico, a se estabelecer na Palestina e a introduzir novos elementos étnicos.

A síntese racial representada pelos primeiros israelitas, devido à sua origem, a seus deslocamentos da Mesopotâmia ao Egito passando por Canaã, e à assimilação dos diversos grupos cananeus que êles tinham vencido, jamais se cristalizou numa entidade isolada. Ao longo dos séculos, até sua dispersão pelo mundo, a comunidade judaica continuou a acolher novos elementos, levados à região pela evolução da situação mundial e pela expansão econômica. Ela constituía, de fato, um dos principais centros de redistribuição de genes existentes nessa parte do mundo. E, embora compreendesse certamente muitos indivíduos semelhantes aos que haviam conquistado Canaã mil anos antes, ou mais, no conjunto estava sensìvelmente modificada quanto a diversos pontos importantes.

A Diáspora

Comumente se faz remontar à destruição de Jerusalém pelos romanos, em 70 d.C., a dispersão final dos judeus para fora da região que habitavam enquanto judeus há dois mil anos e onde alguns de seus ancestrais tinham vivido antes durante um número incalculável de milênios. Na verdade, essa dispersão foi um movimento de longa duração, que começou antes dessa data e continuou por muito tempo depois. Nos séculos VI e VII d.C., ela estava pràticamente concluída. A população judaica da Palestina estava então reduzida a um grupo insignificante que se apegava a seus centros e a seus monumentos antigos. A maioria dos judeus estavam então estabelecidos em quase todos os países civilizados, da Mesopotâmia ao Atlântico.

Pode-se dizer que a Diáspora começou em 586 a.C., com Nabucodonosor, que deportou para a Babilônia uma grande parte da população de Jerusalém, após ter destruído a cidade. De resto, alguns de seus predecessores já haviam transferido judeus do reino de Israel para as cidades da Mesopotâmia. Se bem que essas primeiras vítimas da agressão assíria, durante muito tempo, tenham sido consideradas perdidas, não é impossível que alguns, se não a totalidade, dêsses judeus tenham sobrevivido e posteriormente tenham sido absorvidos pelos cativos vindos de Jerusalém.

Entretanto, o cativeiro da Babilônia não foi apenas isso. Êle também deu origem a uma colônia independente, que continuou entretanto a fazer parte do judaísmo, como um fragmento geogràficamente separado do corpo principal. Como se tratava da primeira divisão importante e permanente do povo judeu depois que êste tomara plena consciência de sua individualidade nacional, e como aparecem aqui problemas característicos das fases ulteriores da Diáspora, essa colônia foi, estritamente falando, o protótipo das múltiplas colônias dispersas em que deviam viver os judeus até nossa época. Dado que a Diáspora teve repercussões profundas sôbre quase todos os aspectos da vida dos judeus e sôbre sua história biológica, não é inútil examinar o que aconteceu na Babilônia.

Os últimos livros do Antigo Testamento nos fornecem informações preciosas para reconstituir os aspectos significativos do Cativeiro. Êsse período exerceu uma influência formativa sôbre o Judaísmo. E, se êste fato é pouco conhecido ou insuficientemente apreciado fora dos meios científicos, a significação psicológica do próprio exílio, na medida em que criou um meio favorável a uma tal evolução, é quase que completamente desconhecida.

As atitudes mentais que surgem no seio de um grupo separado de sua terra natal e de seu meio cultural se desenvolvem segundo um esquema que parece quase conforme às leis da dinâmica social. Em particular, uma colônia assim isolada se esforça, primeiramente, por reconstituir bem ou mal um simulacro de sua civilização e modo de vida tradicionais. Todo resultado que se situa aquém dêsse objetivo é considerado uma perda dolorosa e suscita um sentimento de privação. Os objetos, as maneiras, os costumes e as idéias associados ao país de origem assumem grande importância, como se a vida do grupo dependesse dêles — o que talvez seja verdade. De qualquer maneira, êsses elementos da cultura ou da crença adquirem um sentido simbólico e constituem outros tantos pontos focais em que se concentra e se mantém o espírito do grupo.

149

Muito freqüentemente, a comunidade de origem e de tradição também contribui, pelo menos durante certo tempo, para preservar a coesão do grupo quando êste se encontra estabelecido em meio a uma população estrangeira. Seus membros preferem viver tão perto quanto possível uns dos outros, reconstruir um meio cultural em que se sintam à vontade e usufruir assim do sustentáculo e do confôrto que êsse meio pode oferecer-lhes.

A história e nosso mundo atual estão cheios de manifestações mais ou menos nítidas desta reação universal. A ligação à Inglaterra e à sua civilização, consideradas como uma fonte de inspiração e como exemplo, caracterizou outrora as colônias americanas, e rencontramo-la atualmente nas comunidades britânicas longínquas, como as da Nova Zelândia, da Austrália e do Quênia. Mesmo que se tenham fixado no estrangeiro há muitas gerações, as famílias das colônias e dos domínios britânicos continuam a considerar a Inglaterra como seu "lar". E, como aos olhos dos colonos êle representa a excelência dos valores britânicos, o visitante inglês goza entre êles de um prestígio especial. O mais belo elogio que se pode fazer do que quer que seja, numa colônia britânica, é qualificá-lo de tìpicamente britânico.

Na América do século XIX, pequenas Itálias, Alemanhas, Irlandas etc., apareceram por tôda a parte em que imigrantes europeus se estabeleceram em grupos importantes. Essas comunidades, ligadas à língua e às tradições do país natal, esforçaram-se por preservá-las. Não seria o caso de crer que se trata aqui de um fenômeno limitado às civilizações mais desenvolvidas, porque poderíamos citar numerosos exemplos emprestados às culturas primitivas.

Os judeus deportados para a Babilônia há dois mil e quinhentos anos ou mais não podem ter reagido de outro modo, quando foram desligados do país natal. Penso mesmo que o desejo de mergulhar ainda mais em sua tradição deve tê-los encorajado muito, se não foi sua causa determinante, a reverenciar especialmente a Torá, enquanto símbolo de sua lei natural, durante o cativeiro na Babilônia. Essa necessidade psicológica de um povo que não mais tinha acesso às fontes normais de reconfôrto cultural deve ter influído muito na formação de uma classe de escribas que, copiando a Torá, preservavam-na ao mesmo tempo que a tornavam acessível aos exilados. Podemos pois discernir, nessa situação, a origem de uma evolução de importância capital para a história do judaísmo. Mais tarde, profetas como Ezequiel, e chefes como

150

Esdras e Neemias, refletiram sôbre essa tendência com maior ou menor nitidez.

Quando Ciro, cinqüenta anos depois da destruição de Jerusalém por Nabucodonosor, autorizou os judeus a voltar à Palestina, 42 462 decidiram retornar a seu país, segundo Flávio Josefo [20]. Ainda que isso se explique, em parte, pelo fato de que um bom número de sacerdotes e notáveis haviam sido deportados e que a comunidade original fôra assim privada de seus chefes naturais, não é supérfluo notar que a população que permanecera em Jerusalém não fizera absolutamente nada para reparar os danos sofridos pelo Templo, enquanto que, ao contrário, a restauração do Templo foi o primeiro e o mais vivo cuidado dos exilados repatriados, para quem êsse monumento significara tanto durante os anos de exílio. Jamais saberemos provàvelmente em que medida a experiência do cativeiro na Babilônia, com tôda a sua repercussão psicológica, fortificou, orientou e moldou a fé judaica, mas é certo que sua influência foi profunda.

Se é característico da primeira geração de exilados e colonos sofrer profundamente a separação do país natal e apegar-se aos símbolos de seu mundo perdido, essa fidelidade é contrabalançada por uma reação oposta. Pouco a pouco, na colônia, os laços com o país de origem e o valor dos símbolos tendem a enfraquecer-se entre as gerações sucessivas que nascem no estrangeiro e a evolução pode completar-se em dois sentidos diferentes: na ausência de uma cultura rival, cria-se lentamente uma civilização nativa, adaptada ao meio local, com seu caráter próprio, mas aparentada à civilização inicial. Se, ao contrário, os exilados estão em presença de uma civilização estrangeira, tendem a assimilar-se a ela. Existem inúmeros exemplos dessa pressão inexorável. Quando ela não se manifesta, ou só se faz sentir parcialmente, é sempre em razão de circunstâncias especiais, e tais exceções não anulam a regra que resulta de uma visão de conjunto.

Embora seu estabelecimento na Babilônia remontasse apenas a cinqüenta anos — espaço de tempo relativamente curto — quando Ciro os autorizou a voltar para Jerusalém, um número bem grande de judeus decidiram não partir. O lento e sutil processo de adaptação ao mundo nôvo realizara sua obra entre a geração nascida no exílio, e seu poder era manifesto.

As crianças nascidas na Babilônia não conheciam a vida em Jerusalém a não ser de modo indireto, segundo os relatos de seus pais; sofriam a influência da vida

(20) Flavio Josefo, *Antiguidades Judaicas.*

151

e dos costumes locais, e aprendiam a língua da população em cujo meio viviam; lá se encontravam portanto inevitàvelmente em sua casa. Ressalta claramente da Bíblia que muitos judeus babilônios haviam seguido exatamente essa evolução e se tinham assimilado a seu nôvo país. As situações, as vêzes muito brilhantes, que ocupavam estavam inevitàvelmente ligadas ao país de nascimento e não ao de seus ancestrais. De fato, haviam adotado a nacionalidade babilônica. Mesmo Neemias acabou por voltar à Babilônia, após ter permanecido em Jerusalém e participado da reconstrução do Templo.

Essa colônia permaneceu, até a época moderna, um centro ativo da fé judaica e, em diversos momentos, quando o judaísmo se enfraquecera e era ameaçado em outros países, ela representou o papel de verdadeira cidadela. Temos razões para perguntar por que razão ela sobreviveu, quando a experiência nos ensinou que uma comunidade isolada do ponto de vista cultural, como o era aquela, comumente é destinada à desintegração. Êsse fenômeno, então único em seu gênero, repetiu-se muitas vêzes na história da Diáspora, e isso lhe confere uma importância tanto maior para o estudo do processo subjacente que tornou possível a sobrevivência biológica do povo judeu. Entretanto, talvéz seja preferível passar ràpidamente em revista as outras fases da dispersão até nossa época, antes de analisar as razões principais dessa sobrevivência.

Se a colônia da Babilônia representa o primeiro grupo importante de judeus residentes fora da Palestina, pouco tempo passou antes do aparecimento de outras colônias. Como era de esperar, a direção principal dêsse movimento foi determinada pela nova orientação dos fatôres políticos, culturais e econômicos, após a queda do Império Persa. Em 333-331 a.C., êsse vasto império mesopotâmico fundado pelos assírios e herdado pelos persas desmoronou completamente sob os assaltos de Alexandre. A civilização e o comércio gregos, que já haviam penetrado na Ásia Menor, nas margens do Mar Negro e na bacia oriental do Mediterrâneo, tinham a partir de então o caminho livre e não se chocavam mais com qualquer potência rival. O império persa e as outras conquistas de Alexandre caíram nas mãos de seus generais, que acabaram por dividir essa imensa área em territórios diferentes. A Palestina se viu inicialmente submetida à autoridade de Ptolomeu. que se estabelecera no Egito, mas seu rival Seleuco, cujos domínios sírios limitavam com o norte da Palestina, disputou-lhe êsse território. Em 198 a.C., a dinastia selêucida acabou por tomar posse da Palestina e a conservou, apesar de ligeira retomada do poder pelos judeus sob os Macabeus, até o momento em que foi submersa pelo avanço irresistível do império romano.

Os acontecimentos históricos que se desenvolveram, no curso dos séculos, entre a Assíria e Roma haviam deslocado para o oeste o centro do mundo civilizado, que anteriormente se encontrava na Mesopotâmia. À medida que o Mediterrâneo oriental ganhava em importância, aparecem novos centros de energia política, econômica e cultural. Mesmo o Egito, que desfrutava de um último resquício de grandeza, construiu Alexandria para enfrentar o Mediterrâneo, que constituía então o centro de tôdas as coisas.

A fim de auxiliar na fundação da nova cidade, que cedo ia tornar-se um dos centros mais brilhantes do mundo helenístico, Ptolomeu convidou os habitantes de diferentes regiões de seu império para aí se estabelecer. Mandou vir, entre outros, judeus que participaram na fundação e na expansão de Alexandria. Sob um regime favorável, êsses aumentavam em número, até formar uma grande parte do conjunto da população. Como na Babilônia, êles mantiveram seu culto particular, o que assegurou a coesão de seu grupo. Todavia, cedo se tornaram alexandrinos por seus laços e cultura. E, como adotaram a língua grega, tornou-se necessário criar nessa língua uma tradução da Bíblia, chamada dos Setenta. Entretanto, a sinagoga, nova característica do judaísmo que se desenvolvia entre os judeus distantes da Palestina e do Templo, servia de centro à vida religiosa. Até o momento em que o Templo fôra nova e definitivamente destruído pelos romanos, os judeus de Alexandria, como os de outras comunidades, forneceram uma contribuição anual ao Templo, como prova de seu amor à fé. Êsse costume faz curiosamente pensar na prática ulterior da cristandade, segundo a qual as igrejas provinciais subvencionam regularmente os gastos de Roma.

Em condições menos trágicas que na Babilônia e com menor esplendor que em Alexandria, muitas outras colônias judias continuaram a dispersar-se no mundo helenístico. Como a situação se agravasse na Palestina, devido à explosão demográfica e ao aumento surpreendente do desemprêgo e como possibilidades tecnológicas se oferecessem em diversas partes dêsse mundo, os judeus emigraram, como outras populações o fizeram antes e depois dêles, por motivos análogos. Artesãos que possuíam talentos vendáveis, trabalhadores agrícolas sem terra e homens de negócios foram obrigados a ganhar seu sustento no exterior; os próprios soldados tiveram de engajar-se como mercenários. Tôdas essas pessoas se fixaram em

153

Creta, em Chipre, em diversos portos da costa da Fenícia e da Ásia Menor, na Síria, em cidades comerciantes do mar Negro, assim como em cidades novas como Antioquia, onde havia necessidade de mão-de-obra, de técnicos e de colonos. Alguns seguiram as margens mediterrânicas da África do Norte e, quando os romanos substituíram os selêucidas, chegaram também até Roma. No tempo de Flávio Josefo, existia uma colônia judia muito importante não só em Roma, como também em províncias romanas como a Gália e a Espanha. A distribuição dos emigrantes entre as pequenas colônias era provàvelmente determinada por correntes secundárias oriundas de grandes centros como Roma, Alexandria e Antioquia.

Salvo em algumas grandes cidades como Babilônia, Antioquia, Alexandria e Roma, tratava-se principalmente, ao que parece, de pequenas comunidades. É impossível atualmente determinar qual era seu número antes da destruição de Jerusalém pelos romanos, mas devia ser bastante elevado, a julgar pelas estimativas relativas à população judia estabelecida nas várias partes do império romano. Essas estimativas, evidentemente, não têm a precisão de um recenseamento moderno, mas são interessantes, quando mais não fôssem porque nos dão uma idéia geral da importância das diversas colônias judias dessa época.

Segundo uma delas [21], existia no ano 70 da era cristã cêrca de 4.500.000 judeus dos quais 3.500.000 viviam em diferentes partes do império romano e um milhão na Palestina. Essas cifras são mais que grosseiras aproximações mas fazem parecer que os judeus já se haviam dispersado longamente pelo império romano, a ponto de serem mais numerosos fora que na própria Palestina [22].

O vivo proselitismo a que os judeus se entregavam nessa época fornece uma explicação bastante satisfatória dessa desproporção. Sabe-se, por exemplo, que muitas comunidades judias haviam criado uma categoria especial para os convertidos, em que sòmente os filhos viam plenamente reconhecida sua qualidade de membros da comunidade. Entre os convertidos figura a família real do reino de Adiabene, fragmento do antigo império assírio. A existência dessas comunidades judias no estrangeiro talvez explique por que os Apóstolos percorreram tão grandes distâncias para pregar o Evangelho. Com efeito,

(21) Arthur Ruppin. "The Jewish population of the World", in *The Jewish people, past and present*, vol. 1, New York, 1946.

(22) Constatamos aqui um paralelismo interessante com os resultados análogos das migrações para certos países da Europa. Por isso, existem no exílio mais indivíduos de tronco irlandês, inglês, português e espanhol que nos países de origem dessas populações.

154

iam levar a seus correligionários das comunidades longínquas a nova mensagem da Terra Santa. Pode-se perguntar qual teria sido a história do Cristianismo, se essa rêde de colônias judias não tivesse existido.

Sob o domínio romano, a situação dos judeus na Palestina continuou a agravar-se. A corrupção administrativa, um fiscalismo pesado e — o que era talvez o mais insuportável — os entraves à liberdade religiosa lançaram muitos judeus num desespêro que só encontrava remédio na emigração. A destruição de Jesuralém por Tito, no ano de 70 de nossa era, e a nova derrota sofrida pelos judeus cêrca de sessenta anos mais tarde, sob Adriano, aceleraram o declínio. A comunidade judia da Palestina foi, desde então, um ramo agonizante. No curso dos séculos seguintes, sua atividade intelectual foi bastante vigorosa ao criar a Mischná, mas, com o tempo, ela perdeu lenta e inelutàvelmente seu primado intelectual, que passou aos judeus da Babilônia e de diversas outras comunidades. Sua economia entrou em decadência, a ponto de não mais poder assegurar a subsistência dos habitantes. Pouco a pouco, com exceção de um núcleo muito restrito, o país se despovoou e tornou-se um território deserto, entregue uma vez mais ao nomadismo, enquanto que as raras cidades sobreviventes levavam uma existência precária. Quando Abdias de Bertinoro visitou Jerusalém no século XV, encontrou apenas 7.000 famílias, das quais 70 apenas eram judias.

No Baixo Império Romano, a distribuição geográfica das comunidades judias continuou a aumentar, tanto na parte ocidental do Império quanto na parte oriental. Pelas margens meridionais do Mediterrâneo, essas comunidades chegaram à região que corresponde atualmente à Argélia e ao Marrocos; pelo norte do Mediterrâneo, atingiram a Espanha e a Gália; já em 321 de nossa era, encontram-se judeus na Germânia, na região renana.

Todavia, após Constantino (306-337 d.C.), a situação dessas comunidades, e a dos judeus em geral, começou a tomar um rumo claramente desfavorável. A Roma pagã fôra tolerante e liberal em matéria de opiniões religiosas e, em geral, os judeus não haviam sido atingidos em seus direitos civis por causa de seu particularismo religioso. Mas a adoção por Constantino do Cristianismo como religião oficial levou à promulgação de uma legislação repressiva contra êles. Após a divisão do império em duas partes, os impérios do Ocidente e do Oriente se equivaleram nas perseguições religiosas e nas privações de direitos civis de que os judeus foram vítimas.

Com a irrupção das hordas bárbaras, contudo, o império do Ocidente acabou por tornar-se muito mais perigoso para os judeus. Suas atividades econômicas haviam sido progressivamente restringidas e êles se viram numa situação inteiramente precária em conseqüência de desmoronamento total da economia imperial. De qualquer maneira, seu número diminuiu grandemente. É difícil determinar até que ponto essa regressão se explica pelas dificuldades econômicas ou pela dissolução progressiva das comunidades isoladas, cuja situação se agravava cada vez mais e que eram reduzidas ao desespêro. O fato é que a população judia, como o resto da população européia, diminuiu muito ràpidamente.

A crescente intolerância religiosa desempenhou certamente um papel importante nesse fenômeno: os documentos de que dispomos no que diz respeito à Espanha visigótica revelam que a violência e a ameaça de conversão forçada varreram muitos judeus dêsse país. É provável que alguns tenham procurado refúgio junto às comunidades judias da África do Norte. Outros se dirigiram para o sul da França onde existem colônias antigas.

Enquanto que no Ocidente a Diáspora estava em pleno refluxo, ela atingia o apogeu no Oriente, principalmente na Babilônia. Sob o império sassânida, a população judia aumentou a ponto de englobar a maior parte do judaísmo e estabeleceu uma organização semi-autônoma sob um exilarca hereditário. Essa comunidade conheceu nôvo florescimento espiritual notável, enquanto que as comunidades do Ocidente entravam num período de provações e de declínio.

No século VII, o advento do Islã como potência mundial marcou bruscamente o início de uma nova era na história dos judeus [23]. A maioria dêles se encontrava então concentrada na região mesopotâmica e na Ásia Menor; por isso entraram inevitàvelmente em estreito contato com o Islã, de início como potência política dominante, depois no campo político e cultural. No conjunto, as relações entre o Islã e o Judaísmo só foram perturbadas por um número relativamente pequeno de perseguições graves. Com efeito, essas relações se tornaram tão estreitas que os judeus participaram plenamente do renascimento cultural árabe. A interpenetração cultural foi tal que suscitou, de ambas as partes, uma receptividade psicológica profunda: de um lado, seitas islâmicas aceitaram idéias judias, de

(23) O leitor encontrará um excelente resumo dêste complexo período em; A. Steinberg, "The history of the Jews in the middle ages and modern times", in *The Jewish people, past and present*, 1946.

outro, seitas judias reconheceram em Maomé um verdadeiro profeta.

Quando o império muçulmano se estendeu sôbre o imenso território que vai da Índia a Portugal, os judeus participaram da vida econômica que a existência dêsse império tornava possível. A expansão do Islã para o oeste, em particular, permitiu que numerosos judeus voltassem a instalar-se na África do Norte e na Espanha. Correntes de migrações secundárias dirigiram-se também para a Itália, quando o renascimento da economia italiana tornou possível trocas comerciais entre o mundo cristão e o mundo muçulmano.

Essas correntes, de importância secundária do ponto de vista numérico, exerceram grande influência sôbre o desenvolvimento ulterior do judaísmo europeu. É daí que provêm os judeus que se dirigiram para o norte a fim de se estabelecer no império dos francos, onde reavivaram algumas das antigas comunidades que datavam da época romana e fundaram grande número de novas comunidades nas regiões que viriam a ser a França e a Alemanha. Mas as comunidades da Espanha é que constituíram então o principal centro na Europa, tanto por sua importância numérica como por suas brilhantes realizações. Sob os mouros, os judeus conheceram uma época marcada por uma expansão e um desenvolvimento bastante regulares. Os próprios espanhóis, quando começaram a substituir lentamente o reino árabe, imitaram de início a atitude tolerante de seus predecessores. Tudo isso terminou tràgicamente em 1492, com a expulsão dos judeus da Espanha — medida cujos motivos complexos de ordem religiosa, econômica e histórica ao mesmo tempo, se situam fora do plano do presente estudo. Alguns judeus foram obrigados a adotar o cristianismo, mas muitos se refugiaram em várias comunidades judias da África do Norte, do Mediterrâneo Oriental, da Itália e da Europa Ocidental.

Entretanto, os judeus que os haviam antecedido na Europa Ocidental, em vagas de migrações sucessivas, tinham conhecido por êxitos e derrotas no curso de sua história. Na Roma cristã, um período de provações e perseguições se seguiu à tolerância e à prosperidade de que haviam gozado durante o período pagão do império romano. A situação voltou a ser mais favorável no período carolíngio, mas ela fôra fortemente abalada durante o período de tensão religiosa cujo símbolo ainda são as Cruzadas. Como em outros episódios análogos, a deterioração das relações teve por causa fundamental um con-

157

junto de fatôres dos quais o menos importante não foi a situação econômica a que os judeus haviam sido inexoràvelmente impelidos por uma legislação restritiva que limitava o número de ocupações que podiam exercer. Além disso, o aparecimento do feudalismo obrigara muitos dêles a abandonar os projetos agrários que haviam empreendido.

O jôgo combinado dos fatôres sociais, econômicos e históricos teve finalmente como conseqüência, nos séculos XII e XIII, a extirpação mais uma vez das antigas comunidades judias. Muitas dessas comunidades começaram a deslocar-se para o leste, à medida que a Hungria, a Polônia, a Lituânia e a Ucrânia saíam pouco a pouco de sua longa obscuridade e assumiam importância aos olhos dos colonos judeus. Nesses países, como na Rússia, êsses imigrantes encontraram outra corrente de migração judia oriunda dos Balcãs e de outras partes do império bizantino, bem como da Criméia.

Os judeus desta última região formavam, segundo parece, uma população mesclada, proveniente de colônias cuja origem se perde na antiguidade e de judeus vindos mais recentemente do antigo reino dos Casares. Entre o Cáspio e o Mar Negro, do Volga ao Dniéper, esta região da Rússia Meridional fôra invadida e conquistada por um povo asiático aparentado com os turcos. No século VIII, os dirigentes e a nobreza haviam adotado o judaísmo em sua forma caraíta [24]. A conversão não se tornara obrigatória, mas grande parte da população seguira o exemplo de seus dirigentes e, quando o reino foi destruído, em 1240 d.C., os Casares se juntaram a seus correligionários do império bizantino. Alguns dêsses grupos mistos se voltaram para o norte e encontraram judeus europeus que emigravam para o leste; outros permaneceram na Rússia Meridional.

No início dos tempos modernos, os judeus estavam concentrados na Europa. Seus antigos centros do Oriente Próximo e da África do Norte estavam estagnados ou em pleno declínio. Entre suas comunidades européias, as das regiões ocidentais eram relativamente pouco numerosas, se bem que fôssem prósperas e tivessem feito sensíveis progressos no campo da integração cultural com o país em que se fixaram. À medida que assim se secularizavam cada vez mais, tendiam a desagregar-se, devido aos casamentos mistos e às conversões ao cristianismo. As comunidades mais numerosas eram então as da Europa

(24) Influenciado por um espírito análogo ao de certas seitas cristãs posteriores, o caraísmo considerava que a ortodoxia judaica era deformada por elementos acrescentados, e reivindicava um retôrno às Escrituras na qual cada um devia diretamente inspirar-se, sem o auxílio de interpretações rabínicas.

158

Oriental — Polônia, províncias bálticas, Rússia e Balcãs. Havia igualmente colônias menos importantes na Europa Central, especialmente na Alemanha, Boêmia, Hungria e na Áustria. As correntes econômicas, políticas e culturais — e, finalmente, históricas — haviam-se combinado para concentrar nessa região da Europa uma fração importante da população judia do mundo. Êsses judeus eram os aschkenazis, diferentes dos sefaradis, que anteriormente haviam criado uma tradição local na Espanha. Tornaram-se os principais guardiães da tradição judia que, durante os longos anos da Diáspora, fôra depositada, em épocas diferentes, na Babilônia, em Alexandria e na Espanha.

Falando o ídiche, forma dialetal do alemão que haviam trazido consigo de seus estabelecimentos anteriores nos países de língua alemã, marcados por costumes que terminaram por se estabilizar em suas comunidades isoladas, êsses judeus principalmente é que se tornaram familiares a uma grande parte do mundo ocidental nos tempos modernos, pois foi dessas regiões que partiram as grandes migrações judias que redistribuíram uma vez mais essas populações em nossa época. É certo que até o século XVI judeus sefaradis se haviam unido a comunidades mais antigas, nos Países-Baixos, na Inglaterra, na França e em outros países da Europa. Na mesma época, alguns chegaram igualmente ao Nôvo Mundo, tanto na América do Sul como nos Estados Unidos. Mas, em síntese, as últimas grandes migrações de populações judias para o Nôvo Mundo e para a Europa Ocidental se verificaram durante a segunda metade do século XIX e a primeira metade do século XX. Iniciado em meados do século XIX por uma migração pouco importante vinda da Alemanha, que se estendeu para o oeste e transpôs o Atlântico, principalmente por razões econômicas e políticas, êsse deslocamento tomou amplitude no espaço de uma geração, quando os judeus dos países situados mais a leste começaram a aí se agregar. Com efeito, no século XIX, os judeus da Rússia e dos territórios poloneses conheceram um tal estado de miséria e opressão que o resto do mundo ficou, com razão, horrorizado. As opressões econômicas haviam reduzido a grande massa da população judia a uma pobreza medonha, seu crescimento demográfico era demasiado pesado para seus recursos limitados, e suas comunidades indefesas sofriam periòdicamente investidas mortíferas. Por isso, quando a revolução industrial no Ocidente e a expansão econômica sem par do Nôvo Mundo, e particularmente dos Estados Unidos, deram aos imigrantes a possibilidade não só de serem admitidos nesses países mas também de aí encontrarem oportunidades, os judeus da Europa responderam a êste apêlo, sedentos que estavam da liberdade que êsses países lhes ofereciam. Estabeleceram-se principalmente nos Estados Unidos, porém grupos consideráveis se fixaram também na Inglaterra e nas diversas colônias inglêsas. A própria Alemanha tornou-se um país de imigração, quando seu desenvolvimento industrial se ampliou, no fim do século XIX e início do XX.

Se considerarmos o afluxo atual em direção a Israel como um movimento de retôrno ao país de origem, será preciso ver na fuga dos judeus da Alemanha e da Áustria sob o domínio de Hitler a última fase importante da Diáspora. Se bem que numerosos judeus alemães e um número ainda mais elevado de judeus poloneses tivessem sido pura e simplesmente massacrados, alguns conseguiram escapar. Em comparação com as migrações judias da última parte do século XIX e do início do século XX, êste movimento foi insignificante. Todavia, a despeito de sua pouca importância numérica, essa migração foi prenhe de conseqüências, porque incluía uma proporção elevada de espíritos eminentes em todos os ramos da atividade intelectual e dizia respeito a numerosos países.

Êste resumo da odisséia do povo judeu poderia fazer crer que, apesar de suas peregrinações, êste povo judeu superou tôdas suas provações e permaneceu mais ou menos intato do ponto de vista étnico. Na verdade, a opinião mais difundida é a de que as comunidades judias permaneceram imutáveis através das idades, retendo firmemente seus membros por laços religiosos, ou então que, quando foram levadas ao exílio, ganharam posições mais favoráveis, onde continuaram sua existência. Isso é verdade sòmente em parte. De fato, como uma generalização tão simples poderia abarcar as diferentes sortes de um tão grande número de comunidades distintas, colocadas em condições tão variadas? Ainda que haja uma certa coerência em tudo isso, esta não pode repousar num esquema simples ou único, válido para milhares e milhares de colônias, em dezenas de países e durante mais de vinte séculos.

Um dos aspectos da Diáspora cuja importância se ignora freqüentemente é a desagregação das comunidades judias, devido à assimilação religiosa e cultural. Afora as perdas numéricas provocadas, tanto entre os judeus como no conjunto da população, pelo prolongado declínio econômico que se seguiu à queda do império romano, as comunidades judias igualmente perderam membros durante períodos de prosperidade geral. Por exemplo, a

160

comunidade italiana, se bem que de implantação antiga, não pôde acompanhar o ritmo de crescimento do resto da população. Continuou pouco numerosa, devido às perdas causadas pela aculturação e pelo abandono dos liames com o judaísmo. Do mesmo modo, muitas das antigas comunidades judias da França desapareceram enquanto tais, sem que aí houvesse perseguições. Na Alemanha, no século XIX, os casamentos entre judeus e cristãos tinham atingido proporções que ameaçavam reduzir consideràvelmente as antigas comunidades. Na Inglaterra, igualmente, a tendência dos judeus da classe superior a adotar o cristianismo e a se casar fora da fé levou um número muito elevado de famílias antigas a abandonar o judaísmo. Mesmo nos Estados Unidos, o grupo relativamente importante de judeus estabelecidos em Filadélfia na época colonial pràticamente desapareceu por absorção no seio do resto da população. Embora não se disponha de tantos documentos escritos a êsse respeito para os países não-europeus, sobretudo em épocas antigas, é evidente que semelhante fenômeno se verificou igualmente nos países muçulmanos em que os judeus estavam por vêzes bastante assimilados à civilização árabe. Êsses são casos de assimilação voluntária. Totalmente eficazes foram também as conversões forçadas, como acontece na Espanha, onde um grupo de efetivo desconhecido, mas aparentemente não desprezível, perdeu-se para o judaísmo.

Esta assimilação dos judeus não nos deve surpreender. Não se poderia esperar outra coisa da parte de famílias que há muito se fixaram num país, falando sua língua, partilhando sua cultura e considerando-se autóctones, pelo fato de sua longa permanência. As pressões sutis exercidas então em favor do abandono do judaísmo, bem como as desvantagens imprevisíveis a que um grupo minoritário está exposto, são poderosos fatôres de assimilação.

Se se tivessem produzido ao acaso, entre uma população homogênea, essas perdas talvez tivessem tido uma importância limitada do ponto de vista biológico. Entretanto, como iremos ver, certos indícios permitem pensar que a população judia dispersa não era homogênea. Conseqüentemente, essas perdas exerceram uma influência nas distribuições dos genes que destacamos atualmente entre os diferentes grupos judeus.

A questão que se coloca inevitàvelmente a propósito da extraordinária história de tôda a Diáspora já foi mencionada no início da presente seção. Se os grupos isolados de população tendem geralmente a fundir-se na

161

população do país em que se estabelecem, por que os judeus conseguiram sobreviver, mesmo que apenas parcialmente, depois de dois mil e quinhentos anos de dispersão? A resposta é por demais complexa para que a possamos dar aqui de forma pormenorizada. Mas, já que a continuidade do povo judeu constitui parte integrante de sua história biológica, oferecerei uma breve interpretação dessa história.

Costuma-se dizer que a religião desempenhou o papel determinante no caso. Não cabem dúvidas de que foi um elemento extremamente importante; sem menosprezar sua influência, convém entretanto conceder o lugar que merecem a outros fatôres, notadamente aos fatôres culturais. Para apreender claramente êste ponto, é preciso entender bem a natureza da adesão ao judaísmo. O judaísmo não passa de um sistema religioso que regula as relações espirituais do homem com Deus. Êle prescreve também normas de conduta para com o próximo, assim como em relação ao meio natural. Êsse sistema de crenças abrange todos os aspectos da vida cotidiana. As regras dietéticas relativas aos gêneros e às categorias de alimentos são apenas as mais conhecidas, mas existem regras análogas para os outros tipos de comportamento. O judaísmo não é sem dúvida a única religião que possui um conteúdo ético. O cristianismo igualmente o tem, mas está longe de possuir a mesma extensão, a mesma onipresença. O islamismo, a êsse respeito, estaria muito mais próximo do judaísmo. Neste, os elementos culturais, éticos e espirituais se imbricam tão estreitamente que um judeu ortodoxo que pratica fielmente sua religião se conforma *ipso facto* a uma norma cultural. Assim, uma comunidade judia estabelecida entre os gentios se distingue não só pelas práticas religiosas, mas também pelo comportamento cultural. O judeu observa o *schabat*, deve aplicar métodos especiais para o preparo da alimentação e, quanto ao resto, organiza sua existência e determina seu sistema de valores de maneira nìtidamente distinta. Para satisfazer mais fàcilmente a essas exigências, êle muitas vêzes prefere viver com os outros judeus. Tudo isso conferiu às comunidades judias um certo caráter de isolamento e lhes suscitou um dos seus mais sérios problemas: Como manter suas tradições participando da vida geral do país? Com efeito, elas correram o risco, quando destacaram êsse último ponto, de ver fundirem-se seus efetivos e, quando insistiram no estrito respeito à tradição, correram o risco de afastar seus vizinhos não-judeus.

Durante o período pagão da Diáspora e, conseqüentemente, nos períodos menos intolerantes, foi êste aspecto cultural do judaísmo que provocou a segregação das colônias judias e designou-as como alvo à perseguição, cada vez que as tensões sociais tinham necessidade de libertar-se de uma forma ou de outra. A própria religião, qualquer que tenha sido a atitude dos judeus a êsse respeito, era curiosamente ambivalente em Roma e na Babilônia, por exemplo. Embora fôssem diferentes entre si por suas divindades e ritos, as religiões pagãs tinham em comum o fato de serem notàvelmente abertas. Os gregos, romanos e egípcios, bem como outros pagãos, faziam livremente empréstimos recíprocos. E um pagão podia seguir as práticas religiosas da nação em que se encontrava, sem ter o sentimento de infringir alguma prescrição sagrada.

Ao mesmo tempo, o chefe de Estado personificava o poder político e a religião, de sorte que a recusa a submeter-se ao culto do rei ou do imperador divinizado podia ser vista como a rejeição de sua própria autoridade política.

Entretanto, os judeus foram, num mundo pagão, o primeiro povo a elaborar uma religião monoteísta que proibia expressamente, por abominação e pecado, a adoração de outros deuses e a prática de ritos estranhos. Era-lhes prescrito manter a pureza de sua fé. Todo desvio da ortodoxia e qualquer empréstimo a crenças estranhas eram considerados como um abandono do judaísmo. Seus contemporâneos viam nesse rigor extraordinário e nessa recusa em aceitar outros deuses uma atitude estranha e altiva, quase um sinal de má vontade. Em nossa época, quando outras religiões monoteístas impõem a seus fiéis um apêgo semelhante às suas crenças, esta atitude é admitida e respeitada. Mas os romanos, particularmente, que não haviam encontrado em nenhuma parte uma tal resistência a seu panteão oficial, ficaram estupefatos, perplexos e irritados diante de tal atitude. E assim, quando tomaram medidas para proibir as práticas religiosas judias, foi menos por razões religiosas do que por motivos de ordem política.

Em conseqüência, todavia, durante o período cristão, em épocas de fé muito viva, a própria religião desempenhou sem dúvida um papel mais importante nas perseguições e violências contra os judeus. Contudo, mesmo nessa época, os fatôres culturais e econômicos exerceram uma influência profunda.

Assim, porque a prática de sua religião os conduzia inevitàvelmente a criar em cada país uma cultura à parte, os judeus ficaram expostos à suspeita que qualquer diferença cultural suscita, sobretudo nas sociedades que não

163

atingiram sua maturidade. Essa desconfiança, quando era combinada com fatôres econômicos ou religiosos nascidos dos acontecimentos históricos, terminou muitas vêzes em medidas de repressão. Mas a perseguição tende a engendrar uma resistência correspondente e a suscitar, no espírito das suas vítimas, uma vontáde ardente de continuar fiéis a seus princípios. Foi por isso que as comunidades judias muitas vêzes se desintegraram num meio favorável e tolerante, ao passo que cerraram fileiras ao se chocarem com fôrças hostis.

A sobrevivência do judaísmo se deve igualmente a outros fatôres, freqüentemente descurados: a ausência de organização religiosa hierárquica e fortemente centralizada; a dispersão dos judeus em países tão numerosos e tão diversos, tanto na Ásia como na Europa. Se o judaísmo tivesse sido organizado como uma religião mundial, com uma autoridade central como o papado, e uma estreita rêde de órgãos administrativos e diretivos, qualquer destruição do seu centro vital teria provàvelmente deixado as comunidades desamparadas e prontas a se desintegrarem. A fôrça do judaísmo residiu em sua extrema flexibilidade diante das catástrofes. Cada congregação era pràticamente independente, baseada na autoridade da Torá, da Mischná e de outros livros sagrados. Em conseqüência, a destruição de uma congregação não acarretava necessàriamente o desmoronamento das outras.

A dispersão dos judeus por numerosos países e em contato com múltiplas civilizações diferentes constituiu igualmente uma espécie de segurança. Quando a situação dos judeus era particularmente precária num país — por exemplo, a Espanha visigótica — era favorável noutra parte. E, quando os judeus da Europa Ocidental tinham dificuldade em manter-se ou estavam em plena decadência, os da Europa Oriental multiplicavam-se e estavam em condições de compensar as perdas dos primeiros.

O Final dos Tempos

Durante cêrca de dois mil anos, os judeus constituíram uma estranha anomalia: um povo que mantinha sua identidade, embora estivesse fragmentado em grupos distintos e muitas vêzes isolados, entre os quais as relações eram, na melhor das hipóteses, intermitentes, e às vêzes totalmente interrompidas. Esta situação era tanto mais excepcional quanto, no resto do mundo, predominavam cada vez mais os Estados muito centralizados e as entidades nacionais plenamente organizadas. Entretanto, se olhamos apenas do ponto de vista da dispersão geográfica, parece que o processo de emigração começou mais cedo entre os judeus do que no caso de diversos outros povos, mas não foi diferente. Assim, os chineses estabeleceram centros comerciais em todo o sudeste asiático e nas ilhas vizinhas; indianos se fixaram na península malásia, na Indonésia e até nas ilhas Fidji; os árabes fundaram feitorias comerciais na África Oriental e em outras regiões, no contôrno do Oceano Índico; finalmente os Estados europeus semearam suas colônias pelo mundo inteiro. Se as migrações dos judeus se distinguem dessas formas de expansão que nada têm de incomum é porque seu povo era o único que havia perdido seu centro permanente, sua mãe-pátria. O equivalente de tal situação seria, por exemplo, que a Grã-Bretanha deixasse de ser um Estado britânico e que todos os seus domínios e colônias, bem como os povos de origem britânica, tivessem por liame apenas uma língua comum e uma tradição respeitada. Talvez fôsse melhor, aliás, tomar como exemplo as colônias chinesas, árabes ou indianas, porque elas constituem no mais das vêzes grupos restritos vivendo no meio de indígenas muito mais numerosos, enquanto muitas colônias britânicas têm uma população quase que exclusivamente britânica. Como já sublinhamos, a sobrevivência de certas comunidades judias resulta do jôgo de um conjunto complexo de fatôres culturais, sociais, econômicos e religiosos. Mas, tendo conseguido sobreviver, essas comunidades tiveram por liame principal seu apêgo à Torá e às prescrições judaicas contidas na Mischná.

O conhecimento de sua origem comum e o sentimento de pertencer a uma tradição distinta deu aos grupos judeus disseminados pelo mundo um sentimento de sua unidade que disfarçou as diferenças surgidas entre êles — diferenças em parte culturais, mas também genéticas e, por extensão, raciais.

Com efeito, a despeito de sua comunidade de origem, as diversas colônias judias falavam a língua do país em que estavam estabelecidas; adotavam as vestimentas e os modos de comportamento da população local, e sofriam a influência das idéias e dos valores com que entravam em contato. Desta maneira, pelo processo natural da assimilação cultural e por uma adaptação mais ou menos forçada, cada grupo adquiria um conjunto de caracteres que o distinguiam dos outros e o isolamento seria apenas para acentuá-los. Essa evolução não era incompatível com a manutenção de uma espécie de subcultura ou de *status* de minoria que apresentava, convém lembrá-lo, tôda uma gama de formas, desde as menos apa-

165

rentes até as claramente reconhecíveis.. O fato de pertencer a um certo grupo não impede necessàriamente — e automàticamente não impediu na prática — de se produzir a assimilação no domínio cultural onde o grupo não adotou de antemão normas particulares. A integração pode mesmo resultar numa fusão quase total com a cultura dominante. E em nenhum caso uma comunidade em tal situação pode escapar completamente à influência sutil e profunda do país que se tornou o seu.

É verdade que o aparecimento de uma diversidade cultural não ocasiona forçosamente modificações biológicas correspondentes. Cabe todavia perguntar-se se alguns dos fatôres que exerceram uma influência determinante no plano cultural não podem igualmente ter tido uma influência de ordem biológica. Proponho-me pois examinar agora as conseqüências biológicas que resultaram, para o povo judeu, da situação especial em que se encontrou durante inúmeros séculos: a de uma população muito fragmentada, vivendo nos mais variados meios culturais e geográficos e submetida à ação dos múltiplos fatôres de seleção que os acontecimentos de sua história puderam trazer à cena.

Para quem conhece seu passado, parece estranho que os judeus sejam muitas vêzes considerados uma raça distinta, e que se envidem tantos esforços para prová-lo. Mesmo que não dispuséssemos de outros documentos, seus próprios escritos seriam suficientes para provar que, durante sua permanência na Palestina, haviam assimilado elementos provenientes de todos os grupos tribais ou étnicos que penetraram nesse país, realizando assim uma espécie de síntese das populações vizinhas. Sendo a Palestina um pequeno país onde todos os lugares são fàcilmente acessíveis, é bastante improvável que tenham podido aparecer diferenciações locais significativas no seio da sua população. Uma tal evolução biológica só é verossímil nos casos em que a história demográfica variou em proporções consideráveis de uma região para outra, e onde as diferenças assim criadas se conservaram em conseqüência do isolamento geográfico ou cultural da população — ou ainda quando as condições mesológicas foram suficientemente dessemelhantes para tender a diversificar a população. Mas na Palestina nada favorecia êsse tipo de regionalismo; pode-se pois racionalmente concluir, mesmo na ausência de provas exteriores, que os judeus, a despeito de sua diversidade, eram muito semelhantes de uma extremidade à outra do país.

A Diáspora teve como conseqüência a divisão dessa população por um imenso território, em grupos relativamente restritos (salvo algumas notáveis exceções). O isolamento das diversas frações do povo judeu era desde então a norma. Todo caráter biológico que surgisse num dêsses grupos já não era pois necessàriamente transmitido aos outros pelas trocas de genes, como teria acontecido se tivessem continuado a viver próximos uns dos outros. É vendade que certos grupos separados durante algum tempo reuniram-se mais tarde e, em caso semelhante, tôda diferença genética era naturalmente eliminada pelo processo de casamentos mistos. Foi, porém, demonstrado que em nenhum momento se conseguiu reunir a totalidade das colônias judias. Os fatôres geográficos isolaram mais ou menos completamente as comunidades estabelecidas em diversas regiões. Assim, as comunidades da África do Norte se tornaram ora mais, ora menos numerosas, mas nunca tiveram o menor contato com as colônias estabelecidas de há muito no Cáucaso, por exemplo; do mesmo modo, as comunidades européias não tinham relações com as da África do Norte ou do Oriente Próximo e do Oriente Médio; e, naturalmente, as colônias ainda mais afastadas, fixadas na Arábia, na Etiópia, na Índia e até segundo certos autores na China, estavam isoladas de tôdas as outras.

O isolamento não suscita necessàriamente diferenças: mas preserva aquelas que já foram provocadas por mutações ou transformações genéticas, ou então por casamento com um povo vizinho. Porque, se as colônias judias estavam separadas umas das outras, não o estavam das populações entre as quais viviam.

A questão formulada toma, portanto, a seguinte forma: Que indícios nos fornece o estudo das populações judias existentes, para determinar se constituem ou não uma raça? Já que utilizo aqui o conceito de raça na sua acepção biológica, parece-me necessário precisar-lhe o alcance, tanto mais quanto êle dá margem a muitas confusões.

Se bem que um Churchill, por exemplo, possa produzir grande efeito ao falar da "raça inglêsa", onde por razões de ordem literária a expressão "povo inglês" não era conveniente, muitíssimos autores — e infelizmente também muitíssimos leitores — não fazem uma distinção clara entre o sentido biológico e o literário do têrmo. Menciona-se, pois, constantemente a raça francesa, italiana ou espanhola, a raça semítica ou ariana, a raça anglosaxônica — como se a nacionalidade, língua ou a cultura fôssem critérios sôbre os quais se pudesse basear a classificação das raças. De fato, nenhum dêsses caracteres pode servir para dividir a humanidade em grupos raciais

167

do ponto de vista biológico, uma vez que dependem do local de residência ou da educação recebida, e não são diretamente o resultado de processos genéticos. Ora, o conceito zoológico de raça repousa, em primeiro lugar, na herança física de caracteres anatômicos ou fisiológicos; os caracteres adquiridos não podem ser levados em consideração.

Na classificação zoológica, a raça é uma subdivisão da espécie. E, como esta subdivisão é quase a última que os zoólogos podem delimitar com alguma precisão, os critérios mantidos são necessàriamente os mais superficiais que se podem aplicar em matéria de classificação zoológica. Dizem respeito a variações menores, e não às variações mais fundamentais que permitem distinguir as categorias mais amplas tais como o gênero, a ordem etc. Além disso, como as diferenças raciais só podem aparecer quando a espécie se constituir, elas remontam a um estágio mais ou menos recente da história de um organismo. Por exemplo, os traços utilizados mais comumente para distinguir as raças entre os vertebrados superiores são elementos tais como a côr da pele ou das penas, os tipos de pigmentação, as variações de estatura ou de proporções, a forma do pêlo ou da pele. Levam-se em consideração também fenômenos esporádicos e particulares, verdadeiramente singulares.

Muitos ignoram que a tendência de uma espécie a dividir-se em raças é um fator indissolùvelmente ligado à evolução. As raças, como a própria evolução, só podem existir pelo fato de que todos os organismos têm uma tendência fundamental a variar. Parafraseando um axioma formulado pelos físicos, poder-se-ia dizer que a natureza abomina a uniformidade absoluta. A modificação das formas existentes é o fundamento da evolução, assim como da diferenciação racial. E nem uma nem outra seriam possíveis, se não houvesse variações entre os organismos que compõem uma população.

As variações significativas nesses dois pontos são as que resultam de causas genéticas, das quais a mais bem conhecida — e talvez a mais importante — é a mutação dos genes que determinam os caracteres hereditários. É porque o meio efetua uma seleção entre essas variações que a evolução se opera e as raças se diferenciam.

Se uma espécie ocupa uma área estreitamente limitada num meio uniforme e se cruza livremente, há pouquíssimas probabilidades de surgirem subespécies ou uma diferenciação racial, pois tôda variação genética que se produz no seio da população é então submetida à ação de um agente de seleção uniforme, de modo que cada seção se modifica da mesma maneira que tôdas as outras. Além disso, se os membros da população podem cruzar-se livremente, tôda mudança genética logo se estenderá ao conjunto do grupo. Ao contrário, uma espécie que se disseminou por um vasto território, englobando grupos que vivem isolados entre si em ambientes muito diferentes, está colocada nas mais favoráveis condições durante o aparecimento de subespécies ou de raças. Em tais casos, as variações genéticas normais devidas às mutações serão submetidas a fatôres de seleção diferentes nos diversos meios e as diferenças genéticas acumuladas se limitarão a certos grupos de população, pois, sendo impossíveis os cruzamentos entre êles, não haverá mudanças de genes.

A constituição genética do homem, tal como a dos outros organismos, tende a variar; e essas variações são, por sua vez, submetidas a uma seleção que age em sentidos diferentes segundo o meio circundante. A medida pela qual as adaptações resultantes dêsse processo se cristalizam a fim de formar subdivisões raciais depende, em primeiro lugar — mais talvez não inteiramente — da medida pela qual o isolamento assegura a conservação dos caracteres específicos cuja combinação dá origem a cada raça.

O fenômeno racial nada tem de estático: ao contrário, ressalta claramente do que precede ter êle um caráter extremamente dinâmico. Extrai sua origem de mudança, e continua constantemente sujeito à mudança — não apenas porque as tendências que levaram às primeiras fases da diferenciação racial continuam a manifestar-se, mas também em conseqüência dos contatos estabelecidos entre os diferentes grupos à medida que se formam. Porque, se nos grupos animais de tempos em tempos ocorrem casos de isolamento total, é relativamente raro nos grupos humanos e, de qualquer maneira, não dura na prática muito tempo para que possa ter eficácia. Os contatos e os cruzamentos eliminam as distinções raciais ou, pelo menos, criam tipos intermediários e de transição. A classificação das raças, que é uma abstração cômoda, nunca coincide portanto perfeitamente com a realidade; e êsse fato é a fonte de muitos dos erros cometidos acêrca do problema racial tal como se apresenta no que concerne à espécie humana, isto é, sob uma forma particularmente complexa.

Com efeito, de todos os animais superiores, o homem está excepcionalmente apto a passar de um ambiente a outro, porque, ao adquirir uma cultura, tornou-se capaz de adaptar-se ràpidamente a um nôvo ambiente por meios extraorgânicos — o que lhe dá uma considerável liberdade de movimento no plano geográfico. Por isso, a história e a aiqueologia testemunham que a população humana efetuou incessantes deslocamentos. Até época recente, os grupos geogràficamente muito afastados não tinham condições de exercer uma influência imediata entre si, mas os grupos mais próximos não cessaram de ter contatos mais ou menos diretos, através das migrações, das guerras, das trocas comerciais etc. Tôdas essas relações e misturas criaram, entre populações vizinhas ou muito pouco afastadas, uma rêde extremamente complexa de liames, que ocultaram as diferenças raciais em estágios diversos de seu surgimento. Por isso é que, se as grandes divisões da humanidade são assaz claras graças às distâncias geográficas, os limites traçados entre as subdivisões carecem muitas vêzes de precisão.

Um último ponto que convém lembrar é o êrro corrente segundo o qual existiriam raças puras. As descrições clássicas das diferentes raças e as obras dos primeiros antropólogos criaram a impressão de que as raças são ou deveriam ser uniformes. Ora, já vimos que, em conseqüência dos casamentos mistos, quase todos os grupos humanos representam amálgamas diversos de variedades locais. Aliás, mesmo que uma entidade racial tenha sido, desde a origem, completamente preservada de tôda contaminação genética, a ciência genética nos ensina que se teriam produzido, inevitàvelmente, variações no seu seio, em razão do processo de mutação a que tôda população está submetida, esteja isolada ou não. Em outros têrmos, a uniformidade racial jamais existiu e, para que se torne concebível, seria necessário impô-la artificialmente graças a uma regulamentação rigorosa de que não existe precedente na história da humanidade.

Essas considerações gerais poderiam fazer pensar que a raça é uma coisa ao mesmo tempo real e inapreensível. De fato, isso está muito longe da verdade. Permanece que a raça é a expressão biológica fundamental da interação das variações genéticas e dos fatôres seletivos do meio. O trabalho de classificação tornou-se difícil porque os resultados dêsse processo são às vêzes disfarçados pelos cruzamentos e pelas trocas de genes, mas isso não diminui em nada a importância das realidades biológicas.

Os meios empregados pelos especialistas para determinar os parentescos e as relações entre diversas populações são fundamentalmente semelhantes aos utilizados pelos zoólogos: trata-se de um método comparativo, baseado no estudo de caracteres morfológicos que, segundo a experiência adquirida, parecem permitir a diferenciação entre um e outro grupo. No caso dos grupos humanos,

170

os principais critérios usados são a pigmentação da pele, dos cabelos e dos olhos, a forma dos cabelos e dos olhos, o modelado dos lábios e do nariz, as dimensões e o tamanho relativo das diversas partes da cabeça, da face, do corpo etc. A identidade ou a similitude dêsses caracteres em dois grupos é considerada como o sinal de um estreito parentesco racial, sendo que a diversidade ou a diferença indica o inverso. Com sérias reservas no que concerne a alguns traços acima mencionados, admite-se que a natureza dêsses caracteres, tais como aparecem nos homens vivos ou nos esqueletos, é essencialmente determinada pelo patrimônio genético, e qualquer desvio deve ser atribuído a diferenças genéticas correspondentes.

Há algum tempo, baseamo-nos igualmente nos grupos sangüíneos, nas impressões digitais e em outros caracteres para estabelecer os parentescos raciais ou genéticos. Os grupos sangüíneos em particular tornam possível, ao que parece, uma classificação mais precisa, objetiva e estreitamente genética, já que se pode determinar a freqüência exata dos genes correspondentes aos diversos grupos sangüíneos numa dada população. Além disso, julga-se que os grupos sangüíneos escapam à influência do meio.

Quando examinamos os caracteres morfológicos de diversas comunidades judias atuais, com o fim de reconstituir tanto quanto possível sua história biológica, surgem vários fatos significativos. Em primeiro lugar, essas populações não são idênticas do ponto de vista dos critérios raciais clássicos. Todavia, se tôdas elas pertenciam, como muitas vêzes se afirmou, a uma raça judia distinta, elas deveriam, tendo em conta flutuações inerentes ao método de amostragem, ser mais ou menos semelhantes nesses diferentes pontos. No Quadro 1 acima, reuni indicações extraídas de alguns dos mais recentes e mais sérios estudos, que evidenciam essas dessemelhanças. A variação mais acentuada do índice cefálico é particularmente surpreendente. O grupo judeu do Mzab que vive em Gardaia, no Saara, tem um índice médio de 72,00 — cifra próxima da menor que jamais se registrou numa população qualquer, conforme observações feitas em pessoas vivas — enquanto que os judeus da Galícia se situam no limite extremo da braquicefalia, com uma média de 83,40. Êsse número é aliás ultrapassado nas antigas comunidades judias do Cáucaso (que não figuram neste quadro), com média de 85 e até mais. No que concerne à estatura, os grupos aqui considerados se escalonam de 162,8 cm a 171,7 cm, ou seja, uma diferença de quase 9 cm. Da mesma forma, as variações das dimensões do crânio e de diferentes partes da face são bastante consideráveis. Exis-

QUADRO I
Comparação entre diversos grupos judeus (homens)

	Mzab[1]	Marrocos[1]	Espanhol[2]	Síria[3]	Iraque[4]	Polônia[5]	Galícia[5]	Báltico[5]	Alemanha[6]	Europa Oriental[7]
Altura (cm)	166,1	164,90	165,90	165,80	164,50	163,60	162,80	164,90	—	171,70
Envergadura (cm)	171,6	—	172,00	—	—	—	—	—	—	177,30
Envergadura relativa	103,30	—	103,50	—	—	—	—	—	—	103,30
Altura sentado (cm)	88,60	—	—	—	87,25	—	—	—	—	89,70
Altura relativa sentado	53,40	—	—	—	53,24	—	—	—	—	52,20
Largura dos ombros (cm)	37,00	—	37,5	—	—	—	—	—	—	39,10
Largura dos ombros relativa	22,20	—	22,60	—	—	—	—	—	—	22,80
Comprimento da cabeça (cm)	195,50	188,20	189,10	183,00	181,05	188,00	166,60	191,90	188,00	193,00
Largura da cabeça (mm)	140,70	141,70	147,60	148,00	148,20	156,20	155,60	155,20	152,00	81,40
Índice cefálico	72,00	75,00	78,10	80,90	82,05	83,20	83,40	80,90	80,80	128,00
Altura da cabeça (mm)	124,90	127,40	123,10	—	—	—	—	—	—	66,40
Índice de comprimento-altura	63,90	67,70	65,10	—	—	—	—	—	—	81,50
Índice de largura-altura	88,80	89,90	83,50	—	—	—	—	—	—	107,30
Frontal (mínimo) (mm)	105,80	110,50	—	—	113,46	—	—	—	—	68,40
Fronto-parietal	75,40	78,00	—	—	76,48	—	—	—	—	141,30
Diâmetro bizigomático (mm)	132,90	132,40	135,70	136,00	137,55	140,00	139,00	141,60	—	90,00
Céfalo-facial	94,50	93,40	—	—	—	—	—	—	—	—
Índice zigo-frontal	79,60	83,50	—	—	82,74	—	—	—	—	104,80
Bigonial (mm)	105,40	—	104,70	—	107,06	104,80	104,60	107,40	—	—
Índice zigo-gonial	79,30	—	—	—	79,33	74,90	75,30	75,90	—	120,30
Altura da face (mm)	123,40	125,20	121,40	126,00	123,70	—	—	—	—	85,70
Índice facial	93,00	94,00	89,50	92,60	90,00	—	—	—	—	—
Altura da parte superior da face (mm)	74,00	—	—	—	72,85	—	—	—	—	—
Índice facial superior	55,70	—	—	56,00	52,91	—	—	—	—	57,70
Altura do nariz (mm)	55,80	58,00	58,20	56,00	54,98	—	—	—	—	35,90
Largura do nariz (mm)	37,60	34,00	35,60	33,00	33,89	—	—	—	—	62,30
Índice nasal	68,10	64,70	61,50	58,90	62,78	—	—	—	—	—

1. L. Cabot Briggs. *The living races of the Sahara desert* (*Papers* Peabody Museum, Harvard University, vol. 28, nº 2, 1958).
2. F. Wagenseil. "Beitrage zur physischen Anthropologie der Spaniolischen Juden", *Zt. Morph. u. Anthrop.*, vol. 3, 1925.
3. J. Weissenberg. "Die Syrischen Juden anthropologisch betrachtet". *Zt. Ethnol.*, vol. 43, 1911.
4. Henry Field. *The anthropology of Iraq* (*Papers* Peabody Museum, Harvard University, vol. 46, nºs 2-3, 1952).
5. W. Dornfeldt. "Studien über Schaedelform und Schaedelveraenderung etc.", *Zt. Morph. u. Anthrop.*, vol. 39, 1941.
6. S. Weissenberg. "Anthropologie der Deutschen Juden", *Zt. Ethnol.*, vol. 44, 1912.
7. S. Weissenberg. "Beitrage zur Anthropologie der Ostjuden". *Zt. Morph. u. Anthrop.*, vol. 32, 1933.

tem também desvios importantes no que diz respeito às proporções do nariz, por exemplo, entre os judeus sírios e o modêlo saariano do Mzab.

É um pouco mais difícil comparar os mesmos grupos judeus do ponto de vista da pigmentação da pele, dos cabelos e dos olhos, assim como da forma dos cabelos e do nariz, por serem as normas de apreciação aqui menos objetivas que medidas diretas e por serem menos abundantes os dados disponíveis nesse campo. Entretanto, observam-se aí também disparidades importantes. Entre os judeus originários da Europa Oriental, tais como são representados na série de Saller, encontramos uma proporção relativamente grande de olhos claros, ao passo que, no grupo iraquiano, contamos menos de 2% de olhos azuis e 80% de olhos castanhos. É importante notar que os olhos azuis são relativamente freqüentes entre os judeus do Mzab, região onde esta côr é bastante rara. De fato, as populações antigas sintetizadas por Fishberg [25] mostram que a porcentagem de olhos azuis é muito alta entre os judeus europeus das regiões onde êsse traço é difundido.

QUADRO 2

Comparação entre diversos grupos judeus (homens).

	Mzab	Espanhóis	Sírios	Iraquianos	Europa Oriental
	%	%	%	%	%
Côr dos olhos					
Azul (claro)	11,10	6,40	10,00	1,80	14,00-20,00
Côres intermediárias	11,10	13,30	—	16,03	32,00-48,00
Castanho-claro	5,60 ⎱	80,30	25,00	—	—
Castanho	72,20 ⎰		65,00	80,19	48,00
Côr dos cabelos					
Ruivo	11,10 ⎫		—	—	—
Castanho-claro	2,80 ⎬	2,20	5,00	3,50	—
Loiro	— ⎭		—	—	—
Castanho	5,60 ⎫		—	—	—
Castanho-escuro e prêto	80,50 ⎬	97,80	95,00	96,50	—
Tipo dos cabelos					
Lisos	30,60	9,10	—	—	—
Ligeiramente ondulados	30,60	67,90	—	100,00	—
Com pequenas ondulações	—	0,80	—	—	—
Bem ondulados	27,70	19,10	—	—	—
Anelados	11,10	2,30	—	—	—
Encrespados	—	8,80	—	—	—

(25) M. Fishberg. *The Jews.* New York, 1911.

Os recentes dados relativos à côr dos cabelos são ainda mais escassos. Os resultados obtidos são bastante uniformes para os quatro grupos aqui representados, mas infelizmente nenhuma amostra européia figura entre êles. Se completarmos ainda nesse caso essas informações com a ajuda das que Fishberg nos fornece, constatamos que a proporção de indivíduos de cabelos claros atinge cêrca de 25% entre os judeus inglêses e 15 a 20% em diversos países da Europa Oriental.

O tipo dos cabelos não foi estudado de maneira tão freqüente quanto os outros caracteres mas, a êsse respeito, os três grupos para os quais dispomos de informações oferecem diferenças surpreendentes: a amostra do Mzab compreende 30% de indivíduos de cabelos lisos, enquanto que o grupo espanhol da Turquia conta sòmente com 9%, contra 68% de indivíduos de cabelos ligeiramente ondulados, e que, na amostra iraquiana, a proporção de pessoas de cabelos ligeiramente ondulados atinge, parece, 100% (ver Quadro 2).

Muitas pessoas consideram o chamado nariz "judeu" como um traço racial distinto. Sendo os judeus descendentes, na origem, de grupos considerados como de linhagem mediterrânea, e tendo assimilado muito cedo representantes de diversos tipos locais do Oriente Próximo, não é surpreendente ver entre êles narizes convexos e compridos, por ser esta uma forma muito comum entre as populações, nessa parte da bacia do Mediterrâneo. Ela também se encontra igualmente em graus diversos, em certos países europeus.

Entretanto, os dados disponíveis para as séries estudadas mostram que as variações são consideráveis, mesmo no que concerne a êsse traço "típico". Embora seja muito difícil fazer comparações entre as diversas amostras, pelo fato de não terem todos os observadores subdividido o perfil nasal da mesma maneira, é evidente, por exemplo, que os sírios são sensìvelmente diferentes, a êsse respeito, aos iraquianos. Pode-se pois sublinhar que a convexidade do nariz está longe de ser uma característica universal entre os judeus. Fishberg, que levou muito a sério os esforços desenvolvidos para demonstrar a existência de um "nariz judeu", reuniu uma abundante documentação estatística com vistas a refutar essa afirmação. De fato, nem sempre é fácil comparar entre si as observações referentes à forma do nariz. As apreciações dos diferentes observadores nem sempre coincidem; acontece que os elementos tomados em consideração para determinar a natureza do nariz não são os indicados; finalmente, seja como fôr, os números relativos à proporção dos judeus que têm o "na-

174

riz judeu" não têm valor, já que estamos muito mal informados sôbre a freqüência dêsse mesmo traço entre grupos não-judeus mais ou menos comparáveis (ver Quadro 3). Essas comparações, que dão uma idéia dos estudos bem mais vastos que se podem fazer nesse domínio, provam que as condições fundamentais que permitem afirmar que os judeus formam uma raça distinta não são completas, pelo menos segundo os critérios tradicionais da classificação racial mencionados acima. As diversas comunidades judias apresentam portanto diferenças muito marcantes

QUADRO 3

Perfil nasal entre os judeus (homens).

	Mzab	Espanhóis	Sírios	Iraquianos	Europa Oriental
	%	%	%	%	%
Côncavo	5,50	13,40	—	2,80	—
Reto	38,90	37,30	50,00	25,23	—
Sinuoso	11,10	—	—	1,87	—
Côncavo-convexo	2,80	—	—	4,67	—
Reto-convexo	25,00	—	—	—	—
Convexo	16,90	49,30	50,00	65,42	57,00

para serem consideradas como pertencentes a uma única raça. E, em todo caso, as variações individuais observadas no seio dessas populações são muitas vêzes tão acentuadas que parecem indicar um índice elevado de mestiçagem.

Há alguns anos, análise dos tipos sangüíneos ocupa um lugar de primeira plana nas pesquisas dedicadas às raças, e teve por objeto notadamente comunidades judias. Nos quadros anexos (Quadros 4 a 7), reuni cifras concernentes às amostras típicas de judeus da Europa Ocidental e Oriental, do Oriente Próximo e do Oriente Médio, da Arábia e da África do Norte. O Quadro 4 tratou dos grupos sangüíneos A, B e O: os desvios que revela são também quase tão sensíveis quanto os esperados ao estudar amostras de habitantes não-judeus dos mesmos países.

O grupo B é relativamente raro na Europa Ocidental (10% ou um pouco menos), porém freqüente na Ásia (30 a 40%, ou mais): destarte, êle constitui muitas vêzes um critério essencial quando se procede a comparações referentes a áreas geográficas extensas. Ora, nas amostras judias, a distribuição do grupo B é quase a mesma das outras amostras: rara entre os judeus da Europa Ocidental e freqüente na Ásia. Nas amostras de judeus alemães e holandeses, a porcentagem de B é comparável à

Comparação entre vários grupos judeus do ponto de vista da distribuição dos grupos sangüíneos A, B e O.

	Amostra	O	A	B	AB	Fonte
		%	%	%	%	
Países-Baixos	705	42,60	39,40	13,40	4,50	V. Herwerden
Berlim	230	42,10	41,10	11,90	4,90	Schiff e Ziegler
Tchecoslováquia	144	23,60	50,00	22,20	4,20	Schiff e Ziegler
Polônia	818	33,10	41,50	17,40	8,00	Halber e Mydlarski
Minsk	99	35,20	43,60	17,00	4,20	R. J. Raskina
Minsk	257	34,50	45,00	16,60	3,90	Rachowsky e Sukhotin
Romênia	211	26,10	38,80	19,80	15,30	Manuila
Romênia	1.135	38,20	39,00	17,50	5,30	P. e E. Jonesan
Ucrânia	384	28,00	42,30	23,50	6,20	Rubaschkin e Dörrman
Balcãs	500	38,80	33,00	23,30	5,00	Hirszfeld e Hirszfeld
Samarcanda	541	28,90	31,40	32,70	7,00	Libman
Samarcanda	616	32,30	29,20	35,50	7,90	Vishnevski
Irã	431	33,50	32,50	25,00	9,20	Younovitch
Irã	116	19,80	46,60	25,00	8,60	Milkikh e Gringot
Marrocos	642	36,90	35,90	19,90	7,30	M. Kossovitch
Iêmen	1.000	56,00	26,10	16,10	1,80	Younovitch

QUADRO 5

Porcentagem dos grupos sangüíneos MN entre os judeus.

	M	MN	N	Fonte
Iêmen	57,00	37,20	5,80	Brzezinski *et al.*
Iraque	40,74	39,51	19,75	Gurevitch e Margolis
Curdistão	51,60	29,60	18,80	Gurevitch *et al.*
Curdistão	30,63	44,17	25,00	Gurevitch e Margolis
Tripolitânia	27,50	46,00	26,50	Gurevitch *et al.*

QUADRO 6

Porcentagem do fator Rh negativo nas amostras judias.

	Rh positivo	Rh negativo	Fonte
Orã	31,33	9,57	Gurevitch *et al.*
Jerusalém	90,43	18,67	Solal e Hanoun
Canadá	91,83	8,17	Lubinski et al.
Sefaradim	87,70	12,30	Gurevitch *et al.*
Asckenazim	86,47	13,53	Gurevitch *et al.*
Curdistão	94,80	5,20	Gurevitch *et al.*
Iêmen	96,15	3,85	Dreyfuss *et al*

que se registra entre a população não-judia correspondente; aumenta à medida que se avança para a Europa Oriental e para o Oriente Próximo e, nas amostras judias de Samarcanda, atinge 35% — proporção três vêzes mais elevada que entre os judeus de Berlim.

Assim, as estatísticas relativas aos grupos A, B e O fazem surgir entre as populações judias uma heterogeneidade semelhante à que se constatou ao se estudarem seus traços raciais morfológicos. Encontramos aí, além disso, uma curva de modificação das porcentagens de um tipo bem conhecido no caso das populações não-judias, o que nos faz concluir que: *a*) os judeus e os não-judeus foram submetidos às mesmas influências; *b*) os cruzamentos tiveram por finalidade aproximar as cifras registradas entre os judeus das porcentagens naturais aos habitantes dos países onde vivem há muito tempo.

A distribuição dos grupos sangüíneos MN, a respeito da qual estamos bem menos informados, prova igualmente a heterogeneidade das amostras que pude estudar. A proporção do grupo M varia de 27,5 a 57%, e a do grupo N de 5,8 a 26,5% (ver Quadro 5).

Os dados relativos às variedades do grupo sangüíneo Rh (ver Quadro 6) de que dispomos para estabelecer comparações entre as diversas comunidades judias são, infelizmente, menos numerosos que para os grupos A, B e O, mas são suficientes para dar uma idéia geral das tendências existentes. O "fator Rh negativo" tem um centro de distribuição especìficamente europeu; a porcentagem mais elevada dêsse fator apareceu entre a população basca estabelecida no noroeste da Espanha e no sudoeste da França: ultrapassa às vêzes 30% (proporção quase tão elevada foi notada entre grupos berberes antigos e isolados do Marrocos). No resto da Europa Ocidental, a proporção varia em tôrno de 15%, enquanto que, nos países não-europeus, o fator Rh negativo é relativamente raro ou mesmo inexistente: foi encontrado, por exemplo, em cêrca de 5% dos indivíduos numa amostra de negros africanos e, entre os japonêses e chineses, sua freqüência varia de 1 a 2%. Finalmente, êsse fator parece ser totalmente desconhecido, ou excepcional, entre os índios da América, os indonésios, os filipinos, os habitantes das Ilhas do Pacífico e os aborígenes australianos. Entre os judeus, a freqüência do fator Rh negativo varia de 3,85% (no Iêmen) a 18,67% (em Orã). As amostras de judeus nascidos em diversos países europeus não são sensìvelmente diferentes, a êsse respeito, das populações não-judias correspondentes. Segundo Mourant [26], que reuniu numa obra recente a maior parte dos conhecimentos adquiridos a respeito dos diferentes tipos de grupos sangüíneos, "essas porcentagens são as que se esperariam encontrar numa população de origem mediterrânea que assimilou um número assaz elevado de elementos locais quando viveu nos países da Europa Central e Sententrional".

Tôda tentativa que vise a classificar as populações judias numa mesma categoria racial terminou pois numa contradição nos têrmos, em conseqüência da extensão considerável das variações de seus caracteres físicos e da distribuição dos genes que determinam seus grupos sangüíneos. Pois, se os especialistas modernos admitem um certo grau de polimorfismo ou de variação no seio de uma mesma raça, êles se recusam a considerar como um todo vários grupos claramente diferentes segundo os critérios admitidos em matéria de raça. Se assim não fôsse, a classificação racial não teria mais nenhum valor no plano biológico e os trabalhos de taxinomia tornar-se-iam simplesmente arbitrários e desprovidos de sentido. Infelizmente, a questão raramente foi abordada sem qualquer preocupação estranha à biologia, de modo que, a despeito das constatações contrárias, alguns continuam a esforçar-se para demonstrar, de uma maneira ou de outra, que os judeus constituem uma entidade racial distinta.

Suponho que uma das razões que incitam muitas pessoas a aceitar fàcilmente essa idéia — afora motivos de

(26) A. E. Mourant. *The distribution of the human blood groups.* Oxford, 1954.

ordem política e cultural — é o fato de que certos judeus diferem sensìvelmente, por seu aspecto, do resto da população. Esquecendo que os outros não se distinguem desta maneira de seu ambiente, tem-se muito naturalmente tendência a estender a todos o estereótipo aplicável a parte dêles. Êsse processo entra em jôgo num tão grande número de outras situações que não é de modo nenhum surpreendente que êle igualmente intervenha nesse caso.

Como muitos outros povos, os judeus emigraram para diferentes regiões e se fixaram entre grupos raciais muito diversos. O amálgama racial particular que êles constituíam no início era, naturalmente, distintivo na medida em que se sobressaía sôbre a população do país em que se estabeleciam. Nos territórios vizinhos da Palestina, os habitantes provàvelmente não diferiam de uma maneira especial ou surpreendente, por sua origem ou aspecto, dos grupos judeus que vinham mesclar-se a êles. Mas, à medida que se estendia a área de dispersão das colônias judias, os imigrantes se encontraram entre grupos que cada vez mais apresentavam diferenças com êles. E, mesmo que muitas dessas diferenças se atenuassem com o tempo, como vimos, algumas subsistiram, o que efetivamente reforçou os estereótipos.

Foi assim que, nos países mediterrâneos e em diversas partes do Oriente Próximo, os judeus tiveram a sorte de ser identificados segundo particularidades culturais e não biológicas. Pelo contrário, em muitos Estados do Nordeste e do Leste europeu, o patrimônio racial local é composto por elementos que desempenharam apenas um papel relativamente insignificante na região mediterrânea. Assim, pode-se prever que os judeus estabelecidos nessas regiões distinguir-se-ão dos outros habitantes por traços evidentes, devidos à sua constituição racial particular, embora assemelhando-se-lhes em alguns pontos, nos casos em que existiam origens comuns. Se bem que no curso dos séculos, e mesmo dos milênios, trocas de genes de uma amplitude desconhecida, mas apreciável, se tenham produzido entre as colônias judias e as populações que as cercavam, como o mostra a distribuição atual dos genes, as diferenças iniciais não foram totalmente eliminadas. Embora as características dessas comunidades judias não sejam mais exatamente as mesmas que as de seus ancestrais, subsistem alguns elementos de diferenciação genética. Essas dessemelhanças leves e residuais sem dúvida seriam consideradas interessantes sobretudo em razão da luz que lançam sôbre os processos de diferenciação biológica, sôbre as modalidades dos contatos entre grupos e sôbre os mecanismos que asseguram a continuidade dos grupos,

179

não fôsse o fato de terem elas assaz freqüentemente servido como símbolos a conflitos culturais e religiosos e de pretextos à manifestação de antagonismos complexos, devidos a causas diversas.

Resta explicar a crescente heterogeneidade da população judia, bem como a orientação das transformações que é possível nela revelar. No estado atual dos nossos conhecimentos, existem a êste respeito três explicações teóricas. Uma delas estava implicada em considerações anteriores: trata-se dos cruzamentos entre os judeus e os habitantes dos países em que se fixaram. É evidentemente impossível determinar hoje em dia a amplitude de um fenômeno que remonta a tão longe. Embora algumas comunidades judias, freqüentemente sob a influência de fatôres já definidos por nós, tenham tendido a manter sua identidade, de modo a formar uma subcultura distinta, sua prolongada permanência num país não podia deixar de fornecer a oportunidade de casamentos mistos. Em diversas épocas da história da Igreja cristã primitiva, inquietudes foram expressas, de uma forma ou de outra, acêrca da freqüência dessas uniões; medidas restritivas foram mesmo tomadas para atenuar o perigo. Já assinalei que inúmeras comunidades judias efetivamente "desapareceram" devido aos casamentos mistos. Numa monografia recente sôbre a população do Saara, Briggs [27] afirma que os judeus do Mzab têm freqüentemente concubinas árabes, cujos filhos podem às vêzes ser admitidos na comunidade judia. Poder-se-ia encher páginas inteiras de informações análogas, desde os testemunhos sôbre o proselitismo nos primeiros séculos da era cristã até as estatísticas demográficas relativas à Alemanha e à Áustria no início do século XX: em alguns setores da população judia dêsses países, as uniões com cristãos eram quase tão freqüentes quanto as uniões entre judeus. Os casamentos mistos, sem dúvida, foram submetidos a restrições muito severas durante longo tempo e em algumas regiões, sem o quê a fusão teria sido total. Entretanto, o fato da distribuição genética dos grupos sangüíneos em cada comunidade judia tender a aproximar-se daquela que caracteriza o restante da população do país, permite afirmar que realmente houve assimilação — ou pelo menos indicar exatamente qual foi sua amplitude.

Uma interessante série de crânios descrita pelo antropólogo tcheco Matiegka [28] pode igualmente servir para

(27) L. Cabot Briggs. *The living races of the Sahara desert* (*Papers* Peabody Museum, Harvard University, vol. 28, nº 2, 1958).

(28) J. Matiegka. *Prispevky ku Kraniologii Zidu, Anthropologie.* Praha, vol. 4, 1926.

180

ilustrar a evolução dos grupos judeus através dos séculos. Trata-se de ossadas provenientes de um cemitério judeu do século XVII situado em Praga. Comparei, no Quadro 7, as mensurações médias dêsses judeus com: a) as da população de Lakhish, que vivia uns dois mil e trezentos anos antes na Palestina; b) com as de um grupo de cristãos que habitaram Praga no século XVII. É evidente que os judeus de Praga se parecem mais com os cristãos que moravam nessa cidade na mesma época do que com seus antepassados da Palestina. De fato, as diferenças entre as duas amostras de praguenses são mínimas e mostram a que ponto os judeus se haviam afastado das características de um grupo palestinense sem dúvida muito parecido com a população que participou da Diáspora.

QUADRO 7

Comparação entre judeus de Praga, contemporâneos cristãos e palestinenses da antiguidade.

	Lakhish	Judeus de Praga (séc. XVII)	Cristãos de Praga (séc. XVIII)
Comprimento da cabeça (mm)	184,30	180,51	178,70
Largura da cabeça (mm)	137,10	147,81	149,00
Altura da cabeça (mm)	133,80	131,18	132,50
Frontal [mínimo], (mm)	95,40	97,82	98,50
Arco que liga o ponto nasal ao opistião (mm)	375,90	365,00	367,60
Arco transverso (mm)	308,70	308,06	320,90
Arco horizontal (mm)	518,10	520,30	518,90
Básio — ponto nasal (mm)	100,60	100,36	99,60
Diâmetro bizigomático (mm)	128,40	134,46	130,50
Ponto nasal — ponto alveolar (mm)	70,10	67,71	67,79
Altura do nariz (mm)	51,30	52,21	49,30
Largura do nariz (mm)	25,20	25,29	25,00
Largura orbital (mm)	41,40	40,42	37,20
Altura orbital (mm)	32,80	33,25	32,30
Índice cefálico	74,50	81,97	83,53
Índice de comprimento-altura	72,70	72,58	74,39
Índice de largura-altura	102,50	112,17[1]	112,50[1]
Índice nasal	49,60	48,63	50,94
Índice orbital	79,30	82,35	85,36

1. Calculado

Um outro fator que se deve levar em consideração para compreender a diferenciação geográfica dos judeus é o fato de que a passagem de uma região a outra, ou de um meio econômico a outro, pode modificar o desenvolvimento dos indivíduos e mesmo, a longo prazo, seus caracteres físicos. Êsse fenômeno se explica pela plasticidade do organismo humano e por sua aptidão a reagir a tais mudanças para a elas se adaptarem. Atualmente, não é mais possível negar que as proporções corporais dos grupos de população podem modificar-se. O primeiro estudo importante dêsse aspecto da capacidade de adaptação do homem foi a obra de Boas sôbre os filhos de imigrantes que foram para os Estados Unidos [29], onde assinalou, notadamente, que crianças italianas e judias, nascidas e criadas nos Estados Unidos, eram maiores que seus pais imigrantes e não tinham o mesmo índice cefálico dêles. Cêrca de vinte anos após a publicação dessa obra, propus-me examinar imigrantes japonêses do Havaí, assim como seus filhos nascidos e criados nesse território [30], no intuito de responder a certas críticas feitas às conclusões de Boas. A êsse respeito foram recolhidos os dados necessários às verificações genéticas. Indivíduos pertencentes às famílias dos imigrantes foram estudados no Japão. Assim constatei não só que os japonêses nascidos no Havaí eram maiores que seus pais, tinham proporções corporais e cefálicas diferentes, mas também que os próprios imigrantes se distinguiam, em certos aspectos, no plano estatístico, de seus parentes que ficaram no Japão. Conclusões análogas foram desde então formuladas por muitos outros pesquisadores.

As mudanças climáticas e geográficas a que os judeus foram submetidos no curso de suas migrações bastariam, portanto, para fazer compreender que suas características físicas tenham podido sofrer certas modificações, devidas às regiões em que êles se estabeleciam. No estado atual de nossos conhecimentos, é-nos impossível determinar a importância respectiva das transformações genéticas provocadas, de um lado, pelos cruzamentos e, de outro, pela adaptação ao meio. Mas, bem entendido, não há dúvidas que os dois fatôres desempenharam importante papel nessa evolução.

Finalmente, mesmo que não exista nenhuma prova direta, é impossível afastar inteiramente a idéia de que a seleção pôde igualmente contribuir para criar esta situação dinâmica e completa. Embora a maioria das pessoas esteja familiarizada com a noção de evolução, e admita fàcilmente que o homem alcançou seu estado biológico atual graças a uma forma qualquer de seleção natural, é menos geralmente reconhecido que a influência da seleção e da

(29) F. Boas. *Changes in bodily form of descendants of immigrants.* Washington, 1910.

(30) H. L. Shapiro. *Migration and environment.* New York, 1939.

evolução continue a se fazer sentir desde o aparecimento do *Homo sapiens*. Não só o meio físico exerce sempre uma ação seletiva sôbre as diversas combinações genéticas que aí se verificam, mas ainda a cultura humana se torna por sua vez um fator determinante da evolução dos homens. Como todos os agrupamentos humanos, as populações judias não podem escapar às pressões seletivas inerentes às condições mesológicas e culturais em que vivem. Eis, aí, efetivamente, uma conseqüência inevitável de uma teoria sòlidamente estabelecida. Se, no momento atual, nos é impossível apresentar um conjunto de dados estatísticos que permitam demonstrar êsse fato de modo convincente, isso se deve, em última análise, às dificuldades de técnica e de métodos que esta demonstração suscitaria.

A seleção deve, pois, ser considerada como uma das fôrças que, teòricamente, puderam contribuir para diferenciar os diversos grupos judeus e aproximá-los da população dos países em que se haviam estabelecido — e convém, conseqüentemente, acrescentar êsse fator àqueles cuja ação combinada transformou êsses grupos, como o vimos, no curso dos milênios de sua história. Mas, tratando aqui da seleção, somos levados a lembrar um aspecto especial da questão, o qual diz respeito particularmente aos judeus. Já assinalamos que repetidas vêzes foi êsse povo o primeiro a enfrentar situações que, com o tempo, se tornaram assaz rotineiras, o que o expôs aos riscos habitualmente sofridos pelos precursores. É assim que, com algumas notáveis exceções, as colônias judias foram submetidas à influência da urbanização, de maneira mais geral e há muito mais tempo que qualquer outro povo. Antes mesmo da Diáspora, o desenvolvimento de uma sociedade de estrutura urbana atingira um estágio muito avançado na Palestina. Na época da dispersão, a maioria dos emigrantes judeus se fixaram nas cidades, e isso por diversas razões. Para começar, mesmo que êsses emigrantes tivessem tido os recursos indispensáveis para adquirir terras, os regimes fundiários, em geral, não eram nada favoráveis à aquisição de propriedades por pequenas colônias ou por grupos familiais. Além disso, as cidades, devido ao seu caráter cosmopolita e suas atividades comerciais e industriais, ofereciam aos recém-chegados maiores possibilidades de ganhar a vida, assim como uma atmosfera mais tolerante. É desnecessário lembrar aqui os aspectos bem conhecidos da história econômica e social dos judeus que tiveram o efeito de conservá-los nas cidades ao longo dos séculos seguintes, até nossa época.

183

Não puderam estabelecer-se em outra parte, uma vez que as restrições impostas pelas autoridades religiosas e políticas só lhes permitiam exercer funções tìpicamente urbanas.

Assim, todos os fatôres de seleção que caracterizaram os meios altamente urbanizados tiveram por certo uma influência particularmente sensível sôbre os judeus, que viveram em tais ambientes quase sem interrupção durante inúmeros séculos. Por exemplo, as terríveis epidemias que devastavam, na Idade Média, as cidades, grandes ou pequenas, devem, com o tempo, ter conferido às populações judias um grau de imunidade mais elevado que a qualquer outro grupo. Estando os judeus completamente expostos a contrair essas moléstias, seus atuais descendentes representam os sobreviventes de um processo de seleção específica particularmente rigorosa. Ao contrário, os habitantes não-judeus do país que residiam nas cidades constituíam uma minoria relativamente insignificante, e seus atuais descendentes extraem, em grande parte, sua origem das levas rurais constantemente renovadas. Sem dúvida, a situação especial assim criada aos judeus por tanto tempo explica algumas das imunidades e das características médicas especiais que geralmente se lhes atribuem. Frisou-se repetidas vêzes, por exemplo, que a tuberculose é mais rara entre êles que no conjunto da população dos países onde vivem, e outras particularidades de ordem médica poderiam igualmente ter a mesma origem.

Se bem que muitas das anomalias que se notam em certos grupos demográficos judeus em matéria de índices de morbidez possam ser explicadas pelos efeitos da seleção, há outras — relativas notadamente às doenças hereditárias, tais como o idiotismo amaurótico — que parecem dever-se antes à freqüência de uniões consangüíneas contraídas no seio de pequenas colônias isoladas. Quando grupos antigos e relativamente endógamos se dispersam, deveria, portanto, registrar-se uma diminuição dos casos de doenças hereditárias; ora, as variações de numerosas estatísticas médicas confirmam esta interpretação.

A evolução biológica dos judeus durante os milênios de sua existência como nação distinta ilustra, sob inúmeros aspectos, as fôrças complexas que atuam sôbre qualquer povo, e mesmo sôbre todos os povos. Onde quer que existam homens, encontraremos êsses elementos de continuidade, essas mudanças, essas adaptações a condições variáveis, êsse jôgo combinado dos fatôres culturais e históricos que modificam os caracteres biológicos. Os resul-

184

tados podem diferir, mas o processo é sempre o mesmo. Entretanto, as particularidades de sua história levaram os judeus a sofrer a influência de algumas dessas fôrças de maneira tão clara que nos é especialmente fácil discernir--lhe o curso. Se os detalhes se apagaram aqui e ali, as grandes linhas do quadro aparecem ainda claramente. Vimos como os judeus que têm sua origem numa antiga população mesopotâmica assimilaram pouco a pouco elementos provenientes das várias populações aparentadas que encontraram em seus deslocamentos para a terra de Canaã e para o Egito, mais tarde grupos estrangeiros levados à Palestina pelas invasões. Em seguida a êsses numerosos cruzamentos, os judeus constituíram, no mundo civilizado de dimensões ainda limitadas do período imediatamente anterior à era cristã, uma das sínteses características da época e da religião.

A seguir veio a Diáspora que teve naturalmente uma influência biológica profunda sôbre os judeus: sem ela, êles teriam tôda probabilidade de permanecer muito semelhantes ao que são os samaritanos de hoje, isto é, uma comunidade relativamente pouco afetada pelos deslocamentos de população que acompanharam a expansão do mundo civilizado. Ao criar novas combinações e sínteses, a Diáspora teve, para os judeus, as mesmas conseqüências que os grandes movimentos de populações tiveram para os povos europeus. Mas, em vez de resultar de invasões e de conquistas, as mudanças foram provocadas, no caso dos judeus, por suas próprias migrações. Graças à sua dispersão, êstes permaneceram um povo de vocação mundial, e estabeleceram múltiplos contatos nas diferentes regiões do mundo, com diversos grupos raciais [31]. Raros são pois os povos que, em nossa época, tiveram uma história biológica tão diversificada. Desta maneira os judeus forneceram, ao que parece, uma contribuição genética a um número de povos muito maior que qualquer outro grupo de população e, por sua vez, assimilaram uma igual quantidade de elementos novos, enriquecendo e diversificando assim seu patrimônio genético.

(31) As últimas estatísticas referentes à população judia do mundo, levantadas em 1958 pelo American Jewish Committee, mostram que esta população conta pouco mais de 12 milhões de pessoas. Trata-se de uma estimativa, dado que numerosos grupos de judeus não foram objeto, há algum tempo, de nenhum recenseamento e que outros jamais foram incluídos num recenseamento normal. Eis como se distribui geogràficamente esta população: Nôvo Mundo, 6.200.000 (cêrca de 5 milhões nos Estados Unidos); Europa (inclusive a U.R.S.S.), 3.500.000; Ásia (inclusive Israel), 1.950.000; África, 560.000; Austrália e Nova Zelândia, 65.000.
Se se admite que, segundo as avaliações, o número dos judeus, no tempo dos romanos era de 4.500.000, constata-se que êsse número quase triplicou desde dois mil anos. Êste aumento é apenas comparável ao enorme crescimento das diferentes populações européias registrado na mesma época.

Atualmente, êsse grupo tão diverso, onde se encontram múltiplos tipos raciais característicos da Europa, da África do Norte e da Ásia Ocidental, se reúne novamente em Israel, onde todos êsses elementos se fundirão talvez para realizar uma síntese nova. Mesmo que a maioria dos judeus estabelecidos nas diversas regiões do mundo não voltem nunca à pátria de seus ancestrais, tôda a gama das diferenciações provocadas, desde a partida dos judeus, há uns dois mil anos, pelos cruzamentos, pela adaptação ou pela seleção, estará representada em Israel: e sem dúvida iremos agora ver abrir-se, nesse país, um nôvo capítulo da história biológica dos judeus.

Bibliografia

Obras em Inglês

ABRAHAMS, Israel. *Jewish life in the Middle Ages.* Philadelphia, Jewish Publications Society, 1920.
Embora datando de mais de sessenta anos (primeira edição, 1896), esta obra continua útil.

ALBRIGHT, W. F. *The archaeology of Palestine.* Hardmondsworth, Penguin Books, 1956.
Excelente estudo do patrimônio arqueológico legado ao mundo pelos judeus e seus predecessores. Obra de um erudito que contribuiu largamente para o enriquecimento de nossos conhecimentos arqueológicos da região.

ALBRIGHT, W. F. *From Stone Age to Christianity.* Baltimore, John Hopkins Press, 1946.
Obra que trata do desenvolvimento do judaísmo e da maneira de interpretá-lo.

BARON, S. W. *A social and religious history of the Jewish people.* Philadelphia, Jewish Publication Society, 1937 e 1952-1958.
A primeira edição foi revista e grandemente ampliada. Trata-se de uma obra de tipo clássico, que testemunha uma grande erudição.

FISHBERG, M. *The Jews* New York, Charles Scribner's Sons, 1911.
Se bem que esta obra do tipo clássico esteja no momento um pouco ultrapassada, nela encontramos observações penetrantes e informações úteis. É um dos raros livros existentes que trata das características biológicas dos judeus.

GLUECK, Nelson, *Rivers in the desert.* New York, Farrar, Strauss and Cudahy, 1959.
Notável obra de vulgarização sôbre a antropologia do Neguev, feita por um dos especialistas que mais ativamente estudaram êsse assunto.

GRAYZEL, S. *A history of the Jews.* Philadelphia, Jewish Publication Society, 1947.
Importante obra de divulgação.

JOSEFO, Flávio. Suas obras, (diferentes edições), e notadamente *A Guerra Judia.*
Mesmo que nem sempre seja um guia certo, pelo menos Flávio Josefo viveu na mesma época em que se desenrolaram os acontecimentos descritos por êle; encontramos assim em suas obras um incomparável quadro da vida dos judeus do tempo dos romanos.

ROTH, Cecil. *A short history of the Jewish people.* London, East and West Library, 1948.
Compêndio muito bem feito, destinado ao grande público.

ZBOROWSKY, Mark; HERZOG, Elizabeth. *Life is with people: the Jewish little town of eastern Europe.* New York, International University Press, 1955.
Essa reconstituição da existência tradicional das coletividades judias na Europa Oriental revela um dos aspectos da dinâmica social e cultural das minorias judias em ambiente hostil.

OBRAS EM ALEMÃO

DUBNOW, Simon. *Weltgeschichte des jüdischen Volkes.* Berlin, Jüdischer Verlag, 1925-1929. 10 volumes.

GRAETZ, Heinrich. *Geschichte der Juden von der aeltesten Zeiten bis auf die Gegenwart.* Leipzig, Leiner, 1873-1900. 11 volumes.
Obras de base sôbre a história dos judeus.

HERRMANN, Hugo. *Palaestinakunde,* Wien, Fiba-Verlag, 1935.
Se bem que suas partes descritivas e estatísticas não sejam mais atuais, essa obra continua válida no que diz respeito à geografia e à história dos judeus na Palestina; encontramos aí, além disso, uma exaustiva bibliografia.

RUPPIN, Arthur, *Soziologie der Juden.* Berlin, Jüdischer Verlag, 1930. 2 volumes. (Bd. 1: *Die soziale Struktur der Juden;* Bd. 2: *Der Kampf der Juden um ihre Zukunft.*)
Ainda que atualmente ultrapassada, esta obra, uma das primeiras consagradas à sociologia do povo judeu, constitui sempre uma útil introdução ao estudo da questão.

ZOLLSCHAN, Ignaz. *Das Rassenproblem unter besonderer Berücksichtigung der theoretischen Grundlagen der jüdischen Rassenfrage.* Wien, 1925.
Estudo bem conhecido dos problemas raciais.

Jüdisches Lexikon: ein enzyklopaedisches Handbuch des jüdischen Wissens. Berlin, Jüdischer Verlag, 1927-1930, 5 volumes. Excelente obra de referência, contendo uma rica documentação sôbre a história dos judeus.

Die Juden und wir. Goettingen, Arbeitskreis für Angewandte Anthropologie, 1957. (Schriftenreihe Wissenschaft und Menschenführung).
Contém vários estudos interessantes sôbre diversos aspectos da perseguição dos judeus na Alemanha.

Obras em Francês

Baron, S. W. *Histoire d'Israel. Vie sociale et religieuse.* I. *Des origines jusqu'au debut de l'ère chretienne.* Paris, 1956.
Traduzido do inglês. Obra de base da historiografia judaica moderna.

Catano, Mosche. *Des croisades à nos jours.* Paris, Les Editions de Minuit, 1956. (*Bibliothéque juive.*)
Breve exposição da história dos judeus franceses, destinada ao grande público.

Chouraqui, André. *Marche vers l'Occident: les juifs d'Afrique du Nord.* Paris, 1952.
Resumo da história, da sociologia e da demografia dos judeus da África do Norte.

Roth, Cecil. *Histoire du peuple juif (des origines à nos jours).* Paris, 1957.
Excelente introdução à história judaica, traduzida do inglês.

Roth, Léon. *La pensée juive, facteur de civilisation.* Paris, Unesco, 1954.
Apreciação sôbre a contribuição dos judeus à civilização mundial.

Schwarzfuchs, Simon. *Brève histoire des juifs en France.* Paris, 1956.
Resumo da história dos judeus na França há dois mil anos.

RAÇA E CIVILIZAÇÃO
Michel Leiris

A natureza dos homens é idêntica:
são os costumes que os separam.
Confúcio (551-478 a. C.)

Após ter feito incontáveis vítimas civis e militares, a recente guerra mundial terminou, sem que a humanidade tivesse encontrado nela um apaziguamento, pela derrota da Alemanha nazista e das potências que a ela se haviam aliado. Em nome da ideologia racista — e particularmente do anti-semitismo — é que os nacional-socialistas haviam tomado o poder e também em seu nome é que fizeram a guerra para unir "todos os alemães numa Alemanha maior" e impor ao mundo inteiro a superioridade germânica. Com a queda de Adolfo Hitler poder-se-ia supor que o racismo estivesse morto; mas era dar provas de uma

189

visão bem estreita e raciocinar como se além dessa fôrça — na verdade, a mais extrema e a mais virulenta — representada pelo racismo hitlerista, nenhuma forma da doença racista grassasse no mundo; era esquecer que a idéia de sua superioridade, congênita está fortemente arraigada na maioria dos homens brancos, mesmo naqueles que nem por isso se consideram racistas.

Grandes invenções e descobertas, equipamento técnico, poder político: eis certamente algumas razões de orgulho para o homem branco, ainda que seja questionável se, até o presente, essas aquisições tenham resultado numa soma maior de felicidade para o conjunto da humanidade. Quem poderia afirmar que o caçador pigmeu, nas profundezas da floresta congolesa, leve uma vida menos adaptada que a de nossos operários da indústria européia ou americana? E quem poderia esquecer que o desenvolvimento de nossas ciências, se nos permitiu realizar inegáveis progressos, como, por exemplo, no campo sanitário, em compensação nos permitiu aperfeiçoar a tal ponto os meios de destruição que os conflitos armados assumiram, há algumas dezenas de anos, a amplitude de verdadeiros cataclismos? Ainda hoje, na vasta encruzilhada em que se converteu o mundo graças aos meios de comunicação disponíveis, o homem de raça branca e de cultura ocidental se acha na posição mais elevada, quaisquer que sejam as ameaças de subversão que êle sente surgir por todos os lados contra uma civilização que considera a única digna dêsse nome. Sua posição privilegiada — que uma perspectiva histórica demasiado curta o impede de ver não só quão recente é ela, mas também o que pode ter de transitório — lhe parece o sinal de uma predestinação a criar valores que os homens de outras raças e de outras culturas apenas seriam capazes de receber passivamente. Embora reconheça de bom grado que várias invenções lhe vêm dos chineses (a quem não nega uma certa sabedoria) e que o jazz, por exemplo, lhe foi dado pelos negros (que êle continua a olhar, na verdade, como crianças grandes). êle se imagina ter-se feito por si mesmo e ser o único a poder vangloriar-se de ter recebido, de algum modo ao nascer e em virtude da sua própria constituição, uma missão civilizadora a cumprir.

Num artigo publicado em 1950 no *Correio da Unesco* (vol. III, nº 6-7), o Dr. Alfred Métraux (um etnógrafo cujo trabalho versou sôbre o maior número de regiões do globo) escrevia:

O racismo é uma das manifestações mais perturbadoras da vasta revolução que se produz no mundo. No momento em que nossa civilização industrial penetra em todos os pontos da terra, arrancando os homens de tôdas as côres às suas mais antigas tradições, uma doutrina, de caráter falsamente científico, é invocada para negar a êsses mesmos homens, privados de sua herança cultural, uma participação completa nas vantagens da civilização, que lhes é imposta. Existe, pois, no seio de nossa civilização, uma contradição fatal: de um lado, ela deseja ou exige a assimilação das outras culturas a valores a que ela atribui uma perfeição indiscutível, e de outro não se decide a admitir que os dois terços da humanidade sejam capazes de atingir o fim que ela lhes propõe. Por uma estranha ironia, as vítimas mais dolorosas do dogma racial são precisamente os indivíduos que, por sua inteligência ou sua educação, testemunham-lhe a falsidade.

Por uma ironia não menos estranha, foi na medida em que as raças consideradas inferiores provaram que estão aptas a emancipar-se que, com os antagonismos tornando-se mais agudos no momento em que os homens de côr constituem um símbolo de concorrência para os brancos ou vêem reconhecidos um mínimo de direitos políticos, o dogma racial se afirmou com uma energia mais manifesta, ao passo que, paradoxo não menor, é através de argumentos apresentados sob pretexto da Ciência — esta divindade moderna — e de sua objetividade que se procura justificar racionalmente êsse dogma obscurantista.

Certamente — como o observa o autor do artigo citado — não faltaram antropólogos para denunciar o caráter convencional dos traços segundo os quais se distribui a espécie humana em grupos diferentes e garantir, de outro lado, que não poderia haver raças puras; e pode-se, além disso, considerar hoje estabelecido que a noção de "raça" é uma noção de ordem exclusivamente biológica da qual é impossível — pelo menos no estado atual de nossos conhecimentos — tirar a menor conclusão válida quanto ao caráter de um indivíduo dado e quanto a suas capacidades mentais. Não importa que o racismo, confesso ou não, continue a efetuar suas devastações e que o gênero humano, aos olhos da maioria, continue a dividir-se em grupos étnicos claramente delimitados, dotados cada um de sua mentalidade própria, transmissível pela hereditariedade, admitindo-se como verdade primeira que, a despeito das falhas que se lhe podem reconhecer e das virtudes que se queira julgar inerentes a algumas das outras raças, é a raça branca que ocupa o cume da hierarquia, pelo menos entre os povos .considerados como os melhores de seus representantes.

O êrro que dá uma aparência de base teórica ao preconceito de raça repousa principalmente numa confusão entre fatos *naturais*, de um lado, e fatos *culturais*, de outro, ou — para sermos mais precisos — entre os caracteres que um homem possui de nascença em razão de suas origens étnicas e os que êle adquire do meio em que foi educado, herança *social* que muito freqüentemente, por ignorância ou intencionalmente, se deixa de distinguir do que é herança *racial,* como alguns traços marcantes de sua aparência física (côr da pele, por exemplo) e outros traços menos evidentes. Se existem diferenças psicológicas bem reais entre um indivíduo e outro, podem resultar, de um lado, de sua ascendência biológica pessoal (ainda que nossos conhecimentos a êsse respeito sejam muito obscuros) mas não são, de modo algum, explicáveis pelo que se convencionou chamar sua "raça"; em outras palavras, o grupo étnico a que êle se liga por herança. Do mesmo modo, se a história assistiu à eclosão de civilizações muito distintas e se as sociedades humanas atuais estão separadas por diferenças mais ou menos profundas, não se deve buscar a causa disso na evolução racial da humanidade levada (pelo jôgo de fatôres tais como a modificação nas respectivas situações dos "genes" ou partículas que determinam a hereditariedade, sua mudança de estrutura, a hibridação e a seleção natural) a diferenciar-se a partir do tronco único de que todos os homens que hoje povoam a terra descendem verossìmilmente; essas diferenças se inscrevem no quadro de variações culturais que não se poderiam explicar nem pelo embasamento biológico nem mesmo pela influência do meio geográfico, por impossível que seja descurar o papel dêsse último fator, mesmo que fôsse como elemento integrante das *situações* que as sociedades têm de enfrentar.

Embora a origem dos preconceitos raciais deva ser buscada em outra parte que não nas idéias pseudocientíficas que são menos a sua causa do que a expressão e só intervêm secundàriamente, como justificação e como meio de propaganda, não deixa de ser importante combater tais idéias, que não cessam de desencaminhar muitas pessoas, mesmo entre as mais bem intencionadas.

Estabelecer aquilo que podemos considerar como cientìficamente adquirido quanto aos domínios que convém atribuir respectivamente à "raça" e à "civilização"; mostrar que um indivíduo, não levando em conta o que lhe vem de sua experiência própria, deve o mais evidente de seu condicionamento psíquico à cultura que o formou, cultura que é, por sua vez, uma formação histórica; levar a reconhecer que, longe de representar a simples formulação de alguma coisa de instintivo, o preconceito racial é realmente um "preconceito" — a saber, uma opinião preconcebida — de origem cultural e que, tendo pouco mais de três séculos, se constituiu e adquiriu o desenvolvimento que sabemos por razões de ordem econômica e de ordem política: tal é o objetivo do presente estudo.

Os Limites da Noção de "Raça"

À primeira vista, pode parecer que a noção de "raça" seja uma noção muito simples, perfeitamente clara e evidente a todos; um empregado americano num escritório de Wall Street, um carpinteiro vietnamita que trabalha na construção de um junco, um camponês da Guiné que cava seu campo com o enxadão: homens pertencentes a raças bem diferentes (o primeiro, branco; o segundo, amarelo; o terceiro, negro), que levam gêneros de vida sensìvelmente diferentes, que falam línguas diferentes e, com tôda probabilidade, praticam religiões diversas. E não há dúvidas para nós de que cada um dêsses três homens representa um tipo particular de humanidade: dessemelhança física, à que se juntam não só a diferença de vestuário mas a das ocupações e (cabe presumi-lo) a dos outros hábitos, maneiras de sentir, de pensar e de agir, em suma, tudo o que constitui a personalidade. Sendo o corpo poi excelência aquilo através do que uma pessoa se nos aparece, apressamo-nos a estabelecer uma relação de causa e efeito entre a aparência exterior e as maneiras de ser: parece-nos registrado na natureza das coisas que o empregado de pele branca preencha seus lazeres lendo um *digest,* que o amarelo arrisque seu dinheiro no jôgo e que o negro, se fôr noite de lua cheia, se junte aos outros aldeões para cantar e dançar. Temos tendência a ver na raça o fato primordial, aquêle do qual decorre o resto, e, se considerarmos que existe hoje um número considerável de homens de raça amarela e de raça negra que exercem as mesmas atividades e vivem no mesmo plano que os brancos, somos levados a ver aí uma espécie de anomalia, pelo menos uma transformação artificial, como se a seu verdadeiro fundo se tivesse acrescentado algo de estranho a êles mesmos, que alterasse sua autenticidade.

Muito clara, portanto, parece-nos a divisão em três grandes grupos que quase todos os estudiosos concordam em fazer para a espécie *Homo sapiens*: caucasóides (ou brancos), mongolóides (ou amarelos, a que geralmente, são juntados os Peles Vermelhas), negróides (ou negros). A questão se complica, todavia, desde que levamos em conta o fato de que, entre êsses vários grupos, se operam mestiçagens. Um indivíduo que tem um pai de raça branca e o outro de raça negra é chamado "mulato"; assim, deve-se classificá-lo entre os brancos ou entre os negros? Sem ser um racista declarado, um branco, com tôda probabilidade, verá nêle um "homem de côr" e se inclinará a enquadrá-lo entre os negros, classificação evidentemente arbitrária, visto que, do ponto de vista antropológico, um mulato não se liga menos à raça branca que à negra por sua hereditariedade. Somos portanto obrigados a admitir que, se existem homens que podem ser considerados como brancos, negros ou amarelos, há outros cuja ascendência mista impede de classificá-los corretamente.

A RAÇA DIFERE DA CULTURA, DA LÍNGUA E DA RELIGIÃO

Na escala dos grandes grupos raciais, apesar dos casos litigiosos (por exemplo: Os polinésios são caucasóides ou mongolóides? Deve-se considerar como brancos ou negros os etíopes que possuem traços de uma e da outra raça e, diga-se de passagem, designam com o nome desdenhoso de *chankallas* aos negros sudaneses, entre os quais tradicionalmente êles conseguiam escravos?), a classificação é relativamente simples: há povos que, sem contestação possível, pertencem a um ou a outro dos três ramos; ninguém protestaria se se dissesse que um inglês é branco, um baulé é negro ou um chinês é amarelo. Quando tentamos, no seio de cada um dos três grandes grupos, distinguir os subgrupos, é que aparece o que há de enganador na idéia que comumente se faz da raça.

Dizer que um inglês é um homem de raça branca fica entendido que isso está acima de qualquer discussão e é aliás evidente. Mas é um absurdo falar de "raça inglêsa", e mesmo considerar os inglêses como sendo de "raça nórdica". Com efeito, a história nos ensina que, como todos os povos da Europa, o povo inglês se constituiu graças a levas sucessivas de populações diferentes: saxões, dinamarqueses, normandos vindos da França desfraldaram sucessivamente as velas em direção a êsse país céltico, e os próprios romanos, na época de Júlio César, penetraram na ilha. Ademais, se é possível identificar um inglês por sua maneira de vestir ou simplesmente de comportar-se, é impossível reconhecê-lo como tal apenas por sua aparência física: entre os inglêses, como entre todos os outros europeus, há loiros e morenos, altos e baixos e (para referir-nos a um dos critérios mais usados em antropologia), dolicocéfalos (ou pessoas de crânio alongado no sentido ântero-posterior) e braquicéfalos (ou pessoas de crânio grande). Alguns podem afirmar que não é difícil reconhecer um inglês a partir de certos caracteres exteriores

194

que lhe dão um ar próprio: sobriedade de gestos (opondo-se à gesticulação que comumente se atribui às pessoas do Sul), andar, expressões do rosto traduzindo o que se designa pelo têrmo demasiado vago de "fleuma". Todavia, os que arriscassem semelhante asserção poderiam cair muitas vêzes em êrro; porque longe está de todos inglêses apresentarem êsses caracteres e, mesmo admitindo que sejam os do "inglês típico", não deixaria de ser verdadeiro que êsses caracteres *exteriores* não são caracteres *físicos*: atitudes corporais, maneiras de movimentar-se ou de mover os músculos da face dependem do comportamento: são hábitos, ligados ao fato de que pertencem a um certo meio social; longe de serem coisas de *natureza*, são coisas de *cultura* e — se se pode a rigor considerá-los como traços, não "nacionais" (o que seria generalizar de maneira abusiva), mas comuns numa certa classe da sociedade para um certo país ou uma certa região dêsse país — não se poderia contá-los entre os sinais distintivos das raças.

Convém pois não confundir uma "raça" com uma "nação", como se faz muito freqüentemente, dada a acepção muito frouxa com que a palavra "raça" é empregada na linguagem corrente, imprecisão de têrmo que tem suas incidências no plano político e cuja denúncia não é simples questão de purismo.

À primeira vista, cabe pensar que nada muda se se trata da "raça latina" quando se deveria dizer "civilização latina", já que os latinos jamais existiram como raça, isto é (segundo a definição do professor H. V. Vallois), como *agrupamento natural de homens apresentando um conjunto de caracteres físicos hereditários comuns.* Houve, certamente, um povo que tinha por língua o latim e cuja civilização, no tempo do Império Romano, se estendeu à maior parte da Europa Ocidental e mesmo a uma porção da África e do Oriente, isso quando a *pax romana* fôra imposta a um grande número de populações muito diversas e Roma se tornara uma das cidades mais cosmopolitas que os homens jamais conheceram. Assim, a latinidade não se limitou à Itália nem mesmo à Europa mediterrânea, e pode-se encontrar sua marca em países (Inglaterra e Alemanha Ocidental), por exemplo, cujos habitantes hoje não se consideram como parte do mundo latino. Se é bem evidente que a pretensa "raça latina" pouco contribuiu para seu povoamento, não é menos verdadeiro que não possuem base para se considerarem estranhos à "civilização latina".

Uma confusão da mesma ordem, explorada da maneira que se conhece pela propaganda racista, operou-se a

195

propósito dos "arianos"; o que quer que tenha dito o Conde de Gobineau (que, com seu *Ensaio Sôbre a Desigualdade das Raças Humanas*, publicado entre 1853 a 1857, foi um dos primeiros propagadores da idéia da superioridade nórdica), não há raça ariana; pode-se apenas deduzir a existência, no II milênio antes de nossa era, nas estepes que cobrem o Turquestão e a Rússia Meridional, de um grupo de povos dotados de uma cultura e de uma língua comuns, o indo-europeu, de onde derivam entre outras línguas o sânscrito, o grego antigo e o latim, bem como a maioria das línguas faladas atualmente na Europa, pois a expansão e a influência dêsses povos abrangeram uma área de considerável extensão. Com tôda evidência, o fato de ter uma língua comum não significa ser da mesma raça: não é a herança biológica mas a educação recebida que faz que um fale chinês, outros inglês, árabe ou russo. Não é preciso insistir nos prejuízos a que serviu de pretexto a idéia de um superioridade congênita da pretensa "raça ariana".

Uma outra confusão, que infelizmente não parece perto de ser esclarecida, é a que se faz a propósito dos judeus, considerados também como uma raça, quando só se pode defini-los de um ponto de vista confessional (a pertença à religião judaica) e, no máximo, de um ponto de vista cultural (ficando entendido que a segregação de que foram objeto, durante séculos, por parte da cristandade, e o ostracismo a que estão ainda mais ou menos expostos em numerosas regiões do mundo fizeram forçosamente com que se mantivessem, entre judeus de diferentes países, certas maneiras de ser comuns que não dependem do domínio religioso). Os hebreus eram, na origem, pastôres de língua semítica, como os árabes atuais; muito cedo se misturaram a outros povos do Oriente Próximo, inclusive aos hititas de língua indo-européia, e sofreram vicissitudes tais como a permanência no Egito que terminou com o Êxodo (II milênio a. C.), o cativeiro da Babilônia (século VI a. C.), depois a conquista romana, episódios que os levaram a numerosas misturas, antes mesmo da Diáspora ou a dispersão por todo o Império Romano, que se seguiu à destruição de Jerusalém por Tito (ano 70 de nossa era). Na antiguidade, o povo judeu compreendia, segundo parece, mais ou menos os mesmos elementos raciais que os gregos insulares da Ásia Menor. Atualmente, os judeus são tão pouco definíveis do ponto de vista antropológico — a despeito da existência de um pretenso "tipo judeu", distinto aliás para os *aschkenazim* ou judeus do Norte e os *sefaradim* ou judeus do Sul — que os próprios nazistas (para não falar do recurso a in-

196

sígnias especiais) tiveram de apelar ao critério religioso a fim de efetuar a discriminação: era considerado de raça judia aquêle cuja genealogia revelasse haver entre seus ascendentes um certo número de adeptos do judaísmo. Tais são as inconseqüências de doutrinas como o racismo, que não hesitam em forçar os dados científicos e mesmo os do elementar bom senso segundo as necessidades políticas de seus defensores.

O QUE É UMA RAÇA?

Já que uma comunidade nacional não forma uma raça, que a raça não pode ser definida pela comunidade de cultura, de língua ou de religião e que a nenhum dos três grandes grupos raciais se poderia atribuir limites geográficos estritos (a expansão européia, com efeito, realizou-se de tal maneira que atualmente encontramos brancos nas mais disparatadas regiões do globo e, por outro lado, há agora na América, sem contar com os índios, numerosos amarelos, bem como milhões de negros descendentes dos africanos importados como escravos na época do tráfico), cumpre examinar o que é a raça, isolando-nos no campo da antropologia física, único terreno onde semelhante noção — essencialmente biológica, já que se refere à hereditariedade — pode ter algum valor, sob condição de pesquisar posteriormente se a pertença de um indivíduo a uma certa raça não implica corolários psicológicos que tenderiam a particularizá-lo do ponto de vista cultural.

A noção de "raça", como vimos, funda-se na idéia de caracteres físicos transmissíveis que permitem distribuir a espécie *Homo sapiens* em vários grupos que equivalem ao que em botânica se chama "variedade". Ora, o que torna a questão delicada, mesmo dêsse único ponto de vista, é que não podemos ater-nos a uma única característica para definir uma raça (há, por exemplo, hindus de pele escura que se diferenciam dos negros em muitos outros pontos para que se possa considerá-los como tais). Além disso, para cada um dos caracteres a que temos de nos referir, há uma gradação, de sorte que, longe de ser dada nos fatos, a divisão em categorias far-se-á de maneira arbitrária. Na prática, uma raça — ou sub-raça — se definirá como um grupo cujos membros se mantêm, *em média,* nesses limites arbitràriamente escolhidos quanto aos diversos caracteres físicos guardados como diferenciais e de uma população a outra se produzirão superposições: os indivíduos de pele mais clara, por exemplo, em populações consideradas como de raça negra, serão ora tão pouco escuros — ora mais claros — quanto os indivíduos menos claros entre as populações consideradas de raça branca. Assim, em vez de obter um quadro das raças com divisões muito claras, conseguiremos apenas isolar grupos de indivíduos que podem ser considerados como típicos de suas raças por apresentarem o conjunto dos caracteres aceitos como constitutivos desta raça, mas encontrar-se-ão congêneres em que faltam alguns dêsses traços distintivos ou apresentam-nos numa forma mais acentuada. Seria o caso de concluir, então, que êsses indivíduos típicos representam a raça em questão no estado puro — ou quase — ao passo que os outros seriam apenas representantes bastardos?

Nada autoriza a afirmá-lo. A herança biológica de um indivíduo se compõe de uma numerosa série de caracteres originários do pai e da mãe e (segundo a imagem empregada por Ruth Benedict em seu estudo das leis mendelianas da hibridação) "devem ser concebidos não como tinta e água que se misturam mas como uma combinação de pérolas que se ordenariam de uma maneira nova para cada indivíduo". Arranjos inéditos se produzem constantemente em novos indivíduos, de sorte que uma grande quantidade de diferentes combinações de caracteres se realiza em poucas gerações. O "tipo" não corresponde de modo algum a um estado privilegiado da raça; tem um valor de ordem essencialmente estatística e nada mais exprime que a freqüência de certos arranjos surpreendentes.

Do ponto de vista genético, não percebemos muito bem como o mundo humano atual não é tão caótico, já que tipos muito diversos apareceram nas épocas pré-históricas e, ao que parece, as migrações de povos e caldeamentos consideráveis se produziram muito cedo no curso da evolução humana. No que concerne à Europa, por exemplo, no Paleolítico Inferior já encontramos espécies distintas, o homem de Heidelberg, o de Swanscombe, cuja aparência ainda é arcaica. Em seguida, diversas raças se sucedem: no Paleolítico Médio temos o homem de Neanderthal (variedade muito primitiva da espécie *Homo sapiens* ou espécie à parte); no Paleolítico Superior manifestam-se os representantes do *Homo sapiens* atual: raças de Cro-Magnon (que descendem dos antigos guanches, cujos vestígios se encontrariam atualmente entre os habitantes das ilhas Canárias), de Chancelade (cujos traços, em sua maioria, levaram a que fôssem aproximados, erradamente, dos esquimós), de Grimaldi (cujo tipo lembra os negróides atuais). No Mesolítico, constata-se a existência de uma mistura de raças, de onde emergem no

198

Neolítico os nórdicos, os mediterrâneos e os alpinos, que constituíram até hoje os elementos essenciais do povoamento da Europa.

No caso de pequenas sociedades relativamente estáveis e isoladas (como a comunidade esquimó que vive, em economia quase fechada, da caça às focas e outros mamíferos aquáticos), os representantes das diversas linhagens constitutivas da comunidade têm mais ou menos a mesma hereditariedade e, nesse caso, poder-se-ia falar de pureza racial. Mas isso não acontece quando se trata de grupos mais importantes, porque os cruzamentos entre famílias operam-se então numa escala muito ampla e com a intervenção de elementos de proveniências muito diversas. Aplicado a largos grupos de passado tumultuoso e distribuídos por extensas áreas, o têrmo "raça" significa simplesmente que, para além das distinções nacionais ou tribais, pode-se definir conjuntos caracterizados por certas concentrações de caracteres físicos, conjuntos temporários, dado que precedem de massas necessàriamente variáveis (justamente por seu movimento demográfico) e comprometidas num jôgo histórico de contatos e de caldeamentos constantes.

O QUE UM HOMEM DEVE À SUA RAÇA?

Do ponto de vista da antropologia física, a espécie *Homo sapiens* consiste, pois, de um certo número de raças ou grupos diferenciados uns dos outros pela freqüência de certos caracteres transmitidos por meio da hereditariedade, mas que não representam evidentemente senão uma insignificante parte da herança biológica comum a todos os sêres humanos. Embora as semelhanças entre os homens sejam, assim, bem maiores que as diferenças, estamos inclinados a considerar fundamentais as diferenças que representam sòmente variações de um mesmo tema: assim como as diferenças de traços entre pessoas de nosso meio parecem-nos mais acentuadas que as existentes entre pessoas que não são estranhas, as diferenças físicas entre as raças humanas dão-nos a impressão falsa de serem consideráveis, e isso na medida, precisamente, em que uma tal variabilidade é mais marcante entre sêres que são nossos *próximos* do que entre os que pertencem a outras espécies.

A essas diferenças no aspecto exterior somos levados a associar diferenças psicológicas, tanto mais quanto os homens de raças diferentes têm de fato freqüentemente culturas diferentes: um magistrado de uma de nossas gran-

199

des cidades difere fisicamente de um notável congolês e têm igualmente uma mentalidade diferente. Todavia, entre seus físicos diferentes e suas mentalidades diferentes não existe nenhuma relação demonstrável de causa e efeito; observa-se sòmente que êsses dois homens pertencem a duas civilizações distintas e essa distinção não é de molde a não se poder encontrar entre êles certas semelhanças ligadas à analogia relativa de suas posições sociais, assim como um camponês normando a um camponês mandingo, que vivem ambos da parcela de terra que conservam, têm a probabilidade de apresentar um mínimo de pontos de semelhanças, além daquelas que todos os homens têm de comum entre si.

Aos caracteres supostamente "primitivos" que os homens de raça branca crêem ver manifestarem-se no físico dos homens de côr (ilusão ingênua, pois em relação a certos traços antes o branco, com seus lábios finos e sua pilosidade mais abundante, é que se aproximaria dos macacos antropóides), pensou-se que correspondesse a uma inferioridade de ordem psicológica. Todavia, nem as pesquisas dos antropólogos sôbre questões como o pêso e a estrutura do cérebro para as diferentes raças, nem as dos psicólogos na tentativa de avaliar diretamente suas capacidades intelectuais resultaram em qualquer coisa de probatório.

Pôde-se constatar, por exemplo, que o cérebro dos negros pesa, em média, um pouco menos que o dos europeus, mas nada se pode concluir de uma diferença tão mínima (bem menor que as diferenças observáveis de indivíduo para indivíduo no seio de uma mesma raça) e o caso de alguns grandes homens (cujo cérebro, pesado depois da sua morte, revelou-se sensìvelmente mais leve que a média) mostra que a um cérebro mais pesado não corresponde necessàriamente uma inteligência maior.

No que se refere aos testes psicológicos, à medida que foram aperfeiçoados de modo a eliminar a influência do meio físico e social (a influência do estado de saúde, do ambiente, da educação, do grau de instrução etc.), os resultados indicaram a semelhança profunda dos caracteres intelectuais entre os diferentes grupos humanos. De nenhuma maneira se poderia dizer de uma raça que é mais (ou menos) "inteligente" que outra; se se pode, seguramente, constatar que um indivíduo pertencente a um grupo pobre e isolado — ou a uma classe social inferior — se encontra em desvantagem em relação aos membros de um grupo que vive em condições econômicas melhores (que, por exemplo, não são subalimentados ou colocados em condições de insalubridade, e gozam de maior estimulação),

200

isso nada prova quanto às aptidões de que poderia dar provas num meio mais favorável.

Anàlogamente, quando se acreditou observar entre os pretensos "primitivos" uma superioridade sôbre os "civilizados" no domínio das percepções sensoriais — superioridade concebida como uma espécie de corolário à sua presumida inferioridade no domínio intelectual — logo se tiraram conclusões e se negligenciou a parte da educação perceptiva: aquêle que vive, por exemplo, num meio em que a caça ou a coleta de vegetais selvagens constituem a principal fonte de alimentação adquire, sôbre o civilizado, uma superioridade notável na arte de interpretar impressões visuais, auditivas, olfativas, na capacidade de orientar-se etc. Ainda aqui, o que conta é antes o fator cultural que o racial.

Enfim, tôdas as pesquisas sôbre o caráter têm sido incapazes de demonstrar que êle depende da raça: em todos os grupos étnicos encontramos tipos muito diversos de caracteres e não há razão para pensar que êste ou aquêle grupo teria por quinhão uma maior uniformidade nesse ponto de vista. Considerar, por exemplo, os negros como geralmente inclinados à indolência e os amarelos à contemplação é esquematizar grosseiramente e atribuir um valor absoluto a observações puramente circunstanciais; talvez o negro parecesse menos "indolente" aos brancos se êsses últimos, graças à escravidão e à colonização, não tivessem tomado por modêlo do retrato um indivíduo arrancado de seu meio e subjugado a um senhor que o obriga a um trabalho em que não tem qualquer interêsse, de modo que quase não tem escolha — se escapar ao embrutecimento que semelhantes condições de vida podem acarretar — a não ser entre a revolta e uma espécie de fatalismo resignado ou risonho (aliás, o segundo é às vêzes apenas uma máscara para disfarçar o primeiro); anàlogamente, mesmo sem falar do que sabemos do Japão, que, a partir de 1868, ergueu-se como potência imperialista após ter vivido durante séculos quase sem guerras externas e ter-se prendido sobretudo às questões de etiquêta e à apreciação dos valores estéticos, o amarelo lhes pareceria menos naturalmente "contemplativo" se a China tivesse sido conhecida desde o início não por seus filósofos e por suas invenções de que lhes somos devedores, mas por suas produções literárias de tendência realista que nos mostram (como é o caso do *Kin P'ing Mei,* romance licencioso cuja primeira edição data de 1910) chineses mais inclinados às turbulências da galanteria do que à arte ou à mística.

Resulta, portanto, das pesquisas efetuadas durante os últimos trinta ou quarenta anos, tanto pelos antropólogos quanto pelos psicólogos, que o fator racial está longe de desempenhar um papel preponderante na constituição da personalidade. Nada há aí de surpreendente, se considerarmos que traços psicológicos não podem ser transmitidos hereditàriamente de maneira direta (não há um gene que, por exemplo, torne uma pessoa distraída ou atenta), mas que a hereditariedade sòmente influi nesse caso na medida em que exerce uma influência sôbre os órgãos cuja atividade psicológica depende quer do sistema nervoso quer das glândulas de secreção interna, cujo papel, seguramente importante no tocante à detèrminação dos traços emocionais, parece, no caso dos indivíduos normais, mais limitado em comparação com o das diferenças de ambiente no que diz respeito às qualidades intelectuais e morais. Surgem aqui em primeiro plano elementos como o caráter e o nível intelectual dos pais (pelo fato da criança ter crescido em seu contato), a educação social tanto quanto o ensino no sentido estrito, a formação religiosa e o treino da vontade, a ocupação profissional e a função na sociedade, em suma, elementos que não dependem da herança biológica do indivíduo e ainda menos de sua "raça", mas dependem em ampla medida do meio em que se desenvolveu, do quadro social em que está inserido e da civilização a que pertence.

O Homem e suas Civilizações

Assim como à idéia de natureza se opõe a de cultura, como o objeto manufaturado se opõe ao produto bruto ou a terra cultivada à terra virgem, a idéia de "civilização" se opôs há muito — e se opõe ainda hoje no espírito da maioria dos ocidentais — à idéia de "selvageria" (condição do "selvagem", daquele que em latim se denomina *silvaticus,* o homem das selvas). Tudo se passa como se, com ou sem razão, a vida urbana fôsse tomada como símbolo de requinte com relação à vida, supostamente mais rústica, da floresta ou do matagal e como se semelhante oposição entre dois modos de vida permitisse dividir o gênero humano em duas categorias: se, em certas partes do globo, existem povos cujo gênero de vida permite qualificá-los de "selvagens", há outros, chamados "civilizados", que representamos como mais evoluídos ou sofisticados e como os detentores e propagandistas de cultura por excelência, o que os distinguiria radicalmente dos selvagens, considerados ainda como bem próximos do estado natural.

Até recentemente, o homem do Ocidente — que, com o grande movimento de expansão colonial inaugurado pelas descobertas marítimas do fim do século XV, se implantou nas mais longínquas regiões terrestres da Europa e nas mais diferentes pelo clima, instaurando ao menos temporàriamente em tôdas essas regiões seu domínio político e levando consigo tipos de cultura que lhe eram próprios — cedendo a um egocentrismo certamente ingênuo (ainda que fôsse natural ter um certo orgulho do impressionante desenvolvimento que assumiram as técnicas), imaginou que a Civilização se confundia com *sua* civilização, a Cultura com a sua própria (ou pelo menos com a que no mundo ocidental era o apanágio das classes mais abastadas) e não cessou de olhar os povos exóticos com os quais entrara em contato a fim de explorar seu país, abastecer a Europa de produtos estrangeiros, buscar aí novos mercados ou simplesmente assegurar suas conquistas anteriores, quer como "selvagens" incultos e entregues a seus instintos, quer como "bárbaros", designando os que considerava semicivilizados, se bem que inferiores, com o mesmo têrmo que a Grécia antiga aplicava pejorativamente aos estrangeiros.

Quer assimilemos mais ou menos ou não aos modos dos animais bravios essas pessoas pretensamente desprovidas de cultura ou, ao contrário, emprestemos um caráter edênico à sua vida considerada "primitiva" e ainda não corrompida, o fato é que para a maioria dos ocidentais existem homens em estado selvagem, não-civilizados, que representariam a humanidade num estágio correspondente ao que é a infância no plano da existência individual.

Graças ao prestígio dos monumentos que nos deixaram ou apenas pelo único fato de suas relações com o mundo da antiguidade clássica (ou seja, o mundo greco--romano), algumas grandes culturas — ou séries de culturas sucessivas — que o Oriente viu desenvolverem-se, adquiriram muito cedo o direito de cidadania para o pensamento ocidental: as que tiveram por palco o Oriente Próximo (com o Egito, a Palestina que deixaram livros sagrados à guisa de monumentos, e a Fenícia, por exemplo), o Oriente Médio (com a Assíria, a Caldéia, a Pérsia) haviam desfrutado de irradiação suficiente para serem classificadas logo entre as "civilizações" julgadas dignas dêsse nome. A Índia, a China e o Japão, os grandes

203

Estados americanos anteriores ao descobrimento do Nôvo Mundo por Cristóvão Colombo não tardaram a tomar seu lugar e ninguém contestaria hoje que lhes cabe uma posição pelo menos bastante honrosa em qualquer história geral da humanidade. Contudo, levou muito tempo para a inteligência ocidental admitir que povos pouco desenvolvidos do ponto de vista técnico e que não tinham escrita — caso, por exemplo, da maioria dos negros da África, dos melanésios e dos polinésios, dos índios atuais das duas Américas e dos esquimós (embora se possa encontrar, entre algumas dessas populações, o emprêgo da pictografia ou de sinais mnemônicos) — possuem, não obstante, sua "civilização", isto é, uma cultura que, mesmo levando em conta os grupos mais obscuros, revelou-se em certo momento (admitindo-se que tenha perdido esta capacidade ou que esteja mesmo em regressão) dotada de alguma fôrça de expansão e cujos traços aparecem como comuns a várias sociedades distribuídas por uma área geográfica mais ou menos vasta.

Os conhecimentos que a ciência ocidental dos meados do século XX possui em máteria de etnografia, ramo do saber hoje constituído em disciplina metódica, permitem afirmar que não existe atualmente um único grupo humano que se possa dizer "em estado natural". Para confirmar basta considerar o seguinte fato elementar: em nenhum lugar do mundo encontramos um povo cujo corpo seja deixado inteiramente bruto, isento de qualquer vestimenta, enfeite ou qualquer retificação (sob a forma de tatuagem, escarificação ou outra mutilação), como se fôsse impossível — por diferentes que sejam as idéias no domínio do que no Ocidente se chama pudor — conformar-se com o corpo mantendo-o tal como é de nascença. O homem em estado natural é, na verdade, uma pura contemplação do espírito, porque se distingue do animal precisamente enquanto possui uma cultura, de que são privadas mesmo as espécies que consideramos as mais próximas da nossa, por falta de uma inteligência simbólica suficientemente desenvolvida para que se possam elaborar sistemas de sinais, como a linguagem articulada, e fabricar instrumentos que, valorizados como tais, sejam conservados para uso repetido. Se não basta dizer que o homem é um *animal social* (porque espécies muito variadas de animais também vivem em sociedade), pode-se defini-lo como um *ser dotado de cultura*, porque é o único entre todos os sêres vivos a pôr em ação artifícios como a palavra e certo instrumental em suas relações com os semelhantes e com o ambiente.

204

QUE É CULTURA?

Como entre os outros mamíferos, o conjunto do comportamento de um indivíduo se compõe, no homem, de comportamentos instintivos (que fazem parte de seu equipamento biológico), de comportamentos resultantes de sua experiência individual ligados à parte de sua história que é a sua própria) e de comportamento que aprendeu de outros membros de sua espécie; mas no homem, particularmente apto a simbolizar, isto é, a usar coisas atribuindo-lhes um sentido convencional, a experiência — dessa forma mais fàcilmente transmissível e, de algum modo, entesourável, pois a totalidade do saber de cada geração pode passar à seguinte por meio da linguagem — tem a possibilidade de erigir-se em "cultura", herança social distinta da herança biológica como da aquisição individual e que não é outra coisa, segundo os têrmos da Ralph Linton, senão "conjunto organizado de comportamentos apreendidos e resultados de comportamentos, cujos elementos componentes são compartilhados e transmitidos pelos membros de uma sociedade particular" ou de um grupo particular de sociedades.

Enquanto a raça é estritamente assunto de *hereditariedade,* a cultura o é essencialmente de *tradição,* no sentido amplo do vocábulo: que uma ciência, ou um sistema religioso, seja formalmente ensinado aos jovens por seus mestres, que um costume se transmita de uma geração a outra, que certas maneiras de agir sejam assimiladas conscientemente pelos mais novos aos mais velhos, que uma técnica — ou um modo — praticada em um país passe a outro, que uma opinião se difunda graças a uma propaganda ou então, de alguma maneira, por si própria ao acaso das conversações, que o emprêgo de algum engenho ou produto seja adotado espontâneamente ou lançado por meios publicitários, que uma lenda ou um dito chistoso circule de bôca em bôca, fenômenos que surgem como independentes da herança biológica e têm em comum o fato de consistirem na transmissão — por intermédio da linguagem, da imagem ou simplesmente do exemplo — de traços cujo conjunto, característico da maneira de viver de um certo ambiente, de uma certa sociedade ou de um certo grupo de sociedades para uma época de duração mais ou menos longa, não é mais do que a "cultura" do meio social em questão.

Na medida em que a cultura compreende tudo o que é socialmente herdado ou transmitido, seu domínio

205

engloba as mais diferentes ordens de fatos: crenças, conhecimentos, sentimentos, literatura (muitas vêzes tão rica, então sob sua forma oral, entre os povos sem escrita) são elementos culturais, do mesmo modo que a linguagem ou qualquer outro sistema de símbolos (emblemas religiosos, por exemplo) que constitui seu veículo: regras de parentesco, sistemas de educação, formas de govêrno e tôdas as maneiras segundo as quais se ordenam as relações sociais são igualmente culturais; gestos, atitudes corporais, e mesmo expressões do rosto, dependem também da cultura, sendo em grande parte coisas socialmente adquiridas pela educação ou por imitação; tipos de habitação ou de vestimentas, instrumentos, objetos fabricados e objetos de arte — sempre tradicionais pelo menos em certo grau — representam, entre outros elementos, a cultura em seu aspecto material. Longe de estar limitada ao que se ouve na conservação corrente quando se diz que uma pessoa é — ou não é — "culta" (isto é, provida de uma soma mais ou menos rica e variada de conhecimentos dos principais ramos das artes, das letras e das ciências tais como são constituídas no Ocidente), longe de identificar-se com esta "cultura" de prestígio que é apenas a eflorescência de um amplo conjunto pelo qual ela está condicionada e de que ela é apenas a expressão fragmentária, a cultura deve pois ser concebida como compreendendo, na verdade, todo êsse conjunto mais ou menos coerente de idéias, de mecanismos, de instituições e de objetos que orientam — explícita ou implìcitamente — a conduta dos membros de um certo grupo. Nesse sentido, ela está estreitamente ligada ao futuro bem como à história passada do grupo, pois que ela surge, de um lado, como o produto de suas experiências (aquilo que se guardou das *respostas* que os membros das gerações precedentes deram às situações e problemas diversos que enfrentaram) e, de outro, oferece a cada geração ascendente uma base para o futuro (sistema de regras e de modelos de conduta, de valores, de noções, de técnicas, de instrumentos etc., a partir dos quais se organizam as ações dos recém-chegados e que cada um retomará, pelo menos em parte, para usar a seu modo e segundo seus meios nas situações que lhe forem particulares). Semelhante conjunto não pode conseqüentemente jamais se apresentar como definido de vez, mas está constantemente sujeito a modificações, ora bastante mínimas, ou bastante lentas, para serem quase imperceptíveis, ou passarem muito tempo despercebidas, ora de uma amplitude tal ou de uma rapidez tão grande que assumem um aspecto de revolução.

CULTURA E PERSONALIDADE

Do ponto de vista psicológico, a cultura de uma sociedade consiste na totalidade daş maneiras de pensar e de reagir e dos modos de conduta habituais que os membros dessa sociedade adquiriram por meio da educação ou da imitação e que lhes são mais ou menos comuns.

Não levando em conta as particularidades individuais (que, por definição, não podem ser consideradas como "culturais", pois não são o caso de uma coletividade), está fora de questão que todos os elementos constitutivos da cultura de uma mesma sociedade podem encontrar-se em todos os membros dessa sociedade. Se existem alguns dêsses elementos que devemos considerar gerais, há outros que, pelo próprio jôgo da divisão do trabalho (à qual não escapa nenhuma das sociedades existentes, mesmo que seja sob a forma de distribuição das ocupações técnicas e das funções sociais entre os dois sexos e as diferentes idades), são o apanágio de certas categorias reconhecidas de indivíduos, outros ainda que são próprios de tal família ou associação ou então, tais como os gostos, opiniões, uso de certas comodidades ou de certos móveis etc., são simplesmente comuns a certo número de pessoas sem ligação particular entre si. Essa difusão desigual dos elementos de cultura surge como que ligada, de maneira direta ou indireta, à estrutura econômica da sociedade e (no que concerne às sociedades em que a divisão do trabalho está pouco avançada) à sua divisão em castas ou em classes.

Variável segundo o grupo, o subgrupo e, numa certa medida, a família dotada de uma rigidez mais ou menos estrita e impondo-se de maneira mais ou menos coerciva segundo a natureza dos elementos considerados, a cultura representa, no escalão do indivíduo, um fator capital na formação da personalidade.

Identificando-se a personalidade objetivamente com o conjunto das atividades e atitudes psicológicas próprias de um indivíduo — conjunto organizado em um todo original que exprime a *singularidade* dêsse indivíduo com relação a qualquer tipo conhecido a que se possa ligá-lo ela se encontra na dependência de vários fatôres: herança biológica, que influi sôbre sua constituição física, estando cada um por outro lado provido congenitalmente de um repertório de comportamentos instintivos ou melhor *não-aprendidos* (pois, falando a verdade, não existem "instintos" que agiriam como fôrças); situações vividas pelo indivíduo, tanto no plano privado quanto no profissional ou público, em outras palavras sua história, desde o nas-

207

cimento até o instante (eventualmente tardio) em que se pode considerá-lo formado; meio cultural a que êle pertence e de onde tira, por meio da herança social, uma parte dos seus comportamentos *aprendidos*.

Embora a herança biológica exerça realmente uma grande influência sôbre a personalidade do indivíduo (na medida em que êle lhe deve algumas das propriedades de seu corpo e está particularmente na dependência de seu sistema nervoso e de suas glândulas de secreção interna), ela só tem sentido quando considerada sob o ângulo da ascendência familiar e não sob o da raça. Mesmo no quadro da linhagem carecemos do conhecimento necessário da constituição biológica de todos os ascendentes de um certo indivíduo, de tal maneira que sabemos muito pouco sôbre aquilo que êle pode conservar de sua herança. Além disso, é certo que todos os homens normais, qualquer que seja sua raça, possuem o mesmo equipamento geral de comportamentos não-aprendidos (o exame do comportamento infantil tem ressaltado a similitude das respostas iniciais e mostrado como as diferenças ulteriores de comportamento são explicadas pelas diferenças na estrutura individual e pelo primeiro aprendizado); assim, não é ao nível dos pretensos "instintos" que aparecem os caracteres diferenciais entre personalidades diversas. Cumpre também ter em mente que êsses comportamentos não--aprendidos se reduzem a reflexos básicos, e a tendência comum é estender seu domínio de maneira abusiva, vendo manifestações do instinto em atos que na verdade são resultados de hábitos adquiridos, embora nunca ensinados explìcitamente, bastante cedo de modo a dar impressão de ser algo inato.

Embora indiscutìvelmente, além das diferenças individuais, haja diferenças que podemos considerar mais ou menos próprias dos membros de uma dada sociedade em relação aos das outras sociedades, é no campo dos comportamentos adquiridos que elas serão encontradas; serão, assim, por definição, culturais.

Para julgar a importância da cultura como fator na constituição da personalidade, basta lembrar que a cultura não intervém apenas como herança transmitida por meio da educação, mas condiciona tôda a experiência. Com efeito, é num certo ambiente físico (ou seja, o meio biogeográfico) e num certo ambiente social que o indivíduo vem ao mundo. Ora, o ambiente físico não é um ambiente *"natural"*, mas, numa medida aliás variável, é *"cultural"*: o *habitat* de um grupo dado foi sempre mais ou menos moldado por êsse grupo, quando se trata de um

208

grupo sedentário (que, por exemplo, pratica a agricultura ou que tem uma vida urbana), e mesmo no caso do grupo nômade, alguns elementos artificiais, como a tenda ou a cabana, entrarão na decoração de sua vida; ademais, as relações entre o indivíduo e os elementos, artificiais ou não, de seu meio não se estabelecem de maneira imediata mas através da cultura do grupo (conhecimentos, crenças e atividades). A influência do ambiente social é dupla: direta, através dos modelos apresentados ao recém-chegado pelos comportamentos dos outros membros da sociedade a que pertence e através da espécie de enciclopédia resumida constituída pela linguagem, em que se cristalizou tôda a experiência particular do grupo; indireta, através da influência dessa cultura sôbre a personalidade e a conduta dos diversos personagens (por exemplo, pais) que intervêm na história do indivíduo desde sua primeira infância — fase decisiva, que condicionará todo o desenvolvimento futuro.

No geral, o indivíduo é tão fortemente condicionado pela sua cultura que mesmo na satisfação de suas necessidades mais elementares — as que podemos qualificar de biológicas porque os homens as partilham com os outros mamíferos: nutrição, por exemplo, proteção e reprodução — êle só se liberta das regras impostas pelo hábito em circunstâncias excepcionais: um ocidental normal jamais comerá carne de cachorro a menos que esteja ameaçado de morrer de fome e, no entanto, muitos povos teriam repugnância por certas iguarias com que nos regalamos. Do mesmo modo, todo homem se vestirá segundo sua classe (ou melhor segundo a classe que êle gostaria de parecer como sua) e muitas vêzes o costume — ou a moda — sobrepujará as considerações práticas. Finalmente, em nenhuma sociedade, o comércio sexual é livre e em tôda parte existem regras — que variam de uma cultura a outra — para proscrever certas uniões que os membros da sociedade estudada consideram incestuosas e, como tal, criminosas. Cabe notar também que um homem está na dependência, pelo menos parcial, de sua própria cultura, mesmo onde pode parecer o mais liberto de tôda contingência social; no sonho, por exemplo, que não é o produto de uma fantasia gratuita, como se acreditou por muito tempo, mas expressão de interêsses e conflitos que variam segundo as culturas em têrmos de imagens extraídas direta ou indiretamente do ambiente cultural. A cultura afeta, pois, a vida do indivíduo em todos os níveis e se manifesta tanto na maneira como o homem satisfaz suas necessidades físicas como na sua vida intelectual ou em seus imperativos morais.

De tudo isso, podemos inferir que, embora òbviamente nem todos os indivíduos nasçam igualmente dotados do ponto de vista psicológico, o fato de pertencer a êste ou àquele grupo étnico não permite prever as aptidões diversas que êles poderão apresentar. De outro lado, o meio cultural é um elemento de importância primacial, não apenas porque dêle dependem o conteúdo e a forma da educação dispensada ao indivíduo, mas porque representa, pròpriamente falando, o "meio" dentro do qual e em têrmos do qual êle reage. Garantimos que, se uma criança africana, por exemplo, fôsse adotada pelos brancos desde o seu nascimento e educada como seu próprio filho, ela não apresentaria, em relação a crianças do mesmo sexo descendentes dêsses mesmos brancos, qualquer diferença psicológica notável devida à sua origem, falaria a mesma língua com o mesmo sotaque, teria a mesma bagagem de idéias, de sentimentos e de costumes e só se afastaria de seus irmãos ou irmãs adotivos na medida normal em que um grupo social qualquer, por maiores e mais numerosos que possam ser as analogias entre os indivíduos que o compõem, nem por isso é uniforme. Cabe notar, todavia, que se trata de uma visão teórica, pois, mesmo numa família adotiva livre de qualquer tipo de preconceito racial, tal criança estaria de fato (nem que fôsse apenas por causa de sua singularidade exterior) numa situação distinta das outras crianças; para que a experiência fôsse válida, seria preciso de qualquer modo eliminar a provável influência (de orientação e de importância não previsíveis) sôbre o indivíduo assim dotado que teria o fato de ser olhado como diferente dos outros, se não por seu ambiente imediato, pelo menos por outros membros da sociedade. Cabe presumir que, antes que a *raça*, o *preconceito de raça* é que seria sucetível como fator particular de diferenciação, já que êle é suficiente para criar em suas vítimas, mesmo que sem discriminação positiva, uma situação que não tem medida comum com a situação daqueles que não estão sujeitos, por uma idéia preconcebida qualquer, a serem olhados como "diferentes de todo mundo".

COMO VIVEM AS CULTURAS?

Estando identificada à maneira de viver própria de uma certa massa humana numa certa época, uma cultura, por mais lenta que seja sua evolução, nunca pode ser inteiramente estática. Dado que é inerente (pelo menos enquanto existe como um todo organizado, reconhecível a despeito de suas variações) a um grupo em estado de constante renovação pelo próprio jôgo das mortes e dos nascimentos, dado que seu campo de ação é capaz de aumentar ou diminuir (isto é, de interessar um volume demogràficamente mais ou menos importante de famílias, de clãs, de tribos ou de nações), dado que é representada em cada momento de sua história por um conjunto de elementos socialmente transmissíveis (através de herança ou de empréstimo) e pode assim persistir (não sem rejeições, adições, modificações ou transformações completas) através dos avatares do grupo variável que ela caracteriza, periclitar com êsse próprio grupo ou ser abandonada, bem como assimilar novos elementos, exportar alguns de seus próprios elementos, substituir mais ou menos a cultura de um outro grupo (por meio de anexação política ou de alguma outra forma) ou então, inversamente, integrar-se a uma cultura estrangeira em que se funde (passando a existir então apenas por alguns dos seus traços, às vêzes mesmo não deixando qualquer traço apreciável), a cultura aparece, essencialmente, como um sistema temporário e dotado de grande plasticidade. Em quase tôda parte, podemos ouvir os velhos criticarem as maneiras de ser dos jovens, comparando-as com as dos bons velhos tempos, o que equivale a reconhecer explícita ou implìcitamente que algo mudou nos costumes e que a cultura da sociedade a que pertencem evoluiu. Tais mudanças podem realizar-se de dois modos: inovação vinda do interior da sociedade, sob a forma de uma invenção ou de uma descoberta; inovação vinda do exterior, sob a forma de um empréstimo (espontâneo ou forçado).

Mesmo quando se trata de uma invenção (aplicação inédita de conhecimentos de qualquer ordem) ou de uma descoberta (aparecimento de um conhecimento nôvo, científico ou de outro tipo), tal inovação jamais é completamente criadora, no sentido de que não parte de zero: a invenção do tear não só implicava o conhecimento prévio de certas leis e o de outras máquinas mais simples, mas também correspondia a necessidades da indústria européia num determinado momento de sua evolução; o descobrimento da América teria sido impossível sem o conhecimento da bússola e Cristóvão Colombo talvez não tivesse mesmo concebido a idéia de sua viagem se não se fizesse sentir històricamente a necessidade de um caminho marítimo para o tráfico com as Índias; da mesma forma, no campo da estética, não se pode conceber Fídias sem Policleto, nem a atual música popular andalusa sem a música árabe; um estadista como Sólon, enfim, se apóia no povo de Atenas e em aspirações já existentes para dar a seus concidadãos um nôvo estatuto que simplesmente codificava as situações respectivas das diversas classes da sociedade ateniense de sua época. Assim, um invento, uma descoberta, ou uma inovação qualquer não pode portanto ser inteiramente atribuído a um indivíduo. Decerto, tôdas as civilizações têm seus inventores ou outros inovadores, mas uma invenção não é obra de um gênio, mas o último estágio de um progresso gradativo. Pode ser comparada a uma corrente que, por exemplo, passando por elos como a "marmita" do francês Denis Papin e a invenção da máquina de dupla ação de James Watt, vai dar na "talha a vapor" construída em 1663 perto de Londres pelo Marquês de Worcester, aplicando uma idéia formulada cêrca de cinqüenta anos antes pelo francês Salomon de Caus, até a locomotiva *The Rocket* testada em 1814 por George Stephenson — invenções como descobertas não passam de modificações variáveis em grau e em alcance, que sobrevêm após inúmeras outras invenções e descobertas numa cultura que é obra de uma coletividade e o produto de inovações e empréstimos realizados por gerações anteriores. Isso vale tanto para as inovações em matéria de religião, filosofia, arte ou moral, como para as que se referem aos diversos ramos da ciência e da técnica. Os grandes fundadores de religiões (tais como Buda, Jesus ou Maomé) foram apenas reformadores que procederam à refundição mais ou menos completa de uma religião existente, ou sincretistas puros que combinaram, num sistema inédito, elementos de origens diversas; do mesmo modo, a reflexão filosófica ou moral, numa determinada cultura, se devota a problemas tradicionais que se colocam e se resolvem de maneiras diferentes conforme as épocas e sôbre os quais podem ser emitidas simultâneamente opiniões divergentes mas que nem por isso deixam de depender de uma tradição, no sentido de que cada pensador sempre retoma a questão no ponto em que a deixou um de seus antecessores; uma obra literária ou plástica também tem sempre seus antecedentes, por mais revolucionária que possa parecer: os pintores cubistas, por exemplo, afirmaram descender, estèticamente, do impressionista Paul Cézanne e encontraram, na escultura negro-africana, ao mesmo tempo que certos ensinamentos, um precedente para justificar a legitimidade de suas próprias experiências; no domínio das relações sociais pròpriamente ditas, o "não-conformista", seja êle quem fôr — e os há em todos os povos e em todos os ambientes — se inspira geralmente num precedente e, se inova, limita-se a desenvolver mais deliberadamente aquilo que, em outros, permaneceu mais ou menos latente. Assim, uma cultura não é obra, nem de um "herói civilizador" (como o queriam tantas mitologias) nem de alguns grandes gênios, inventores ou legisladores; resulta de uma cooperação. Em certo sentido, os representantes mais antigos da espécie humana seriam, de todos os homens, aquêles legìtimamente qualificados de "criadores"; mas mesmo aqui seria preciso ter em mente que êles não tinham atrás de si o nada, mas o exemplo de outras espécies.

De maneira geral, os ocidentais modernos se maravilham com as invenções e descobertas que podem ser creditadas à sua civilização e estão quase acreditando que têm um monopólio nesse domínio. É esquecer, de um lado, que descobertas como a teoria einsteiniana da relatividade ou a desintegração do átomo são o coroamento de uma longa evolução que as preparou e, de outro, que muitas invenções atualmente ultrapassadas e devidas a anônimos deram provas, em seu tempo e em seu lugar, de um gênio pelo menos igual ao dos nossos sábios mais renomados: os primeiros australianos, por exemplo, que fabricaram bumerangues capazes de voltar ao ponto de partida, não dispunham evidentemente nem de laboratórios nem de serviços de pesquisa científica, mas nem por isso deixaram de fabricar êsses engenhos, muito complicados do ponto de vista balístico; igualmente, os ancestrais dos atuais polinésios, quando se aventuraram de ilha em ilha sem bússola e tendo por únicas embarcações suas pirogas de balancim, executaram feitos que nada ficam a dever aos de Cristóvão Colombo e dos grandes navegadores portuguêses.

FECUNDIDADE DOS CONTATOS

Embora nenhuma cultura seja absolutamente estática, é inquestionável que uma grande densidade de população oferece condições mais favoráveis a novos desenvolvimentos na cultura do grupo em questão. A multiplicidade dos contatos entre indivíduos diferentes é causa de maior intensidade na vida intelectual de cada um. Além disso, em tais grupos numerosos e mais densos, torna-se possível uma divisão do trabalho mais ampla — como já notava Emile Durkheim, o fundador da escola sociológica francesa. Esta maior especialização das tarefas resulta não só num aperfeiçoamento das técnicas, mas na divisão do grupo em classes sociais distintas, entre as quais não deixarão de surgir tensões ou conflitos (por questões de interêsse ou de prestígio), o que suscitará, cedo ou tarde, a modificação das formas culturais estabelecidas. Em

213

sociedades de estrutura tão complexa, cada indivíduo, de maneira geral, se acha em face de situações mais variadas que o obrigam, procedendo a inovações de conduta, a modificar as respostas tradicionais para ajustá-la às suas múltiplas experiências.

Anàlogamente, quanto menos isolado fôr um povo e mais abertura tiver para o exterior e mais ocasiões de contato com outros povos, mais possibilidades terá a cultura dêsse povo de evoluir, enriquecendo-se tanto por empréstimos diretos quanto em razão de uma maior diversidade de experiências para seus representantes e da necessidade em que se vêem de responder a situações inéditas. Mesmo a guerra é um meio de contato entre povos, embora não seja o mais desejável, já que muitas vêzes a cultura de um povo não sobrevive, ou só sobrevive em algumas ruínas, à prova da conquista militar ou da opressão. Um bom exemplo de estagnação cultural causada pelo isolamento é o que oferecem os tasmanianos, que, separados do resto da humanidade pela situação geográfica de sua ilha, ainda estavam, do ponto de vista técnico, ao nível do Paleolítico Médio quando os inglêses lá se estabeleceram no início do século passado; na verdade, o fim dêsse isolamento não foi de modo algum vantajoso para os tasmanianos, porque atualmente desapareceram completamente, dizimados pouco a pouco em suas lutas contra os colonos. Por conseguinte, a conclusão é que, embora o contato, mesmo através da guerra, seja em princípio um fator de evolução cultural, é essencial, para que tal contato seja frutífero, que ocorra entre povos cujos níveis técnicos não sejam muito diferentes (para evitar a exterminação pura e simples de um dêles ou a redução a um estado de quase servidão que acarreta a pulverização da cultura tradicional). É igualmente essencial que os meios técnicos empregados não tenham atingido um grau de eficácia suficiente — como é o caso, infelizmente, das grandes nações de nosso mundo moderno — a fim de que ambos os adversários não saiam de seu conflito arruinados, quando não destruídos.

Assim, os meios, externos e internos, pelos quais uma cultura se transforma incluem contatos entre indivíduos e entre povos, empréstimos, utilização de elementos preexistentes para novas combinações, descobertas de situações e de coisas ignoradas. Tão grande é o papel dos empréstimos (os quais representam uma economia, já que evitam a uma sociedade ter de percorrer ela mesma tôdas as etapas que levam à invenção que ela toma emprestado) que se pode dizer das culturas — como ficou estabelecido no caso das raças — que nunca são "puras" e que não existe uma que, em seu estado atual, não seja o resultado da cooperação de povos diferentes. Esta civilização de que os ocidentais tanto se orgulham constituiu-se graças a múltiplos legados, muitos dos quais são oriundos de não-europeus: o alfabeto, por, exemplo, transmitido de início aos fenícios pelos grupos semitas vizinhos da península do Sinai, passou depois aos gregos e aos romanos, difundiu-se mais tarde pelas regiões mais setentrionais da Europa; o sistema de notação dos números, tal como a álgebra, é de origem árabe, e, por outro lado, sábios e filósofos árabes desempenharam papel importante nas diversas "renascenças" de que foi palco a Europa Medieval; os primeiros astrônomos eram caldeus e foi na Índia ou no Turquestão que se inventou o aço; o café é de origem etíope; o chá, a porcelana, a pólvora, a sêda, o arroz, a bússola nos vêm dos chineses, que, por outro lado, conheceram a impressão bem antes de Gutemberg e souberam, muito cedo, fabricar o papel; milho, fumo, batata, quina, coca, baunilha, cacau se devem aos indígenas americanos; o Antigo Egito influenciou grandemente a Grécia e, se se produziu o famoso "milagre grego", foi precisamente por ser a Grécia uma encruzilhada onde se encontraram muitos povos e culturas diferentes; enfim, não se poderia esquecer que as gravuras e pinturas rupestres das épocas pré-históricas aurignacense e magdalenense (as mais antigas obras de arte que se conhecem na Europa, das quais se pode dizer que sua beleza nunca foi superada) foram obras dos chamados homens da "raça Grimaldi", provàvelmente aparentados com os atuais negróides; que, numa outra esfera estética, a música de jazz, cujo papel é tão importante em nossos lazeres, foi criadã por descendentes dos negros africanos levados como escravos para os Estados Unidos, a quem êste mesmo país também deve — não importa o que ali se pense dêsses negros — a literatura oral que serviu de base aos contos do *Uncle Remus,* obra de renome internacional.

RAÇA, HISTÓRIA E DIFERENÇAS CULTURAIS

Por numerosas que sejam as trocas entre culturas diferentes, no curso da história, e a despeito de nenhuma delas poder considerar-se isenta de qualquer mistura, o fato é que tais diferenças existem e é possível identificar, no tempo, e no espaço, culturas dotadas de fisionomia individual: houve, por exemplo, uma cultura germânica que Tácito descreveu e por quem êsse historiador romano se interessou na medida precisamente em que ela se

215

diferenciava da cultura latina; atualmente, a tarefa do etnógrafo é estudar as culturas que divergem bastante daquela que, com algumas variantes, é comum ao conjunto das nações ocidentais. Haveria, entre raça e civilização, uma ligação de causa e efeito e cada um dos diversos grupos étnicos estaria, em suma, predisposto à elaboração de certas formas culturais? Tal idéia não resiste ao exame dos fatos e se pode hoje dar como estabelecido que as diferenças físicas hereditárias são negligenciáveis como causas das diferenças de cultura observáveis entre os povos. Deve-se levar em consideração, antes, a história dêsses povos (isto é, para cada um dêles, a soma de suas experiências sucessivas, vividas num certo encadeamento).

O primeiro ponto que ressalta é que uma dada civilização não é a criação de uma raça dada mas é normal, ao contrário, que haja a participação de várias raças para formar uma civilização. Seja, por exemplo, o que chamamos de "civilização egípcia", isto é, um *continuum* de formas culturais encontrado no Egito desde o Neolítico (quando o trigo e mesmo a cevada de hoje já eram cultivados, na região do Faium) até o século III da nossa era, época em que se difundiu o Cristianismo pela região: já na Era da Pedra Polida, as sepulturas revelam a existência, no Egito, de uma população camita a que se acrescenta, no início dos períodos dinásticos, uma população de tipo muito diferente: não levando em conta as invasões que sofreu — dos hicsos (nômades provenientes da Ásia, no II milênio a.C., e que introduzem o cavalo e o carro de guerra), dos líbios e dos "povos do mar" (entre os quais figuram talvez os aqueus), dos assírios, dos persas (de cujo domínio os egípcios só escaparam graças à sua anexação por Alexandre em 332 a.C., anexação que os colocou na órbita da Grécia até a queda de Antônio e Cleópatra em 31 a.C.) — o Egito teve estreitas relações com seus vizinhos do Oriente Próximo, após um período de quase isolamento. Através de todos os acontecimentos de sua história (que parecem ter influenciado muito pouco o tipo físico, estabelecido bastante cedo, mas tiveram conseqüências culturais), o Egito foi o palco em que evoluiu, sem muitos acidentes, uma civilização cujo suporte material residia no oásis formado pelas margens do Nilo (fertilizadas graças às cheias anuais dêsse rio); no período helenístico, Alexandria, capital dos Ptolomeus, gozou de grande esplendor ligado a seu caráter de cidade cosmopolita, situada na encruzilhada da África, da Ásia e da Europa. Também na Europa, há provas de que várias raças se sucederam no curso da pré-história, e já no período neolítico existem correntes comerciais que implicam a existência de verdadeiras "relações culturais" entre povos diferentes. Na África Equatorial, constata-se que os próprios pigmeus, cujas técnicas alimentares se reduzem à caça e à coleta, vivem numa espécie de simbiose econômica com os negros sedentários vizinhos e trocam caça por gêneros agrícolas; êsse estado de simbiose não deixa de ter conseqüências em outros domínios culturais e hoje as línguas dos diversos grupos de pigmeus são as dos grupos de negros agricultores com quem estão ligados por semelhantes relações.

Se, ao que parece, não se pode observar uma cultura em que todos os elementos se devam a uma única raça, constata-se também que nenhuma raça está necessàriamente ligada a uma única cultura. Com efeito, produziram-se em nosso tempo transformações sociais consideráveis sem qualquer alteração correspondente no tipo racial; e o Japão, com a revolução engendrada pelo imperador Mutsu-Hito (1866-1912), não constitui exceção. Os mandchus, por exemplo, rude tribo de nômades tonguses, quando conquistaram a China nos meados do século XVII, estabeleceram uma dinastia que reinou gloriosamente sôbre um país que atingia então um dos períodos mais brilhantes de sua civilização; e êsse mesmo país, após derrubar, em 1912, a dinastia mandchu em favor de uma república, está atualmente em processo de socialização. Quando, após a morte de Maomé (632), teve início a expansão do Islã, certos grupos árabes fundaram grandes Estados e construíram cidades onde as artes e as ciências floresceram, ao passo que outros grupos que permaneceram na Arábia continuaram simples pastôres a conduzir seus rebanhos de pastagem em pastagem. Mesmo antes de ser agitada pelas *razzias* dos escravistas muçulmanos, em seguida pelo tráfico dos negreiros europeus e, finalmente, pela conquista colonial, a África Negra sofreu o *handicap* de um relativo isolamento. No entanto, sua história nos ensinou que, até a época contemporânea da nossa Idade Média, ela conheceu impérios como o de Gana, na África Ocidental, que suscitaram a admiração dos viajantes árabes; e hoje, embora a organização política de muitas tribos negro-africanas pareça jamais ter ultrapassado os limites de aldeia, encontramos, como na Nigéria, grandes cidades cuja fundação é anterior à ocupação européia. Como pretender, então, que a cada raça esteja ligado um certo tipo de cultura, especialmente se considerarmos não só os negros do continente africano como também os que, em número de quase trinta e cinco milhões, constituem atualmente parte da população das duas Américas e das Antilhas? Embora descendentes de africanos cuja cultura foi totalmente solapada pela terrível condição de escravo que lhes tirou a liberdade e a terra, êstes povos, no entanto, conseguiram adaptar-se a um meio cultural muito diferente daquele em que foram criados os seus ancestrais e a fornecer, em muitos casos (não obstante a fôrça do preconceito de que são vítimas), uma contribuição importante tanto à vida como ao esplendor desta civilização de que os ocidentais se crêem os únicos representantes: para nos atermos sòmente ao campo literário, é suficiente citar Aimé Césaire, negro da Martinica, atualmente um dos maiores poetas franceses, e Richard Wright, negro do Mississipi, que pode ser - considerado como um dos mais talentosos romancistas americanos.

A história da Europa também nos mostra quão capazes são os povos de mudar nos costumes sem que haja maior alteração na sua composição racial, quão passageiro é, conseqüentemente, o "caráter nacional". Quem reconheceria, por exemplo, nos tranqüilos fazendeiros escandinavos atuais os descendentes daqueles temíveis vikings que, no século IX, aportaram em grande parte da Europa? E que francês de 1969 veria compatriotas nos contemporâneos de Carlos Martel, o vencedor dos árabes em Poitiers, se a tradição nacional, tal como se traduz hoje nos ensinamentos da escola, não lhe tivesse ensinado a considerá-los como tais? Merece lembrar igualmente que, quando Júlio César aportou nas costas da Grã-Bretanha (52 a.C.), os bretões pareciam de tal maneira bárbaros que Cícero, numa carta a seu amigo Ático, desaconselha-o a tomá-los como escravos "tanto são estúpidos e incapazes de aprender". E não se poderia esquecer tampouco que, após a queda do Império Romano, os europeus levaram séculos para constituir Estados sòlidamente organizados e militarmente poderosos; durante tôda a Idade Média — é costume fixar seu término em 1453, data da derrocada definitiva do império bizantino com a tomada de Constantinopla por Maomé II — a Europa teve de defender-se ora contra povos mongólicos tais como os hunos (que chegaram perto do Atlântico), os ávaros, os magiares (que se estabeleceram na Hungria) e os turcos (a quem uma parte da Europa do Sudeste ficou sujeita durante séculos), ora contra os árabes (que, após conquistarem a África do Norte, estabeleceram-se temporàriamente na Espanha e nas ilhas do Mediterrâneo). Nessa época seria difícil prever que os europeus, um dia, seriam fundadores de impérios.

Exemplos análogos de variabilidade nas aptidões de uma dada nação nos são fornecidos pela história das belas-artes: a música, as artes plásticas ou a arquitetura de determinado país passam por um, período brilhante e, depois, pelo menos durante vários séculos, nada de notável será produzido. Pode-se dizer que tais flutuações no talento artístico são devidas a mudanças na distribuição dos genes?

É portanto inútil procurar nos dados biológicos relativos à raça uma explicação das diferenças observáveis entre as realizações culturais dos povos. No entanto, procurar essa explicação, por exemplo, na natureza do *habitat* é quase uma ilusão: se, com efeito, há índios na América do Norte, que apresentam um tipo físico muito uniforme ao mesmo tempo que tipos culturais bem distintos (tais como os Apaches, guerreiros do Sudoeste, racialmente idênticos aos Pueblos, muito mais pacíficos), constata-se igualmente que um dado clima não impõe um gênero definido de habitação e de vestuário (na zona do Sudão Africano, por exemplo, encontramos tipos muito diversos de casas e populações quase nuas ao lado de povos muito vestidos). A vida de um grupo depende, certamente, de seu meio biogeográfico: não se poderia pensar em agricultura nas regiões árticas, assim como em pecuária em boa parte da África infestada pela môsca tsé-tsé, inimiga do gado; ademais, é verdade que um clima temperado é, em regra geral, mais favorável ao estabelecimento humano e ao desenvolvimento demográfico do que um clima extremo. Todavia, técnicas diferentes permitem tirar proveitos diferentes de condições biogeográficas similares: assim, como notou Pierre Gourou, a prática tradicional de cultivar arroz em pântanos na Ásia tropical permitiu há muito tempo alta densidade de população, o que não foi possível em quase tôdas as outras áreas da zona tropical, onde se praticavam as culturas sêcas em queimadas, devido à pobreza e à instabilidade dos solos. A explicação da diversidade cultural dos vários povos encontra-se talvez mais na sua *história* do que na sua atual situação geográfica; os fatôres que parecem desempenhar o papel preponderante são os conhecimentos adquiridos em áreas diferentes que atravessaram no curso das peregrinações (muitas vêzes longas e complicadas) que precederam sua instalação final nas áreas onde os encontramos atualmente, o maior ou menor estado de isolamento em que viveram ou então, inversamente, seus contatos com outros povos e as possibilidades que tiveram de fazer empréstimos de culturas diferentes, fatôres todos ligados diretamente à história dêsses povos.

A história da humanidade, escreve Franz Boas, prova que os progressos da cultura dependem das oportunidades oferecidas a um dado grupo de aprender da experiência de seus vizinhos. As descobertas de um grupo se estendem a outros e, quanto mais variados são os contatos, maiores são as oportunidades de aprender. As tribos de cultura mais simples são, no geral, as que ficaram isoladas durante períodos muito longos e não puderam assim aproveitar das realizações culturais de seus vizinhos.

Os povos europeus — cuja expansão ultramarina, deve-se lembrar, é um fenômeno muito recente, hoje limitado pela própria evolução dos povos a quem antigamente superavam em técnica — devem sua riqueza cultural às oportunidades que tiveram de freqüentes contatos entre si e com populações diferentes. Os romanos, que podem ser considerados como os fundadores do primeiro grande Estado que se constituiu na Europa, imitaram os asiáticos ao construir êsse império, e o Império Bizantino, único sucessor duradouro do Império Romano, devia mais de sua organização administrativa à Pérsia que a Roma. Inversamente, o isolamento relativo em que viveram por tanto tempo os africanos deve ser uma razão para admirar que, malgrado essas condições desfavoráveis, tenham podido constituir, antes do século XV, um Estado como Benim (reino próspero que produziu obras-primas no bronze e no marfim numa época em que a Europa não podia ter fornecido modelos a êsses artistas negros), e tenham podido, no século XVI, construir Tombuctu, a capital do Império Songai, um dos principais centros intelectuais do mundo muçulmano. Para a África, como para outras partes do mundo, é lamentável, certamente, que a rápida expansão dos europeus, numa época em que êsses dispunham de meios materiais sem comparação com os dos outros povos, tenham pura e simplesmente matado no embrião — esmagando com sua massa — muitas culturas cujas potencialidades nunca se poderão saber.

AS CULTURAS PODEM SER HIERARQUIZADAS?

Fundamentalmente, a cultura dos diferentes povos reflete seu passado histórico e varia com suas experiências. Para os povos, assim como para o indivíduo, conta muito mais o *adquirido* que o *inato*: graças à diversidade das experiências resultante das aquisições diversas, o mundo é povoado atualmente por grupos humanos culturalmente muito diferentes, tendo cada um dos quais certas preocupações dominantes que podem ser encaradas como representativas (segundo a expressão do Prof. M. J. Herskovits) do "ponto focal de sua cultura".

O interêsse primordial e a escala de valores podem diferir totalmente de uma para outra sociedade. Os hindus desenvolveram grandemente as técnicas de autocontrôle e da meditação, mas até época recente dispensaram pouca atenção às técnicas materiais em que se concentraram seus contemporâneos americanos e europeus, ao passo que os últimos mostraram-se pouco inclinados, no conjunto, à especulação metafísica e menos ainda ao exercício da filosofia. No Tibete, a vida monástica sempre foi preferida à vida militar, cuja importância tornou-se tão trágica para nós. Entre os negros camitas da África Oriental, a criação de gado é tida em tão alta conta que o animal para êles é mais um tesouro que um meio de subsistência e encontramos um povo como os banioros dividido em duas classes, a superior praticando a criação e a inferior a agricultura; mas, inversamente, muitos grupos de agricultores negros da África Ocidental entregam a guarda de seus rebanhos aos *peuls* a quem desprezam. A existência de tais especializações culturais deve aconselhar a prudência em fazer juízos de valor de uma civilização; não existe cultura que não seja considerada deficiente em certos aspectos e altamente desenvolvida em outros, ou que, a um exame, não se revele mais complexa do que sugeria a aparente simplicidade do conjunto. Os índios pré-colombianos, que não faziam uso de animal de tração e não conheciam a roda nem o ferro, nem por isso deixaram menos monumentos grandiosos que testemunham uma organização social avançadíssima e figuram entre os mais belos que os homens já construíram; entre êsses pré-colombianos se contavam os Maias, que chegaram ao conceito do zero independentemente dos árabes. Também os chineses — aos quais ninguém contestará o estabelecimento de uma grande civilização — durante muito tempo não empregaram o estrume de seus animais na agricultura, nem o seu leite na alimentação. Os polinésios, tècnicamente na Idade da Pedra Polida, conceberam uma mitologia muito rica. Aos negros, que, segundo se cria, serviam no máximo para fornecer mão-de-obra servil às plantações do Nôvo Mundo, devemos uma contribuição considerável no domínio artístico; por outro lado, na África é que foram cultivadas pela primeira vez as duas variedades de milho miúdo, cereais que depois se espalharam pela Ásia. Os próprios australianos, cujas técnicas são das mais rudimentares, aplicaram regras de casamento baseadas num sistema de parentesco de extrema sutileza. Finalmente, por mais evoluída que tenha sido nossa própria civilização do ponto de vista técnico, ela é deficiente em muitos pontos, como o mostram certos fatos como um número elevado de inadaptados encontrados no Ocidente, sem falar dos problemas sociais que ainda não foram resolvidos pelos países ocidentais, nem das guerras em que se empenham periòdicamente.

A verdade é que tôdas as culturas têm seus êxitos e seus reveses, seus defeitos e suas virtudes. A própria língua, instrumento e condição do pensamento, não pode servir para estabelecer uma hierarquia entre elas: encontram-se, por exemplo, formas gramaticais muito ricas na linguagem dos povos sem escrita e considerados "não-civilizados". Seria igualmente inútil julgar uma cultura a partir de nossos próprios imperativos morais, pois — afora o fato de que nossa moral é muito freqüentemente apenas teórica — muitas sociedades exóticas se mostram, em certos aspectos, mais humanas que as nossas. Como nota o grande africanista Maurice Delafosse: "Nas sociedades negro-africanas, não há nem viúvas nem órfãos, estando umas e outros, necessàriamente, a cargo quer da família quer do sucessor do marido"; por outro lado, há civilizações na Sibéria e outros lugares em que indivíduos de quem nos afastaríamos como anormais são considerados como inspirados pelos deuses e, dêsse modo, têm seu lugar particular na vida social. Os homens cuja cultura difere da nossa não são nem mais nem menos morais do que nós mesmos; cada sociedade possui seus padrões morais a partir dos quais ela distingue os bons e os maus, e não se pode certamente julgar a moralidade de uma cultura (ou de uma raça) a partir do comportamento, às vêzes censurável do nosso ponto de vista, de alguns de seus representantes em condições muito especiais engendradas pelo fato de estarem sujeitos ao regime colonial ou serem bruscamente transportados para outro país como soldados ou trabalhadores (que na maioria dos casos levarão uma existência miserável). Enfim, o argumento de alguns antropólogos, segundo o qual certos povos são inferiores pelo fato de não terem produzido "grandes homens", é insustentável. Além de ser necessário definir, primeiro, o que é um "grande homem" (um conquistador com vítimas incontáveis a seu crédito? um grande erudito, artista, filósofo ou poeta? um fundador de religião? um grande santo?), é evidente que, sendo condição essencial de um "grande homem" ver-se cedo ou tarde reconhecido por um largo círculo social, é impossível por definição a uma sociedade isolada ter produzido o que chamamos "grande homem". Convém sublinhar, entretanto, que mesmo nas regiões que permaneceram isoladas por muito tempo —

na África e na Polinésia, por exemplo — se revelaram grandes personalidades, como o imperador mandingo Gongo Mussa (que teria introduzido, no século XIV, o tipo de arquitetura ainda característica das mesquitas e ricas casas do Sudão Ocidental), o conquistador zulu Tchaka (cuja vida deu, nos fins do século passado, ao escritor suto Thomas Mofolo matéria para uma admirável epopéia escrita em sua língua materna), o profeta liberiano Harris (que pregou na Costa do Marfim, em 1913-1914, um cristianismo sincrético), Finau, o rei de Tonga, ou Kamehameha, rei do Havaí (contemporâneo de Cook). Êsses e muitos outros devem talvez apenas a seu círculo cultural muito fechado e demogràficamente estreito o fato de não terem sido reconhecidos — questão de quantidade e não de qualidade — por uma massa suficiente para serem "grandes homens", comparáveis em envergadura ao nosso Alexandre, ao nosso Plutarco, ao nosso Lutero ou ao nosso Rei-Sol. Além disso, não se pode negar que mesmo uma tecnologia relativamente elementar implica grande soma de saber e de habilidade e que o desenvolvimento de uma cultura, embora pouco adaptada a seu meio e rudimentar, não seria concebível se a comunidade em questão tivesse produzido apenas inteligências medíocres.

Sendo nossas idéias sôbre a cultura parte integrante de uma cultura (a da sociedade a que pertencemos), é-nos impossível tomar a posição de observadores exteriores, que seria a única a permitir o estabelecimento de uma hierarquia válida entre as diversas culturas. Nessa matéria, os juízes são necessàriamente relativos e dependem do ponto de vista, e um africano, indiano ou polinésio teria tanto fundamento para julgar severamente a nossa ignorância acêrca da genealogia quanto nós em julgar seu desconhecimento das leis da eletricidade ou do princípio de Arquimedes. O que é permitido afirmar, todavia, como fato positivo é que existem civilizações que, num dado momento da história, se vêem dotadas de meios técnicos bastante aperfeiçoados para que o equilíbrio de fôrças penda a seu favor e que tendem a suplantar as outras civilizações, menos equipadas tècnicamente, com as quais entram em contato. É o caso atual da civilização do Ocidente, a qual — quaisquer que sejam as dificuldades políticas e os antagonismos das nações que a representam — está se expandindo em escala mundial, ao menos sob a forma da difusão dos produtos de sua indústria. O poder de expansão conferido pela tecnologia e pela ciência pode, ao final, ser reconhecido como critério decisivo para atribuir a cada civilização maior ou menor "grandeza";

mas claro está que a palavra "grandeza" só deve ser tomada num sentido, por assim dizer, volumétrico e que é, aliás, de um ponto de vista estritamente pragmático (isto é, em função da eficácia de receitas) que se pode apreciar o valor de uma ciência, considerá-la viva ou morta e distingui-la de uma magia. Se o método experimental — em cujo emprêgo sobressaem os ocidentais e ocidentalizados de hoje — representa um indiscutível progresso sôbre os métodos apriorísticos e empíricos, é, essencialmente, na medida em que seus resultados (ao contrário dos outros métodos citados) podem servir como ponto de partida de novos desenvolvimentos capazes, por seu turno, de aplicações práticas. Além disso, é óbvio que, sendo as ciências em seu conjunto o produto de inúmeras experiências e de processos, para os quais tôdas as raças têm contribuído há milênios, não podem de nenhum modo ser consideradas pelos homens brancos como seu apanágio exclusivo e como indício, nêles, de aptidão congênita.

Formuladas expressamente essas reservas, podemos sublinhar a importância capital da tecnologia (isto é, os meios de agir sôbre o ambiente natural) não só na própria vida das sociedades mas em sua condução. As grandes etapas da história da humanidade são marcadas por progressos técnicos que tiveram profundas repercussões sôbre todos os outros domínios culturais: fabricação de ferramentas e uso do fogo, na aurora dos tempos pré-históricos e antes mesmo do *Homo sapiens;* produção de alimento graças à domesticação das plantas e dos animais, o que elevou a densidade de população e foi a causa do estabelecimento de grupos humanos em aldeias (uma notável transformação do ambiente natural) e especialização das tarefas, do desenvolvimento de artesanatos, tudo isso implicando alargamento econômico que deu margem suficiente para progressos consideráveis em outros setores; produção da energia, que marca o início dos tempos modernos.

As primeiras civilizações de certa envergadura, baseadas na agricultura, estiveram confinadas às zonas fertilizadas por grandes rios (Nilo, Eufrates, Tigre, Indo, Ganges, Rio Azul e Amarelo). A estas se seguiram as civilizações comerciais, apoiadas em mares interiores ou mares com grande massa de terra (fenícios, gregos e romanos no Mediterrâneo, malaios nos mares da Insulíndia), substituídas mais tarde pelas civilizações baseadas na grande indústria cujos centros vitais residiam nos depósitos carboníferos da Europa, da América do Norte e da Ásia, e que comerciavam numa base mundial. Desde que entramos na era atômica, ninguém sabe em que pontos da terra estarão situados logo — salvo conflagração destruidora — os principais centros de produção, nem se as grandes civilizações futuras não se estabelecerão em regiões que nos parecem hoje deserdadas e onde vivem homens cujo único êrro é pertencer a culturas menos bem equipadas que a nossa, com menores possibilidades de modificar o meio natural, mas, em compensação, talvez mais bem equilibradas do ponto de vista das relações sociais.

Não há Aversão Racial Inata

As diferenças observáveis no físico dos homens pertencentes às diversas raças (e não devemos esquecer que os únicos aspectos usados até agora pelos antropólogos como critérios práticos de discriminação são puramente superficiais: côr da pele, côr e forma dos olhos e dos cabelos, forma do crânio, dos lábios e do nariz, estatura etc.) não fornecem indícios da existência de maneiras de ser e de agir próprias dos membros de cada uma das variedades humanas: fora do campo da biologia pura, a palavra "raça" perde qualquer significação. Independentemente da sua divisão política em nacionalidades, os homens podem sem dúvida ser classificados em grupos caracterizados por certa comunidade de comportamento, mas tão-sòmente em função das suas várias "culturas" — em outras palavras, do ponto de vista da história das civilizações; os grupos assim constituídos não coincidem com os grupos estabelecidos em têrmos de semelhanças físicas e só podem ser ordenados segundo uma hierarquia baseada em considerações pragmáticas despidas de qualquer valor absoluto, pois são necessàriamente ligadas a nosso próprio sistema cultural. De qualquer modo, essa hierarquia só tem valor por um período específico, uma vez que as culturas, muito mais que as raças, são fluidas, e os povos são capazes de uma evolução cultural muito rápida após longos séculos de quase-estagnação. Em tais condições, pode-se perguntar qual a origem dêsse preconceito que existe por trás da tentativa de classificar certos grupos humanos como inferiores com base em que sua composição racial constituiria um irremediável *handicap*.

A primeira constatação que ressalta do exame dos dados da etnografia e da história é que o preconceito racial não é universal e é de origem recente. Decerto, muitas das sociedades investigadas pelos etnógrafos exibem um orgulho de grupo; mas, embora êsse grupo se considere privilegiado com relação aos outros, êle não tem

225

pretensões de "raça" e não desdenha, por exemplo, buscar mulheres entre os outros grupos ou sancionar alianças ocasionais com êles. Muito mais que o "sangue", os elementos unificadores são os interêsses comuns e as diversas atividades realizadas em conjunto. Na maioria dos casos, tais grupos não são, de fato, "raças" — quando muito isolados, podem ser no máximo ramos de raça — e constituem simplesmente sociedades cujo antagonismo com outras sociedades, seja tradicional ou ligado a interêsses circunstanciais, não é biológico mas puramente cultural. Os povos que os gregos qualificavam de "bárbaros" não eram encarados como inferiores racionalmente mas como não tendo ainda atingido o mesmo nível de civilização que êles; o próprio Alexandre desposou duas princesas persas e dez mil dos seus soldados se casaram com mulheres hindus. Quanto ao Império Romano, seu principal interêsse em relação aos povos subjugados era levantar tributos e, como não pretendia os mesmos fins de exploração sistemática da terra e dos homens que os imperialismos atuais, não tinha razão para praticar a discriminação racial contra êles. A religião cristã pregou a fraternidade humana e, embora tenha muitas vêzes falhado nesse princípio, jamais elaborou uma ideologia racista. As Cruzadas foram organizadas contra os "infiéis", a Inquisição perseguiu hereges e judeus, e católicos e protestantes lutaram entre si mas em cada caso os motivos alegados são religiosos e não raciais. O quadro só começa a mudar com a abertura do período de expansão colonial dos povos europeus, quando se faz necessário justificar tanta violência e opressão: decretar a inferioridade daqueles que — pouco cristãmente — foram feitos escravos ou desapossados de seu país e banir da humanidade (operação fácil, devido aos diferentes costumes e à espécie de estigma representada pela côr) as populações lesadas.

Que as raízes do preconceito de raça são econômicas e sociais surge muito claramente se tivermos em mente que o primeiro grande apóstolo do racismo, o Conde de Gobineau, declara ter escrito seu famosíssimo *Essai* para combater o liberalismo: para melhor defender a aristocracia européia ameaçada em seus interêsses de casta pela onda crescente de democratas: êle, que pertencia à nobreza, postulou a descendência dos aristocratas de uma pretensa raça superior, que chamou "ariana", e à qual destinou uma missão civilizadora. Encontramos o mesmo motivo na tentativa de alguns antropólogos, como os franceses Broca e Vacher de Lapouge e o alemão Ammon, para demonstrar pela antropometria que a divisão social de classes reflete diferenças raciais (e, por conseguinte, é

226

parte da ordem natural). Contudo, extraordinário caldeamento dos grupos humanos que, desde a pré-história, se produziu tanto na Europa como no resto do mundo, e os incessantes movimentos de população que ocorrem nos países da Europa moderna, são suficientes para demonstrar a inutilidade da tentativa. Mais tarde, o racismo revestiu-se dos aspectos virulentos que conhecemos e tomou, notadamente na Alemanha, a forma nacionalista sem deixar de ser, em sua essência, uma ideologia tendente a instituir ou perpetuar um sistema de castas em benefício econômico e político de uma minoria, por exemplo, reforçando a unidade de uma nação que se colocou como "raça de senhores", inculcando nos colonizadores o sentimento de que são irremediàvelmente inferiores a seus colonizadores, impedindo a ascensão social de parte da população no interior de um país, eliminando concorrentes no plano profissional ou, melhor, neutralizando o descontentamento popular pelo fornecimento ao povo de um bode expiatório que era também uma proveitosa fonte de pilhagem. Há amarga ironia no fato de que o racismo se desenvolveu paralelamente com o progresso da democracia, que recorreu ao prestígio recém-adquirido da ciência para tranqüilizar as consciências cada vez que surgia uma flagrante violação dos direitos de uma parte da humanidade ou uma recusa em reconhecer êsses direitos.

O preconceito racial não é inato. Como o observa Ashley Montagu: "Na América, onde brancos e negros vivem freqüentemente lado a lado, é inegável que as crianças brancas não aprendem a considerar-se superiores às negras até que se lhes diga que o são". Quando, por outro lado, se constata num grupo isolado uma tendência ao racismo (que se manifesta quer pela endogamia voluntária, quer pela afirmação mais ou menos agressiva das virtudes de sua "raça"), deve-se ver nisso apenas uma reação normal de "humilhados e ofendidos" contra o ostracismo ou a perseguição de que são vítimas e não como um indício da universalidade do preconceito racial. Qualquer que seja o papel da agressividade no psiquismo humano, nenhuma tendência impede os homens a cometer atos hostis contra outros porque são de outra raça e, se muito freqüentemente se cometem tais atos, a razão não é uma hostilidade de ordem biológica: pois nunca se viu (ao que eu saiba) uma batalha de cães em que os perdigueiros, por exemplo, fizessem frente aos buldogues.

Não há raças de senhores opostas a raças de escravos: a escravidão não nasceu com o homem; apareceu apenas em sociedades assaz desenvolvidas do ponto de

227

vista técnico para manter escravos e dêles tirar vantagens para a produção.

Do ponto de vista sexual, não há evidência de qualquer aversão de uma a outra raça; na verdade, todos os fatos recolhidos demonstram que houve contínuos cruzamentos de raças desde os tempos mais remotos. Tampouco há a mais leve evidência de que tais cruzamentos produziram maus resultados, pois uma civilização tão brilhante como a da Grécia, por exemplo, surgiu num meio humano em que a miscigenação parece ter sido excessiva.

O preconceito racial não é mais hereditário do que espontâneo: é no sentido estrito um "preconceito", isto é, um juízo de valor cultural sem qualquer base objetiva. Longe de estar na ordem das coisas ou de ser inerente à natureza humana, é um dêsses mitos que procedem muito mais de uma propaganda interessada do que de uma tradição secular. Já que existe uma conexão essencial entre êle e os antagonismos que surgem da estrutura econômica das sociedades modernas, seu desaparecimento, como o de outros preconceitos que são menos as causas de que os sintomas de injustiça social, se fará na medida em que os povos transformarem sua estrutura econômica. Assim, a cooperação de todos os grupos humanos, quaisquer que sejam êles num plano de igualdade, abrirá para a Civilização perspectivas incalculáveis.

Bibliografia

BENEDICT, Ruth. *Race: science and politics.* Edição revista. New York, The Viking Press, 1945.

BOAS, Franz. "Racial purity", *Asia, XL,* 1940.

Civilisation. Le mot et l'idée. Palestras de Lucien Febvre, E. Tonnelat, Marcel Mauss, Alfredo Niceforo, Louis Weber. Debates. Fondation "Pour la science", Première semaine internationale de synthèse, 2º fascículo, Paris, Alcan, 1930.

DELAFOSSE, Maurice. *Civilisations négro-africaines.* Paris, Stock, 1925.

DURKHEIM, Émile. *De la division du travail social.* 2ª edição. Paris, Alcan, 1902.

FINOT, Jean. *Le préjugé des races.* Paris, Alcan, 1906.

GOUROU, Pierre. *Les pays tropicaux,* Paris, Presses Universitaires de France, 1948.

HERSKOVITS, M. J. *Man and his works.* New York, Alfred. A. Knopf, 1949.

HUXLEY, Julian S., e HADDON, Alfred C. *We Europeans,* New York, Harper, 1938.

L'espècie humaine, direção de Paul Rivet, tomo VII, Paris, 1936. (*Eucyclopédie française permanente.*)

LÉVI-STRAUSS, Claude. *Les structures élementaires de la parenté,* Paris, Presses Universitaires de France, 1949.

LINTON, Ralph. *The study of man,* New York, Londres, D. Appleton-Century Company, 1936.

The cultural background of personality. New York, Londres, D. Appleton-Century Company, 1945.

MONTAGU, M. F. Ashley. *Man's most dangerous myth: the fallacy of race.* New York, Columbia University Press, 1942.

Scientific aspects of the race problem, por H. S. Jennings, Charles A. Berger, Dom Thomas Verner Moore, Ales Hrdlicka, Robert H. Lowie, Otto Klineberg. Washington D. C., The Catholic University os America Press, e Londres, New York, Toronto, Longmans, Green and Co., 1941.

The science of man in the world crisis, dir. de Ralph Linton. New York, Columbia University Press, 1945.

VALLOIS, Henri V. *Anthropologie de la population française.* Toulouse, Paris, Didier, 1943.

When peoples meet, edit. por Alain Locke e Bernhard J. Stern. New York, Philadelphia, Hinds, Hayden and Eldrege, 1942.

WHITE, Leslie A. *The science of culture.* New York, Farrar, Straus and Co., 1949.

RAÇA E HISTÓRIA

Claude Lévi-Strauss

Raça e Cultura

Falar de contribuição das raças humanas à civilização mundial poderia ser surpreendente num trabalho destinado a lutar contra o preconceito racista. Seria inútil ter consagrado tanto talento e tantos esforços para mostrar que nada, no atual estado da ciência, permite afirmar a superioridade· ou a inferioridade intelectual de uma raça em relação a outra, mesmo que fôsse apenas para restituir sub-reptìciamente sua consistência à noção de raça, parecendo demonstrar que os grandes grupos étnicos que compõem a humanidade deram, *enquanto tais,* contribuições específicas aọ patrimônio comum.

Mas nada está mais longe de nosso desígnio que tal emprêsa, cujo resultado seria sòmente formular a doutrina racista às avessas. Quando procuramos caracterizar as raças biológicas por propriedades psicológicas particulares, afastamo-nos da verdade científica ao defini-las tanto de maneira positiva quanto negativa. Convém não esquecer que Gobineau, a quem a história converteu no pai das teorias racistas, não concebia, entretanto, a "desigualdade das raças humanas" de maneira quantitativa, mas qualitativa: para êle, as grandes raças primitivas que constituíam a humanidade em seus primórdios — branca, amarela, negra — não eram tão desiguais em valor absoluto quanto diversas em suas aptidões particulares. A tara da degenerescência para êle se ligava mais ao fenômeno da mestiçagem do que à oposição de cada raça, numa escala de valores comum a tôdas; estava destinada, pois, a atingir a humanidade inteira, condenada, sem distinção de raça, a uma mestiçagem cada vez mais avançada. Mas o pecado original da antropologia consiste na confusão entre a noção puramente biológica de raça (na suposição, aliás, de que, mesmo nesse campo limitado, essa noção possa pretender uma objetividade, o que a genética moderna contesta) e as produções sociológicas e psicológicas das culturas humanas. Bastou a Gobineau cometê-lo para se ver encerrado num círculo infernal que conduziu de um êrro intelectual que não exclui a boa-fé à legitimação involuntária de tôdas as tentativas de discriminação e de exploração.

Assim, quando falamos, neste estudo, de contribuição das raças humanas à civilização, não queremos dizer que as contribuições culturais da Ásia ou da Europa, da África ou da América tenham alguma originalidade pelo fato dêsses continentes serem totalmente povoados por habitantes de origens raciais diferentes. Se essa originalidade existe — e não há dúvidas quanto a isso — ela se refere a circunstâncias geográficas, históricas e sociológicas, não a aptidões distintas relacionadas com a constituição anatômica ou fisiológica dos negros, amarelos ou brancos. Mas pareceu-nos que, na mesma medida em que êstes trabalhos se esforçavam para fazer justiça a êsse ponto de vista negativo, arriscavam, ao mesmo tempo, relegar ao segundo plano um aspecto igualmente importantíssimo da vida da humanidade: ou seja, que esta não se desenvolve sob o regime de uma monotonia uniforme mas através dos modos extraordinàriamente diversificados de sociedades e de civilizações; esta diversidade intelectual, estética, sociológica não está ligada por qualquer relação de causa e efeito à que existe, no plano biológico, entre cer-

232

tos aspectos observáveis dos agrupamentos humanos: ela simplesmente lhe é paralela num outro campo. Mas, ao mesmo tempo, se distingue dela por dois caracteres importantes. Primeiramente ela se situa em outra ordem de grandeza. Há muito mais culturas que raças humanas, pois as primeiras se contam por milhares e as segundas, por unidades: duas culturas elaboradas por homens pertencentes à mesma raça podem diferir tanto, ou mais, que duas culturas representativas de grupos racialmente distintos. Em segundo lugar, ao contrário da diversidade entre as raças, cujo principal interêsse reside em sua origem histórica e em sua distribuição no espaço, a diversidade entre as culturas coloca inúmeros problemas, pois podemos perguntar-nos se ela constitui para a humanidade uma vantagem ou um inconveniente, questão geral que se subdivide, bem entendido, em muitas outras.

Enfim e principalmente devemo-nos perguntar em que consiste essa diversidade, com o risco de ver os preconceitos racistas, apenas arrancados de sua base biológica, renascerem em nôvo terreno. Isto porque seria inútil conseguir que o homem do povo renuncie a atribuir um significado intelectual ou moral ao fato de ter a pele negra ou branca, o cabelo liso ou crespo, para ficar em silêncio diante de outra questão à qual a experiência prova que êle se agarra imediatamente: se não existem aptidões raciais inatas, como explicar que a civilização desenvolvida pelo homem branco tenha cumprido os imensos progressos que conhecemos ao passo que as dos povos de côr tenham ficado para trás, umas a meio caminho, outras atingidas por um atraso que se conta em milhares ou dezenas de anos? Não se poderia pois pretender ter resolvido pela negativa o problema da desigualdade das *raças* humanas se não nos debruçarmos também sôbre o da desigualdade — ou da diversidade — das *culturas* humanas que, de fato senão de direito, lhe está diretamente ligado no espírito público.

Diversidade das Culturas

Para compreender como, e em que medida, as culturas humanas diferem entre si, se essas diferenças se anulam ou se contradizem, ou se concorrem para formar um conjunto harmonioso, é necessário primeiramente tentar fazer-lhe o inventário. Mas é aqui que começam as dificuldades, porque nos devemos dar conta de que as culturas humanas não diferem entre si da mesma maneira, nem no mesmo plano. Em primeiro lugar, estamos em presença de sociedades justapostas no espaço, umas próximas, outras distantes, mas, afinal, contemporâneas. Em seguida, devemos contar com formas da vida social que se sucederam no tempo e que estamos impedidos de conhecer por experiência direta. Todo homem pode transformar-se em etnógrafo e ir compartilhar, *in loco,* a existência de uma sociedade que lhe interessa; em compensação, mesmo que êle se torne historiador ou arqueólogo, jamais entrará diretamente em contato com uma civilização desaparecida, mas sòmente através dos documentos escritos ou dos monumentos que esta — ou outras sociedades — tiverem deixado a seu respeito. Finalmente, é bom não esquecer que as sociedades contemporâneas que continuam ignorando a escrita, como as que chamamos "selvagens" ou "primitivas", foram também precedidas por outras formas, cujo conhecimento é pràticamente impossível, mesmo que de maneira indireta; um inventário consciencioso deve-lhe reservar casas brancas sem dúvida em número infinitamente mais elevado que o das casas em que nos sentimos capazes de registrar alguma coisa. Uma primeira constatação se impõe: a diversidade das culturas humanas é de fato no presente, de fato e também de direito no passado, muito maior e mais rica que tudo o que estamos destinados a conhecer a seu respeito.

Todavia, mesmo imbuídos de um sentimento de humildade e convencidos dessa limitação, deparamos outros problemas. O que se entende por culturas diferentes? Algumas parecem sê-lo, mas, se nascem de um tronco comum, não diferem tanto quanto duas sociedades que em nenhum momento de seu desenvolvimento mantiveram relações. Assim, o antigo império dos Incas do Peru e o do Daomé na África diferem entre si de maneira mais absoluta do que, digamos, a Inglaterra e os Estados Unidos de hoje, ainda que essas duas sociedades também devam ser tratadas como sociedades distintas. Inversamente, sociedades que recentemente entraram em contato bastante íntimo parecem oferecer a imagem da mesma civilização, quando chegaram até aí por caminhos diferentes, que não temos o direito de desprezar. Há ao mesmo tempo, nas sociedades humanas, fôrças que trabalham em direções opostas: umas tendem à manutenção e mesmo ao aguçamento dos particularismos; outras agem no sentido da convergência e da afinidade. O estudo da linguagem oferece exemplos surpreendentes de tais fenômenos; assim, línguas de mesma origem tendem a diferenciar-se entre si (como russo, o francês e o inglês), e línguas de origens diversas, porém faladas em territórios vizinhos, desenvolvem características comuns: por exemplo, o russo, em certos aspectos, diferenciou-se de outras línguas eslavas para aproximar-se, ao menos em alguns traços fonéticos, das línguas fino-ugrianas e turcas faladas em sua vizinhança geográfica imediata.

Quando se estudam tais fatos — e outros domínios da civilização, como as instituições sociais, a arte, a religião, forneceriam fàcilmente analogias — chegamos a perguntar-nos se as sociedades humanas não se definem tendo em vista suas relações mútuas, por um certo *optimum* de diversidade além do qual elas não poderiam ir, mas abaixo do qual tampouco podem descer sem perigo. Êsse *optimum* variaria em função do número das sociedades, de sua importância numérica, de sua distância geográfica e dos meios de comunicação (materiais e intelectuais) de que dispõem. Com efeito, o problema da diversidade não se coloca apenas a propósito das culturas estudadas em suas relações recíprocas; existe também no seio de cada sociedade, em todos os grupos que a constituem: castas, classes, meios profissionais ou confessionais etc., desenvolvem certas diferenças às quais cada uma delas atribui uma importância extrema. Cabe perguntar-nos se essa *diversificação interna* não tende a aumentar quando a sociedade se torna, sob outras referências, mais volumosa e mais homogênea; tal foi, talvez, o caso da Índia antiga, cujo sistema de castas se desenvolveu após o estabelecimento da hegemonia ariana.

Vê-se, pois, que a noção da diversidade das culturas humanas não deve ser concebida de maneira estática. Essa diversidade não é a de uma amostragem inerte nem de um catálogo dessecado. É certo que os homens elaboraram culturas diferentes em razão da distância geográfica, das propriedades particulares do meio e da ignorância em que se encontravam do resto da humanidade; mas isso só seria rigorosamente verdadeiro se cada cultura ou cada sociedade tivesse nascido e se desenvolvido no isolamento de tôdas as demais. Ora, isso jamais ocorreu, salvo talvez em exemplos excepcionais como o dos tasmanianos (e ainda assim, por um período limitado). As sociedades humanas nunca estão sòzinhas; quando parecem as mais separadas, é ainda na forma de grupos ou de *ajustamentos*. Assim, não é exagêro supor que as culturas norte-americanas e sul-americanas estiveram separadas de quase todo o contato com o resto do mundo durante um período cuja duração se situa entre dez mil e vinte cinco mil anos. Mas êsse grande fragmento humano isolado consistia numa multidão de sociedades, grandes e pequenas, que mantinham entre si contatos muito estreitos. E, ao lado das diferenças causadas pelo isolamento, há aquelas igualmente importantes, devidas à proximidade: desejo de opor-se, de distinguir-se, de ser êle próprio. Muitos costumes nasceram, não de qualquer necessidade interna ou acidente favorável, mas apenas da vontade de não continuar devedor a um grupo vizinho que tinha um uso preciso para um domínio em que êle próprio não sonhara ditar regras. Conseqüentemente, a diversidade das culturas humanas não nos deve convidar a uma observação fragmentadora ou fragmentada. Ela é menos função do isolamento dos grupos que das relações que as unem.

O Etnocentrismo

No entanto, parece que a diversidade das culturas raramente se apresentou aos homens tal como ela é: um fenômeno natural, resultante das relações diretas ou indiretas entre as sociedades; êles viram nela antes uma espécie de monstruosidade ou de escândalo; nesses assuntos, o progresso de conhecimento não consistiu tanto em dissipar essa ilusão em proveito de uma vida mais exata quanto em aceitá-la ou encontrar o meio de resignar-se a ela.

A atitude mais antiga e que se assenta sem dúvida em fundamentos psicológicos sólidos, pois tende a reaparecer em cada um de nós quando se nos depara numa situação inesperada, consiste em repudiar pura e simplesmente as formas culturais — morais, religiosas, sociais, estéticas — mais afastadas daquelas com que nos identificamos. "Modos de selvagens", "isso não é de nosso costume", "não se deveria permitir isso" etc., tantas reações grosseiras que traduzem essa mesma gastura, essa mesma repulsa, em presença de maneiras de viver, de crer ou de pensar que nos são estranhas. Assim, a Antiguidade confundia tudo o que não participava da cultura grega (depois greco-romana) sob o mesmo nome de bárbaro; a civilização ocidental em seguida utilizou o têrmo selvagem no mesmo sentido. Porém, atrás dêsses epítetos, se disfarça um mesmo juízo: é provável que a palavra bárbaro se refira etimològicamente à confusão e à inarticulação do canto dos pássaros, opostos ao valor significativo da linguagem humana; e selvagem, que quer dizer "da floresta", evoca também um gênero de vida animal, por oposição à cultura humana. Nos dois casos, recusa-se a admitir o próprio fato da diversidade cultural; prefere-se lançar fora da cultura, na natureza, tudo o que não se harmoniza com a norma sob a qual se vive.

Êsse ponto de vista ingênuo, porém profundamente enraizado na maioria dos homens, não precisa ser discutido, pois êsse trabalho — como todos os outros dêsse volume — constitui precisamente a sua refutação. Bastará observar aqui que êle esconde um paradoxo bastante significativo. Essa atitude de pensamento, em nome da qual rejeitamos da humanidade os "selvagens" (ou todos os que convencionamos considerar como tais), é justamente a atitude mais marcante e mais distinta dêsses mesmos selvagens. Sabe-se, com efeito, que a noção de humanidade, a englobar, sem distinção de raça ou de civilização, tôdas as formas da espécie humana, apareceu muito tardiamente e teve expansão limitada. Mesmo onde parece ter atingido seu mais alto desenvolvimento, não está totalmente certa — a história recente o prova — de que esteja ao abrigo dos equívocos ou das regressões. Mas, para amplas frações da espécie humana e durante dezenas de milênios, esta noção parece ser totalmente ausente. A humanidade cessa nas fronteiras da tribo, do grupo lingüístico, às vêzes mesmo da aldeia; a tal ponto que grande número de populações chamadas primitivas se designam por um nome que significa os "homens" (ou às vêzes — diremos com mais discrição — os "bons", os "excelentes", os "completos"), implicando assim que as outras tribos, grupos ou aldeias não participam das virtudes — ou mesmo da natureza — humanas, mas são, quando muito, compostas de "maus", de "malvados", de "símios da terra" ou de "ovos de piolho". Chegam muitas vêzes a privar o estrangeiro dêsse último grau da realidade, convertendo-o num "fantasma" ou numa "aparição". Assim, surgem curiosas situações onde dois interlocutores combinam cruelmente a réplica. Nas Grandes Antilhas, alguns anos após o descobrimento da América, enquanto os espanhóis enviavam comissões de investigação para estudar se os índios possuíam ou não uma alma, êsses últimos empenhavam-se em afogar prisioneiros brancos a fim de verificar, por uma observação prolongada, se seu cadáver estava ou não sujeito à putrefação.

Essa estória, ao mesmo tempo barrôca e trágica, ilustra bem o paradoxo do relativismo cultural (que reencontraremos adiante sob outras formas): é na medida mesma em que se pretende estabelecer uma discriminação entre as culturas e os costumes que nos identificamos mais completamente com aquelas que tentamos negar. Ao negar a humanidade aos que aparecem como os mais "selvagens" ou "bárbaros" de seus representantes, apenas lhes tomamos uma de suas atitudes típicas. O bárbaro é, em primeiro lugar, o homem que acredita na barbárie.

Os grandes sistemas filosóficos e religiosos da humanidade — seja o budismo, o cristianismo ou o islamismo, sejam as doutrinas estóica, kantiana ou marxista —

237

se insurgiram constantemente contra esta aberração. Mas a simples proclamação da igualdade natural entre todos os homens e da fraternidade que os deve unir, sem distinção de raças ou culturas, contém algo de enganoso para o espírito, pois põe de lado uma diversidade de fato, que se impõe à observação, e da qual não basta dizer que não afeta o fundo do problema para que estejamos teórica e pràticamente autorizados a fazer como se ela não existisse. Dessa forma, o preâmbulo à segunda declaração da Unesco sôbre o problema das raças adverte judiciosamente que o que convence o homem do povo de que as raças existem é a "evidência imediata de seus sentidos quando avista juntos um africano, um europeu, um asiático e um índio americano".

As grandes declarações dos direitos do homem também têm essa fôrça e essa fraqueza de enunciar um ideal muito freqüentemente esquecido do fato de que o homem não realiza sua natureza numa humanidade abstrata, mas em culturas tradicionais onde as mudanças mais revolucionárias deixam subsistir lances inteiros, e se explicam em função de uma situação estritamente definida no tempo e no espaço. Prêso entre a dupla tentação de condenar experiências que o chocam efetivamente e de negar diferenças que êle não compreende intelectualmente, o homem moderno abandonou-se a um sem-número de especulações filosóficas e sociológicas a fim de estabelecer compromissos inúteis entre êsses pólos contraditórios, e dar-se conta da diversidade das culturas, procurando suprimir o que ela conserva de escandaloso e de chocante a seus olhos.

Mas, por mais diferentes e às vêzes mais bizarras que possam ser, tôdas essas especulações se resumem de fato numa única fórmula, que o têrmo *falso evolucionismo* é talvez o mais apropriado a caracterizar. Em que consiste êle? Muito exatamente, trata-se de uma tentativa para suprimir a diversidade das culturas, fingindo reconhecê-la plenamente. Pois, se os diferentes estados em que se encontram as sociedades humanas, tanto antigas como distantes, são *estágios* ou *etapas* de um desenvolvimento único que, partindo do mesmo ponto, deve fazê-las convergir para o mesmo fim, vê-se que a diversidade é apenas aparente. A humanidade torna-se uma e idêntica a si mesma; só que essa unidade e essa identidade podem realizar-se apenas progressivamente e a variedade das culturas ilustra os momentos de um processo que dissimula uma realidade mais profunda ou retarda sua manifestação.

Essa definição pode parecer sumária quando se têm presentes ao espírito as imensas conquistas do darwinismo. Mas êsse não está em causa, porque o evolucionismo

238

biológico e o pseudo-evolucionismo que consideramos aqui são duas doutrinas muito diferentes. A primeira nasceu na forma de uma grande hipótese de trabalho, baseada em observações em que a parte da interpretação é muito pequena. Assim, os diferentes tipos que constituem a genealogia do cavalo podem ser dispostos numa série evolutiva por duas razões: a primeira é que se precisa de um cavalo para engendrar um ·cavalo; a segunda, que camadas de terreno superpostas, portanto cada vez mais antigas històricamente, contêm esqueletos que variam de maneira gradual desde a forma mais recente até a mais arcaica. Torna-se assim altamente provável que *Hipparion* seja o ancestral real de *Equus caballus*. O mesmo raciocínio se aplica sem dúvida à espécie humana e a suas raças. Mas, quando passamos dos fatos biológicos aos fatos de cultura, as coisas se complicam singularmente. Podemos recolher no solo objetos materiais, e constatar que, conforme a profundidade das camadas geológicas, a forma ou a técnica de fabricação de um certo tipo de objeto varia progressivamente. No entanto, um machado não dá origem física a um machado, à maneira de um animal. Dizer, nesse último caso, que um machado evoluiu a partir de outro constitui, pois, uma formulação metafórica e aproximada, desprovida do rigor científico que se liga à expressão similar aplicada aos fenômenos biológicos. O que é verdade acêrca de objetos materiais cuja presença física é atestada no solo, para épocas determináveis, o é ainda mais para as instituições, as crenças, os gostos, cujo passado nos é geralmente desconhecido. A noção de evolução biológica corresponde a uma hipótese dotada de um dos mais altos coeficientes de probabilidade que podem encontrar-se no domínio das ciências naturais; ao passo que o conceito de evolução social ou cultural só conduz, no máximo, a um procedimento sedutor, mas perigosamente cômodo, de apresentação dos fatos.

Essa diferença, aliás, negligenciada muito freqüentemente, entre o verdadeiro e o falso evolucionismo se explica por suas respectivas datas de aparecimento. O evolucionismo sociológico, sem dúvida, devia receber um impulso vigoroso por parte do evolucionismo biológico, mas lhe é anterior nos fatos. Sem remontar às concepções antigas, retomadas por Pascal, que comparam a humanidade a um ser vivo que passa pelos estágios sucessivos da infância, da adolescência e da maturidade, no século XVIII é que floresceram os esquemas fundamentais que, com o tempo, serão objetos de tantas manifestações: as "espirais" de Vico, suas "três idades" que anunciam os "três estados" de Comte, a "escada" de Condorcet. Os dois fundadores do evolucionismo social, Spencer e Tylor, elaboraram e publicaram sua doutrina antes de *A Origem das Espécies* ou sem ter lido essa obra. Anterior ao evolucionismo biológico, teoria científica, o evolucionismo social é, muito freqüentemente, apenas a maquilagem falsamente científica de um velho problema filosófico cuja chave não há nenhuma certeza de que a observação e a indução possam um dia fornecer.

Culturas Arcaicas e Culturas Primitivas

Sugerimos que cada sociedade pode, por seu próprio ponto de vista, dividir as culturas em três categorias: as que são suas contemporâneas, mas se acham situadas em outro lugar do globo; as que se manifestaram aproximadamente no mesmo espaço, mas a precederam no tempo; finalmente as que existiram simultâneamente num tempo anterior ao seu e num espaço diferente daquele em que ela se coloca.

Vimos que êsses três grupos não são cognoscíveis com igual certeza. No caso do último, e quando se trata de culturas sem escrita, sem arquitetura e com técnicas rudimentares (como é o caso da metade da terra habitada e de 90 a 99%, conforme as regiões, do tempo decorrido desde o início da civilização), podemos dizer que nada se sabe a seu respeito e que tudo o que se tenta apresentar sôbre êsse assunto constitui hipóteses gratuitas.

Por outro lado, é extremamente tentador procurar estabelecer, entre as culturas do primeiro grupo, relações equivalentes a uma ordem de sucessão no tempo. Como sociedades contemporâneas, que desconhecem a eletricidade e a máquina a vapor, não evocariam a fase correspondente do desenvolvimento da civilização ocidental? Como deixar de comparar as tribos indígenas, sem escrita e sem metalurgia, mas que traçam figuras nas paredes rochosas e fabricam utensílios de pedras, com as formas arcaicas dessa mesma civilização, cuja similaridade é atestada pelos vestígios encontrados nas grutas da França e da Espanha? Foi aí principalmente que o falso evolucionismo teve livre curso. No entanto, êsse jôgo fascinante, a que nos entregamos quase irresistívelmente cada vez que temos a oportunidade (o viajante ocidental não se compraz em encontrar a "idade média" no Oriente, o "século de Luís XIV" na Pequim anterior à Primeira Guerra Mundial, a "idade da pedra" entre os nativos da Austrália ou da Nova Guiné?) é extraordinàriamente pernicioso.

240

Das civilizações desaparecidas, conhecemos apenas alguns aspectos, e em tanto menor quantidade quanto a civilização considerada é mais antiga, já que os aspectos conhecidos são sòmente aquêles que sobreviveram às destruições do tempo. A norma é, pois, tomar a parte pelo todo, concluir, graças às semelhanças que apresentam *certos* aspectos de duas civilizações (uma atual, a outra desaparecida), pela analogia de *todos* os aspectos. Ora, não só essa maneira de raciocinar é lògicamente insustentável, mas também em numerosos casos ela é desmentida pelos fatos.

Até época relativamente recente, os tasmanianos e os patagões possuíam instrumentos de pedra talhada, e algumas tribos australianas e americanas ainda os fabricam. Mas o estudo dêsses instrumentos nos ajuda muito pouco a compreender o uso das ferramentas do Paleolítico. Como se usavam os famosos "socos" cuja utilização devia, no entanto, ser tão precisa que sua forma e técnica de fabricação foram padronizadas de maneira rígida durante cem ou duzentos mil anos, num território que se estendia da Inglaterra à África do Sul, da França à China? Para que serviam as extraordinárias peças levalloisenses, triangulares e achatadas, que se encontram às centenas nos jazigos, e que nenhuma hipótese conseguiu explicar? O que eram os pretensos "bastões de comando" de osso de rena? Qual podia ser a tecnologia das culturas tardenoisenses que deixaram atrás de si um número incrível de minúsculos pedaços de pedra talhada, de formas geométricas infinitamente diversificadas, mas muito poucas ferramentas na escala da mão humana? Tôdas essas incertezas mostram que, entre as sociedades paleolíticas e algumas sociedades indígenas contemporâneas, existe sem dúvida uma semelhança: elas se serviram de uma ferramenta de pedra talhada. Todavia, mesmo no plano da tecnologia, é difícil ir além: a utilização da matéria-prima, os tipos de instrumentos, portanto sua finalidade, eram diferentes e uns nos ensinam pouco dos outros a êsse respeito. Como então poderiam nos instruir sôbre a linguagem, as instituições sociais oú as crenças religiosas?

Uma das intrepretações mais populares, entre as inspiradas pelo evolucionismo cultural, trata as pinturas rupestres que nos foram deixadas pelas sociedades do médio paleolítico como figurações mágicas ligadas a ritos da caça. A marcha do raciocínio é a seguinte: as populações primitivas atuais têm ritos de caça, que nos parecem muitas vêzes desprovidos de valor utilitário; as pinturas rupestres pré-históricas, tanto por sua quantidade quanto por sua situação no interior das grutas, nos parecem sem

241

valor utilitário; seus autores eram caçadores: portanto, serviam a ritos da caça. Basta enunciar essa argumentação implícita para apreciar-lhe a inconseqüência. De resto, ela tem curso principalmente entre os não-especialistas, pois os etnógrafos, que têm experiência com essas populações primitivas tão naturalmente postas "sob tôdas as formas" por um canibalismo pseudocientífico pouco respeitoso da integridade das culturas humanas, concordam em dizer que nada, nos fatos observados, permite formular uma hipótese qualquer sôbre os documentos em questão. E já que *estamos* falando das pinturas rupestres, sublinharemos que, com exceção das pinturas rupestres sul-africanas (que alguns consideram obra recente de nativos), as artes "primitivas" estão tão afastadas da arte magdalenense e aurignacense quanto da arte européia contemporânea. Pois essas artes se caracterizam por um altíssimo grau de estilização que chega às mais extremas deformações, ao passo que a arte pré-histórica oferece um realismo surpreendente. Poder-se-ia ser tentado a ver nesse último caso a origem da arte européia; mas mesmo isso seria inexato, pois, no mesmo território, a arte paleolítica foi seguida por outras formas que não tinham a mesma característica; a continuidade da situação geográfica não muda nada no fato de que, no mesmo solo, se sucederam populações diferentes, ignorantes ou indiferentes da obra de seus antepassados e cada uma delas trazendo consigo crenças, técnicas e estilos opostos.

Pelo estado de suas civilizações, a América pré-colombiana, às vésperas do descobrimento, lembra o período neolítico europeu. Mas essa assimilação não resiste por mais tempo ao exame: na Europa, a agricultura e a domesticação dos animais marcham paralelas, enquanto que na América um desenvolvimento excepcionalmente poderoso da primeira é seguido de uma quase completa ignorância (ou em todo caso, de extrema limitação) da segunda. Na América, o instrumental lítico se perpetua numa economia agrícola que, na Europa, está associada aos primórdios da metalurgia.

É inútil multiplicar os exemplos. Pois as tentativas de conhecer a riqueza e a originalidade das culturas humanas, e de reduzi-las ao estado de réplicas desigualmente atrasadas da civilização ocidental, se chocam com outra dificuldade, que é muito mais profunda: em geral (e exceção feita à América, à qual voltaremos), tôdas as sociedades humanas têm atrás de si um passado que é aproximadamente da mesma ordem de grandeza. Para tratar algumas sociedades como "etapas" do desenvolvimento de outras, seria necessário admitir que, quando acontecia al-

242

guma coisa com essas últimas, com aquelas não acontecia nada — ou muito pouca coisa. E, com efeito, fala-se de bom grado dos "povos sem história" (para dizer às vêzes que são os mais felizes). Essa fórmula elíptica significa sòmente que sua história é e continuará desconhecida, mas não que não existe. Durante dezenas e mesmo centenas de milhares de anos também ali houve homens que amaram, odiaram, sofreram, inventaram, combateram. Na verdade, não existem povos infantis; todos são adultos, mesmo os que não conservaram o diário de sua infância e de sua adolescência.

Poder-se-ia sem dúvida dizer que as sociedades humanas utilizaram irregularmente um tempo passado que, no caso de algumas, teria sido mesmo tempo perdido; que umas devoravam duplos bocados enquanto outras se entretinham pelo caminho. Chegaríamos assim a distinguir entre duas espécies de histórias: uma história progressiva, aquisitiva, que acumula as descobertas e as invenções para construir grandes civilizações, e uma outra história, talvez igualmente ativa e utilizando tantos talentos, mas onde faltaria o dom sintético que é o privilégio da primeira. Cada inovação, em lugar de vir acrescentar-se a inovações anteriores e orientadas no mesmo sentido, se dissolveria aí numa espécie de fluxo ondulante que não chegaria jamais a desviar-se de maneira duradoura da direção primitiva.

Essa concepção nos parece muito mais flexível e matizada que as concepções simplistas que mostramos nos parágrafos precedentes. Poderemos conservar-lhe um lugar em nossa tentativa de interpretação da diversidade das culturas e isso sem fazer injustiça a nenhuma. Mas, antes de lá chegarmos, cumpre examinar várias questões.

A Idéia de Progresso

Devemos primeiramente considerar as culturas pertencentes ao segundo dos grupos que distinguimos: as que precederam històricamente a cultura — qualquer que seja ela — do ponto de vista da qual nos colocamos. Sua situação é muito mais complicada que nos casos anteriormente considerados. Pois a hipótese de uma evolução, que parece tão incerta e tão frágil quando a utilizamos para hierarquizar sociedades contemporâneas afastadas no espaço, parece aqui dificilmente contestável, e mesmo diretamente atestada pelos fatos. Sabemos, pelo testemunho concordante da arqueologia, da pré-história e da paleontologia, que a Europa atual foi de início habitada por es-

243

pécies variadas do gênero *Homo* que se serviam de ferramentas de sílex grosseiramente talhadas; que a essas primeiras culturas sucederam outras, em que o talhe da pedra se afina, depois se acompanha do polimento e do trabalho do osso e do marfim; que a cerâmica, a tecelagem, a agricultura, a criação fazem a seguir seu aparecimento, associadas progressivamente à metalurgia, cujas etapas podemos também distinguir. Essas formas sucessivas se ordenam, portanto, no sentido de uma evolução e de um progresso; umas são superiores e as outras, inferiores. Mas, se tudo isso é verdade, como essas distinções não reagiriam inevitàvelmente sôbre a maneira como tratamos fôrças contemporâneas, mas que apresentam entre si desvios análogos? Nossas conclusões anteriores arriscam-se pois a ser comprometidas por essa nova situação.

Os progressos realizados pela humanidade desde suas origens são tão manifestos e tão surpreendentes que tôda tentativa de discuti-los se reduziria a um exercício de retórica. E todavia, não é tão fácil quanto se crê ordená-los numa série regular e contínua. Há uns cincoenta anos, os cientistas, para representá-los, utilizavam esquemas de admirável simplicidade: idade da pedra lascada, idade da pedra polida, idade do cobre, do bronze, do ferro. Tudo isso é demasiado cômodo. Suspeitamos atualmente de que o polimento e o corte da pedra existiram às vêzes paralelamente; quando a segunda técnica eclipsa completamente a primeira, não é o resultado de um progresso técnico espontâneamente saído da etapa anterior, mas como uma tentativa de copiar, em pedra, as armas e ferramentas de metal de civilizações mais "adiantadas" sem dúvida, mas na realidade contemporâneas de seus imitadores. Inversamente a cerâmica, que se acreditava solidária da "idade da pedra polida", está associada ao talhe da pedra em algumas regiões do norte da Europa.

Considerando sòmente o período da pedra lascada chamado paleolítico, pensava-se, há alguns anos, que as diferentes formas dessa técnica — caracterizando respectivamente as indústrias de "núcleo", as indústrias de "lascas" e as indústrias de "lâminas" — correspondessem a um progresso histórico em três etapas que se chamava paleolítico inferior, paleolítico médio e paleolítico superior. Admite-se hoje que essas três formas coexistiram, constituindo, não etapas de um progresso de sentido único, mas aspectos ou, como dizemos, "facies" de uma realidade não estática sem dúvida, mas submetida a variações e transformações muito complexas. De fato, o levalloisense que já citamos e cujo auge se situa entre o 250º e o 70º milênio antes da era cristã atinge uma perfeição na

244

técnica do corte que só iríamos encontrar no fim do neolítico, duzentos e quarenta e cinco a sessenta e cinco mil anos mais tarde, e que teríamos dificuldades de reproduzir em nossos dias.

Tudo o que é verdadeiro no caso das culturas o é também no plano das raças, sem que se possa estabelecer (em razão das ordens diferentes de grandeza) qualquer correlação entre os dois processos: na Europa, o homem de Neanderthal não precedeu as mais antigas formas do *Homo sapiens*; estas foram suas contemporâneas, talvez mesmo suas antepassadas. E não está excluído que os tipos mais variáveis de hominídeos tenham coexistido no tempo, senão no espaço: "pigmeus" da África do Sul, "gigantes" da China e da Indonésia etc.

Ainda uma vez, tudo isso não visa a negar a realidade de um progresso da humanidade, mas nos convida a concebê-lo com mais prudência. O desenvolvimento dos conhecimentos pré-históricos e arqueológicos tende a *desdobrar no espaço* formas de civilização que estávamos levados a imaginar como escalonadas no tempo. Isso tem duas significações: primeiro, o "progresso" (se êsse têrmo ainda convém para designar uma realidade muito diferente daquela a que de início fôra aplicado) não é nem necessário, nem contínuo; êle se realiza por saltos, por pulos, ou, como diriam os biólogos, por mutações. Êsses saltos e êsses pulos não consistem em ir sempre mais longe na mesma direção; são seguidos de mudanças de orientação, um pouco à maneira do cavalo do xadrez que sempre dispõe de vários caminhos porém nunca no mesmo sentido. A humanidade em progresso não se parece com um personagem que sobe uma escada, acrescentando em cada um de seus movimentos um degrau nôvo a todos aquêles que conquistou; lembra antes o jogador cuja sorte está repartida entre vários dados e que, cada vez que os joga, vê-os espalharem-se sôbre o tapête, produzindo tantos números diferentes. O que ganha com um, está sempre exposto a perder com outro, e é sòmente em certas ocasiões que a história é cumulativa, quer dizer, que os números se somam para formar uma combinação favorável.

Essa história cumulativa não é o privilégio de uma civilização ou de um período da história, como o exemplo da América mostra de maneira convincente. Êsse imenso continente vê chegar o homem, sem dúvida em pequenos grupos de nômades que atravessam o estreito de Behring graças às últimas glaciações, numa data que não poderia ser muito anterior ao vigésimo milênio. Em vinte ou vinte e cinco mil anos, êsses homens alcançam uma das mais admiráveis demonstrações de história cumulativa que existem no mundo: explorando completamente os recursos de um meio natural nôvo, aí domesticando (ao lado de certas espécies animais) as mais variadas espécies vegetais para sua alimentação, seus remédios e seus venenos, e — fato inigualado aliás — promovendo substâncias venenosas como a mandioca ao papel de alimento de base, e outras ao de estimulante ou de anestésico; colecionando certos venenos ou estupefacientes em função das espécies animais sôbre as quais cada um dêles exerce uma ação eletiva; levando enfim certas indústrias como a tecelagem, a cerâmica e o trabalho dos metais preciosos ao mais alto ponto de perfeição. Para apreciar êsse imenso trabalho, basta medir a contribuição da América às civilizações do Velho Mundo. Em primeiro lugar, a batata, a borracha, o fumo e a coca (base da anestesia moderna) que, com nomes talvez diversos, constituem quatro pilares da cultura ocidental; o milho e o amendoim que revolucionariam a economia africana antes talvez de generalizar-se no regime alimentar da Europa; em seguida, o cacau, a baunilha, o tomate, o ananás, o pimentão, várias espécies de feijão, de algodão e de cucurbitáceos. Finalmente, o zero, base da aritmética e, indiretamente, da matemática moderna, conhecido e utilizado pelos Maias pelo menos meio milênio antes de sua descoberta pelos sábios hindus, de quem a Europa o recebeu por intermédio dos árabes. Talvez por essa razão seu calendário era, em época igual, mais exato que o do Velho Mundo. A questão de saber se o regime político dos Incas era socialista ou totalitário já fêz correr muita tinta. De qualquer maneira, possuía as fórmulas mais modernas e estava à frente vários séculos em relação aos fenômenos europeus do mesmo tipo. A atenção renovada de que foi objeto recentemente o curare lembraria, se fôsse preciso, que os conhecimentos científicos dos índios americanos, que se aplicam a tantas substâncias vegetais não empregadas no resto do mundo, ainda podem fornecer a êste importantes contribuições.

História Estacionária e História Cumulativa

A discussão anterior do exemplo americano deve convidar-nos a levar avante nossa reflexão sôbre a diferença entre "história estacionária" e "história cumulativa". Se concedemos à América o privilégio da história cumulativa, não seria, com efeito, sòmente porque lhe reconhecemos a paternidade de um certo número de contribuições que lhe tomamos emprestado ou que se parecem com as nossas? Mas qual seria nossa posição, em face de uma civilização que estaria empenhada em desenvolver valores próprios, dos quais nenhum seria capaz de interessar à civilização do observador? Não seria êste levado a qualificar essa civilização de estacionária? Em outras palavras, a distinção entre as duas formas de história dependeria da natureza intrínseca das culturas a que é aplicada, ou resultaria da perspectiva etnocêntrica em que nos colocamos sempre para avaliar uma cultura diferente? Consideraríamos assim como cumulativa tôda cultura que se desenvolvesse num sentido análogo ao nosso, isto é, cujo desenvolvimento fôsse dotado para nós de *significação*. Ao passo que as outras culturas nos pareceriam estacionárias, não necessàriamente porque o são, mas porque sua linha de desenvolvimento nada significa para nós, não é mensurável nos têrmos do sistema de referência que utilizamos.

Que é êsse o caso ressalta de um exame, mesmo sumário, das condições em que aplicamos a distinção entre as duas histórias, não para caracterizar sociedades diferentes da nossa, mas no próprio interior desta. Esta aplicação é mais freqüente do que se crê. As pessoas idosas geralmente consideram como estacionária a história que se desenrola durante sua velhice em oposição à história cumulativa de que foram testemunha seus anos de juventude. Uma época em que elas não mais estão engajadas ativamente, em que não desempenham mais funções, não tem mais sentido: nada acontece nesse caso, ou o que acontece não oferece a seus olhos senão caracteres negativos; ao passo que seus netos vivem êsse período com todo o fervor que seus avós esqueceram. Os adversários de um regime político não reconhecem de boa vontade que êste evolui; êles o condenam em bloco, rejeitam-no da história, como uma espécie de monstruoso entreato ao fim do qual sòmente a vida será retomada. Outra é a concepção dos partidários, e tanto mais, observemo-lo, quanto participam estreitamente, e numa posição elevada, do funcionamento do aparelho. A historicidade, ou, para falar exatamente, a *événementialité* de uma cultura ou de um processo cultural são assim função, não de suas propriedades intrínsecas, mas da situação em que nos encontramos com relação a elas, do número e da diversidade de nossos interêsses que estão engajados nelas.

A oposição entre culturas progressivas e culturas inertes parece assim resultar, primeiramente, de uma diferença de focalização. Para o observador ao microscópio, que se colocou numa certa distância calculada a partir do

247

objetivo, os corpos colocados aquém ou além, mesmo que o afastamento fôsse apenas de alguns centésimos de milímetros, parecem confusos e misturados, ou mesmo nem aparecem: são vistos de lado a lado. Uma outra comparação permitirá revelar a mesma ilusão. É a que empregamos para explicar os primeiros rudimentos da teoria da relatividade. A fim de mostrar que a dimensão e a velocidade de deslocamento dos corpos não são valores absolutos, mas funções da posição do observador, lembramos que, para um viajante sentado à janela do trem, a velocidade e o comprimento dos outros trens variam conforme êsses se desloquem no mesmo sentido ou em sentido oposto. Todo membro de uma cultura está tão estreitamente solidário com ela quanto êsse viajante imaginário o está com seu trem. Pois, desde nosso nascimento, o ambiente faz penetrar em nós, de mil maneiras conscientes e inconscientes, um sistema complexo de referências que consiste de juízos de valor, motivações, centro de interêsses, inclusive a visão reflexiva que a educação nos impõe do futuro histórico de nossa civilização, sem a qual essa se tornaria impensável, ou pareceria em contradição com as condutas reais. Deslocamo-nos literalmente com êsse sistema de referências, e as realidades culturais de fora só são observáveis através das deformações que êle lhes impõe, quando não chega a nos colocar na impossibilidade de perceber o que quer que seja.

Numa medida muito ampla, a distinção entre as "culturas que se movem" e as "culturas que não se movem" se explica pela mesma diferença de posição que faz com que, para nosso viajante, um trem em movimento se mova ou não. É claro, com uma diferença cuja importância aparecerá plenamente no dia — cuja longínqua chegada já podemos entrever — em que se procurar formular uma teoria da relatividade generalizada em outro sentido que o de Einstein, queremos dizer, que se aplique ao mesmo tempo às ciências físicas e às ciências sociais; numas e noutras, tudo parece ocorrer de maneira simétrica porém inversa. Para o observador do mundo físico (como o mostra o exemplo do viajante), os sistemas que evoluem no mesmo sentido que o seu e que parecem imóveis, enquanto que os mais rápidos são os que evoluem em sentidos diferentes. Acontece o contrário com as culturas, pois elas nos parecem tanto mais ativas quanto se deslocam no sentido da nossa, e estacionárias quanto diverge sua orientação. Mas, no caso das ciências do homem, o fator *velocidade* tem apenas um valor metafórico. Para tornar válida a comparação, deve-se substituí-lo pelo de *informação* e de *significação*. Ora, sabemos que é possível acumular muito mais informações num trem que se move paralelamente ao nosso e a uma velocidade próxima (assim, examinar a cabeça dos viajantes, contá-las etc.) do que num trem que nos ultrapassa ou que ultrapassamos a uma enorme velocidade, ou que nos pareça tanto menor quanto circula numa outra direção. No fim, êle passa tão depressa que guardamos dêle apenas uma impressão confusa onde não aparecem os próprios sinais de velocidade; êle se reduz a um ruído momentâneo do campo visual: não é mais um trem, não *significa* mais nada. Há pois, segundo parece, uma relação entre a noção física de *movimento aparente* e uma outra noção que depende igualmente da física, da psicologia e da sociologia: a da *quantidade de informação* suscetível de "passar" entre dois indivíduos ou grupos, em função da maior ou menor diversidade de suas respectivas culturas.

Cada vez que somos levados a qualificar uma cultura humana como inerte ou estacionária, devemos pois perguntar-nos se êsse imobilismo aparente não resulta da ignorância em que estamos de seus interêsses verdadeiros, conscientes ou inconscientes, e se, dotada de critérios diferentes dos nossos, essa cultura não é, em relação a nós, vítima de mesma ilusão. Em outras palavras, pareceríamos uns aos outros como desprovidos de interêsse, muito simplesmente porque não nos assemelhamos.

A civilização ocidental dedica-se inteiramente, há dois ou três séculos, a dar ao homem meios mecânicos cada vez mais poderosos. Adotando êsse critério, far-se-á da quantidade de energia disponível *per capita* a expressão do maior ou menor grau de desenvolvimento das sociedades humanas. A civilização ocidental, sob sua forma norte-americana, ocupará o lugar de destaque, vindo em seguida as sociedades européias e, na esteira, uma massa de sociedades asiáticas e africanas que logo se tornarão indistintas. Ora, essas centenas ou mesmo milhares de sociedades, chamadas "insuficientemente desenvolvidas" e "primitivas", que se baseiam num conjunto confuso quando as encaramos sob a relação que acabamos de citar (e que não é própria para qualificá-las, pois essa linha de desenvolvimento está ausente ou ocupa entre elas um lugar muito secundário), ainda assim não são idênticas. Sob outras relações, elas se colocam nos antípodas umas das oùtras; conforme o ponto de vista escolhido, chegaríamos pois a classificações diferentes.

Se o critério conservado fôsse o grau de capacidade de vencer os meios geográficos mais hostis, não há dúvida de que, de um lado, os esquimós e, de outro, os beduínos levariam a palma. A Índia soube, melhor do que

249

qualquer outra civilização, elaborar um sistema filosófico-religioso, e a China, um gênero de vida, capazes de reduzir as conseqüências psicológicas de um desequilíbrio demográfico. Há já treze séculos, o Islã formulou uma teoria da solidariedade de tôdas as formas da vida humana: técnica, econômica, social, espiritual, que o Ocidente só iria encontrar muito recentemente, com alguns aspectos do pensamento marxista e o nascimento da etnologia moderna. Sabemos que lugar preeminente essa visão profética permitiu aos árabes ocupar na vida intelectual da Idade Média. O Ocidente, dono das máquinas, testemunha conhecimentos muito elementares sôbre o uso e os recursos dessa suprema máquina que é o corpo humano. Nesse domínio ao contrário, como naquele, conexo, das relações entre o físico e o moral, o Oriente e o Extremo Oriente possuem, com respeito ao Ocidente, um avanço de vários milênios; produziram largas sumas teóricas e práticas como a ioga da Índia, as técnicas de respiração chinesas ou a ginástica visceral dos antigos maoris. A agricultura sem terra, na ordem do dia há pouco tempo, foi praticada durante vários séculos por certos povos polinésios que puderam também ensinar ao mundo a arte da navegação, e que o revolucionaram profundamente, no século XVIII, ao lhe revelar um tipo de vida social e moral mais livre e mais aberto do que tudo o que se imaginava.

Em tudo o que toca à organização de família e à harmonização das relações entre grupos familiares e sociais, os australianos, atrasados no plano econômico, ocupam um lugar tão adiantado com relação ao resto da humanidade que é necessário, para compreender os sistemas de regras que êles elaboraram de maneira consciente e refletida, recorrer às formas mais refinadas da matemática moderna. Foram êles que na verdade descobriram que os laços do matrimônio formam a talagarça sôbre a qual as outras instituições não passam de enfeites; pois, mesmo nas sociedades modernas em que o papel da família tende a restringir-se, a intensidade dos laços de família não é menor: ela diminui sòmente num círculo mais estreito em cujos limites outros laços, que cencernem a outras famílias, logo vêm substituí-la. A conexão das famílias por meio dos casamentos endógenos pode conduzir à formação de grandes articulações entre alguns conjuntos, ou pequenas, entre conjuntos muito numerosos; mas pequenas ou grandes, são essas articulações que mantêm todo o edifício social e que lhe dão flexibilidade. Com admirável lucidez, os australianos criaram a teoria dêsse mecanismo e inventariaram os principais métodos que permitem realizá-lo, com as vantagens e as desvantagens ligadas a cada um. Assim, ultrapassaram o plano da observação empírica para elevar-se ao conhecimento das leis matemáticas que regem o sistema. De modo que não é absolutamente exagerado aclamá-los, não só como os fundadores de tôda sociologia geral, mas também como os verdadeiros introdutores da medida nas ciências sociais.

A riqueza e a audácia da invenção estética dos melanésios, seu talento para integrar na vida social os mais obscuros produtos da atividade inconsciente do espírito, constituem um dos picos mais altos que os homens atingiram em tais direções. A contribuição da África é mais complexa, e também mais obscura, pois foi só em data recente que se começou a suspeitar da importância de seu papel como *melting pot* cultural do Velho Mundo: lugar em que tôdas as influências vieram fundir-se para distribuir-se ou manter-se em reserva, mas sempre transformadas em sentidos novos. A civilização egípcia, cuja importância para a humanidade se conhece, só é inteligível como uma obra comum da Ásia e da África; e os grandes sistemas políticos da África antiga, suas construções jurídicas, suas doutrinas filosóficas por muito tempo ocultas aos ocidentais, saus artes plásticas e sua música, que exploram metòdicamente tôdas as possibilidades que oferece cada meio de expressão, são outros tantos indícios de um passado extraordinàriamente fértil. Êste é, aliás, diretamente atestado pela perfeição das antigas técnicas do bronze e do marfim, que superam de longe tudo o que Ocidente praticava nesses domínios na mesma época. Já lembramos a contribuição americana, e é desnecessário voltar a ela agora.

Aliás, não são essas contribuições fragmentadas que devem chamar a atenção, pois elas se arriscariam a nos dar uma idéia, duplamente falsa, de uma civilização mundial composta como uma roupa de Arlequim. Demos demasiada atenção a tôdas as prioridades: fenícia para a escrita; chinesa para o papel, a pólvora, a bússola; hindu para o vidro e o aço... Êsses elementos são menos importantes do que a maneira pela qual cada cultura os agrupa, conserva ou retém. E o que faz a originalidade de cada uma delas reside mais na sua maneira particular de resolver problemas, de pôr em perspectiva valores, que são aproximadamente os mesmos para todos homens: pois todos os homens sem exceção possuem uma linguagem, técnicas, uma arte, conhecimentos de tipo científico, crenças religosas, uma organização social, econômica e política. Ora, essa dosagem nunca é exatamente a mesma para

251

cada cultura, e cada vez mais a etnologia moderna se empenha mais em revelar as origens secretas dessas opções que em fazer um inventário de traços separados.

Lugar da Civilização Ocidental

Talvez alguém formule objeções contra semelhante argumentação devido a seu caráter teórico. É possível, dirá, no plano de uma lógica abstrata, que cada cultura seja incapaz de fazer um julgamento verdadeiro de outra, visto que uma cultura não pode evadir-se de si mesma e sua apreciação torna-se, por conseguinte, prisioneira de um relativismo sem apelação. Mas observem em sua volta; estejam atentos ao que se passa no mundo há um século, e tôdas as suas especulações cairão por terra. Longe de permanecer confinadas em si mesmas, tôdas as civilizações reconhecem, uma após outra, a superioridade de uma delas, que é a civilização ocidental. Não vemos o mundo inteiro tomar-lhe emprestado progressivamente suas técnicas, seu gênero de vida, suas distrações e até suas vestimentas? Como Diógenes provava o movimento andando, é justamente a marcha das culturas humanas que, desde as amplas massas da Ásia até às tribos perdidas na floresta brasileira ou africana, prova, por uma adesão unânime sem precedentes na história, que uma das formas da civilização humana é superior a tôdas as outras: o que os países "insuficientemente desenvolvidos" reprovam aos outros nas assembléias internacionais não é ocidentalizá-los, mas não lhes dar bastante depressa os meios de ocidentalizar-se.

Tocamos assim no ponto mais sensível de nosso debate; de nada serviria defender a originalidade das culturas humanas contra elas mesmas. Ademais, é extremamente difícil ao etnólogo dar uma avaliação justa de um fenômeno como a universalização da civilização ocidental, e isso por vários motivos. Primeiramente, a existência de uma civilização mundial é um fato provàvelmente único na história ou cujos precedentes deveriam ser buscados numa pré-história longínqua, a respeito da qual quase nada sabemos. Em seguida, uma grande incerteza reina sôbre a consistência do fenômeno em questão. É fato que, há um século e meio, a civilização ocidental tende, seja na totalidade, seja por alguns de seus elementos-chave como a industrialização, a se espalhar pelo mundo; e que, na medida em que as culturas procuram preservar algo de sua herança tradicional, essa tentativa se reduz geralmente às superestruturas, isto é, aos aspectos mais frágeis e que supostamente serão varridos pelas transformações profundas que se realizam. Mas o fenômeno está em curso, não conhecemos ainda o seu resultado. Chegar-se-á a uma ocidentalização integral do planêta com variantes, russa ou americana? Aparecerão formas sincréticas, como se percebe a possibilidade para o mundo islâmico, a Índia e a China? Ou o movimento de fluxo já atinge seu têrmo e vai ser reabsorvido, estando o mundo ocidental prestes a sucumbir, como os monstros pré-históricos, a uma expansão física incompatível com os mecanismos internos que asseguram sua existência? É levando em conta tôdas essas reservas que tentaremos avaliar o processo que se desenrola sob nossos olhos e de que somos, consciente ou inconscientemente, os agentes, os auxiliares ou as vítimas.

Começaremos por observar que esta adesão ao gênero de vida ocidental, ou a alguns de seus aspectos, está longe de ser tão espontânea quanto os ocidentais gostariam de crer. Resulta menos de uma adesão livre do que de uma ausência de escolha. A civilização ocidental estabeleceu seus soldados, seus postos comerciais, suas plantações e seus missionários no mundo inteiro; direta ou indiretamente, interveio na vida das populações de côr; revolucionou completamente seu modo tradicional de existência, seja impondo o seu, seja instaurando condições que preparassem o desmoronamento dos quadros existentes sem substituí-los por outros. Os povos subjugados ou desorganizados só podiam aceitar as soluções substitutivas que lhes eram oferecidas, ou, se não estivessem dispostos a isso, esperar aproximar-se suficientemente delas para estar em condições de combatê-las no mesmo terreno. As sociedades não se entregam com tal facilidade, na ausência dessa desigualdade na relação das fôrças; sua *Weltanschauung* se aproxima antes da das pobres tribos do Brasil oriental, onde o etnólogo Curt Nimuendaju soubera fazer-se adotar, e cujos indígenas, cada vez que êle voltava a êles após uma estada nos centros civilizados, soluçavam de pena à idéia dos sofrimentos que êle devia ter passado, longe do único lugar — sua aldeia — onde achavam que valia a pena viver.

Todavia, ao formular essa reserva, nós apenas deslocamos a questão. Se não é aquiescência que fundamenta a superioridade ocidental, não é então essa maior energia de que ela dispõe e que precisamente lhe permitiu forçar a aquiescência? Atingimos aqui o ponto crucial. Pois esta desigualdade de fôrça não depende mais da subjetividade coletiva, como os fatos de adesão que evocávamos há pouco. É um fenômeno objetivo que só o recurso a causas objetivas pode explicar.

Não se trata de empreender aqui um estudo filosófico das civilizações; poder-se-ia discutir em vários volumes a natureza dos valores professados pela civilização ocidental. Ressaltaremos apenas os mais manifestos, os que estão menos sujeitos a controvérsia. Êles se reduzem, ao que parece, a dois: a civilização ocidental procura de um lado, segundo a expressão de Leslie White, aumentar contìnuamente a quantidade de energia disponível *per capita;* de outro lado, procura proteger o prolongar a vida humana, e, se quisermos ser breves, consideraremos que o segundo aspecto é uma modalidade do primeiro, pois a quantidade de energia disponível aumenta, em valor absoluto, com a duração e a importância da existência individual. Para afastar tôda e qualquer discussão, admitiremos de antemão que êsses caracteres podem acompanhar-se de fenômenos compensadores que servem, por assim dizer, de freio: assim, os grande massacres que são as guerras mundiais e a desigualdade que preside à distribuição da energia disponível entre os indivíduos e entre as classes.

Pôsto isso, constata-se imediatamente que, se a civização ocidental dedicou-se, com efeito, a essas tarefas com um exclusivismo no qual reside talvez sua fraqueza, ela não é certamente a única. Tôdas as sociedades humanas, desde os tempos mais remotos, agiram no mesmo sentido; e as sociedades muito longínquas e muito arcaicas, que assimilaríamos naturalmente aos povos "selvagens" de hoje, é que realizaram, nesse setor, os progressos mais decisivos. No momento atual, êstes constituem sempre a maior parte do que chamamos civilização. Dependemos ainda das imensas descobertas que marcaram o que se denomina, sem qualquer exagêro, a revolução neolítica: a agricultura, a criação, a cerâmica, a tecelagem... A tôdas essas "artes da civilização", nestes oito ou dez mil anos, temos dado apenas aperfeiçoamentos.

É verdade que certos espíritos têm uma irritante tendência a reservar o privilégio do esfôrço, da inteligência e da imaginação às descobertas recentes, enquanto que as que foram realizadas pela humanidade em seu período "bárbaro" seriam obra do acaso e que ela, no fim de contas, teria pouco mérito nisso. Essa aberração nos parece tão grave e tão difundida, e é tão profundamente de molde a impedir uma visão exata da relação entre as culturas que cremos indispensável dissipá-la completamente.

254

Acaso e Civilização

Lê-se em tratados de etnologia — e não nos menos importantes — que o homem deve o descobrimento do fogo ao acaso do raio ou de um incêndio de matas; que a descoberta de uma caça assada acidentalmente nessas condições revelou-lhe o cozimento dos alimentos; que a invenção da cerâmica resulta do esquecimento de uma bolinha de argila nas proximidades de uma fogueira. Dir-se-ia que o homem teria vivido de início numa espécie de idade do ouro tecnológico, em que as invenções eram colhidas com a mesma facilidade que os frutos e as flôres. Ao homem moderno estariam reservadas as fadigas do trabalho e as inspirações do gênio.

Esta visão ingênua resulta de uma total ignorância da complexidade e da diversidade das operações implicadas nas técnicas mais elementares. Para fabricar uma ferramenta eficaz de pedra lascada, não basta bater num seixo até lascá-lo: percebeu-se isso muito bem no dia em que se tentou reproduzir os principais tipos de ferramentas pré-históricas. Então — e observando também a mesma técnica entre os indígenas que ainda a possuem — descobriu-se a complicação dos processos indispensáveis e que vão, às vêzes, até à fábricação preliminar de verdadeiros "aparelhos de lascar": martelos com contrapesos para controlar o impacto e sua direção; dispositivos amortecedores para evitar que a vibração não rompa a lasca. É preciso também um amplo conjunto de noções sôbre a origem local, os processos de extração, a resistência e a estrutura dos materiais utilizados, um treino muscular apropriado, o conhecimento das "técnicas" etc.; numa palavra, uma verdadeira "liturgia" correspondente, *mutatis mutandis*, aos diversos capítulos de metalurgia.

Do mesmo modo, incêndios naturais podem às vêzes grelhar ou assar; mas é muito fàcilmente concebível (fora o caso dos fenômenos vulcânicos cuja distribuição geográfica é restrita) que possam fazer ferver ou cozer no vapor. Ora, êsses métodos de cozimento não são menos universais que os outros. Não há razão, pois, de excluir o ato inventivo, que certamente foi necessário para os últimos métodos, quando se quer explicar os primeiros.

A cerâmica oferece um excelente exemplo, porque uma crença muito difundida pretende que nada há de mais simples que escavar um torrão de argila e endurecê-lo ao fogo. Tentem, então. Primeiramente, é preciso descobrir argilas próprias para o cozimento; ora, se são necessárias para isso grande número de condições naturais, nenhuma

255

é suficiente, pois nenhuma argila não misturada a um corpo inerte, escolhido em função de suas características particulares, daria após cozimento um recipiente utilizável. Cumpre elaborar técnicas de modelagem que permitam conservar em equilíbrio durante um tempo apreciável, e modificar ao mesmo tempo, um corpo plástico que não "se mantém", enfim, é preciso descobrir o combustível particular, a forma do forno, o tipo de calor e a duração do cozimento, que permitirão torná-lo sólido e impermeável, através de todos os riscos de quebra, esboroamentos e deformações. Poder-se-ia multiplicar os exemplos.

Tôdas essas operações são demasiado numerosas e complexas para que o acaso possa explicá-las. Cada uma delas, tomada isoladamente, nada significa, e é sòmente sua combinação imaginada, desejada, procurada e experimentada que permite o sucesso. O acaso existe sem dúvida, mas não fornece por si próprio nenhum resultado. Durante cêrca de dois mil e quinhentos anos, o mundo ocidental sabia da existência da eletricidade — descoberta por acaso sem dúvida — mas êsse acaso devia permanecer estéril até os esforços intencionais e dirigidos por hipóteses dos Ampères e dos Faraday. O acaso não desempenhou um maior papel nas invenções do arco, do bumerangue ou da zarabatana, no nascimento da agricultura e da criação do que na descoberta da penicilina — do qual sabemos, não obstante, que não estêve ausente. Deve-se pois distinguir com cuidado a transmissão de uma técnica de uma geração a outra, o que se faz sempre com uma facilidade relativa graças à observação e ao treino quotidiano, e a criação ou o aperfeiçoamento das técnicas no seio de cada geração. Essas pressupõem sempre a mesma fôrça imaginativa e os mesmos esforços obstinados da parte de certos indivíduos, qualquer que seja a técnica particular que se tenha em vista. As sociedades que chamamos primitivas não são menos ricas em Pasteur e em Palissy que as outras.

Encontraremos adiante o acaso e a probabilidade, mas em outro lugar e com outra função. Não os utilizaremos para explicar indolentemente o nascimento das invenções completamente realizadas, mas para interpretar um fenômeno que se situa em outro nível de realidade: isto é, que, a despeito de uma dose de imaginação, de invenção, de esfôrço criativo que, temos tôdas as razões para supô-lo, permanece quase constante através da história da humanidade, essa combinação determina mutações culturais importantes sòmente em certos períodos e em certos lugares. Pois, para chegar a êsse resultado, os fatôres puramente psicológicos não bastam: devem, antes de tudo, estar presentes, com uma orientação similar, num número suficiente de indivíduos para que haja garantia de um público para o criador; e essa condição depende, por sua vez, da reunião de um número considerável de outros fatôres, de natureza histórica, econômica e sociológica. Chegar-se-ia portanto, a fim de explicar as diferenças no curso das civilizações, a invocar conjuntos de causas tão complexos e tão descontínuos que não poderiam ser conhecidos, quer por razões práticas, quer mesmo por razões teóricas, tais como o surgimento, impossível de evitar, de perturbações ligadas às técnicas de observação. Com efeito, para destrinçar uma meda formada de fios tão numerosos e tênues, não seria preciso outra coisa que submeter a sociedade considerada (e também o mundo que a rodeia) a um estudo etnográfico global e de todos os instantes. Mesmo sem evocar a enormidade do empreendimento, sabe-se que os etnógrafos, que trabalham entretanto numa escala infinitamente mais reduzida, são muitas vêzes limitados em suas observações pelas mudanças sutis que sua própria presença é suficiente para introduzir no grupo humano que é objeto de seu estudo. Ao nível das sociedades modernas, sabe-se também que os *polls* de opinião pública, um dos meios mais eficazes de sondagem, modificam a orientação dessa opinião pelo próprio fato de seu emprêgo, o qual põe em jôgo na população um fator de auto-reflexão até então ausente.

Essa situação justifica a introdução, nas ciências sociais, do conceito de probabilidade, presente há muito em certos ramos da física, na termodinâmica, por exemplo. Voltaremos ao assunto; no momento, basta lembrar que a complexidade dos descobrimentos modernos não resulta de uma maior freqüência ou de uma melhor disponibilidade dó gênio entre nossos contemporâneos. Ao contrário, já que reconhecemos que através dos séculos cada geração, para progredir, teria necessidade apenas de acrescentar uma poupança constante ao capital legado pelas gerações anteriores. Devemos-lhes os nove décimos de nossa riqueza; e mesmo mais, se, como nos divertimos em fazê-lo, calculamos a data do aparecimento das principais descobertas com relação àquela, aproximada, do início da civilização. Constatamos, então, que a agricultura nasceu no curso de uma fase recente, correspondente a 2% dessa duração; a metalurgia a 0,7%, o alfabeto a 0,35%, a física de Galileu a 0,035% e o darwinismo a 0,009% [1] A revolução científica e industrial do Ocidente se inscreve totalmente num período igual a cêrca de meio milésimo

(1) Leslie A. White, *The Science of Culture*, New York, 1949, p. 356.

da vida passada da humanidade. Devemos, pois, mostrar-nos prudentes antes de afirmar que ela está destinada a mudar-lhe totalmente o significado.

Não é menos verdade — e é a expressão definitiva que cremos poder dar a nosso problema — que, no tocante às invenções técnicas (e à reflexão científica que as torna possíveis), a civilização ocidental mostrou-se mais cumulativa que as outras; que, dispondo do mesmo capital neolítico inicial, ela soube produzir melhorias (a escrita alfabética, aritmética e geométrica). algumas das quais ela aliás esqueceu ràpidamente; mas que, após uma estagnação que, grosseiramente, dura dois mil ou dois mil e quinhentos anos (do primeiro milênio antes da era cristã até o século XVII, mais ou menos), ela repentinamente se revelou como o centro de uma revolução industrial, de que, por sua extensão, sua universalidade e pela importância de suas conseqüências, sòmente a revolução neolítica apresentara outrora um equivalente.

Duas vêzes na sua história, por conseguinte, e com cêrca de dez mil anos de intervalo, a humanidade soube acumular uma multiplicidade de invenções orientadas no mesmo sentido: e êsse número, de um lado, essa continuidade, de outro, se concentraram num lapso de tempo suficientemente curto para que se operassem grandes sínteses técnicas; sínteses que acarretaram mudanças significativas nas relações que o homem mantém com a natureza e que, por sua vez, tornaram possíveis outras mudanças. A imagem de uma reação em cadeia, acionada por corpos catalisadores, permite ilustrar êsse processo que, até o presente, se repetiu duas vêzes, e apenas duas vêzes na história da humanidade. Como se produziu?

Antes de tudo, cumpre não esquecer que outras revoluções, que apresentam os mesmos caracteres cumulativos, surgiram em outras partes e em outros momentos, porém em domínios diferentes da atividade humana. Explicamos anteriormente por que nossa própria revolução industrial e a revolução neolítica (que a precedeu no tempo, mas depende das mesmas preocupações) são as únicas que nos podem parecer como tais, porque nosso sistema de referências permite medi-las. Tôdas as outras mudanças, que certamente se produziram, sòmente se revelam sob a forma de fragmentos, ou profundamente deformadas. Não podem *ter um sentido* para o homem ocidental moderno (em todo caso, não todo o seu sentido); podem mesmo ser para êle como se não houvessem existido.

Em segundo lugar, o exemplo da revolução neolítica (a única que o homem ocidental moderno consegue ima-

258

ginar com suficiente clareza) deve inspirar-lhe certa modéstia quanto à preeminência que poderia ser tentado a reivindicar em proveito de uma raça, de uma região ou de um país. A revolução industrial nasceu na Europa Ocidental; em seguida, surgiu nos Estados Unidos, e logo após no Japão; depois de 1917, ela se acelera na União Soviética, e amanhã, sem dúvida, surgirá alhures; de um meio século a outro, ela reluz com um brilho mais ou menos vivo neste ou naquele dos seus centros. Em que se tornam, na escala dos milênios, as questões de prioridade, de que tiramos tanta vaidade?

Mil ou dois mil anos atrás, a revolução neolítica se desencadeou simultâneamente na bacia do Egeu, no Egito, no Oriente Próximo, no vale do Indo e na China; e após o emprêgo do carbono radiativo para a determinação dos períodos arqueológicos, desconfiamos que o neolítico americano, mais antigo do que se cria outrora, só começou bem mais tarde que no Velho Mundo. É provável que três ou quatro pequenos valores poderiam, nessa competição, reclamar uma prioridade de alguns séculos. O que sabemos hoje a respeito? Em compensação, estamos certos de que a questão da prioridade não tem importância, precisamente porque a simultaneidade de aparecimento das mesmas transformações tecnológicas (seguidas de perto pelas transformações sociais), em territórios tão extensos e em regiões tão isoladas, mostra claramente que não dependeu do gênio de uma raça ou de uma cultura, mas de condições tão gerais que se situam fora da consciência dos homens. Estejamos certos, pois, de que, se a revolução industrial não tivesse aparecido, de início, na Europa Ocidental e Setentrional, se teria manifestado um dia num outro ponto do globo. E se, como é verossímil, ela deve estender-se à totalidade da terra habitada, cada cultura introduzirá nela tantas contribuições particulares que o historiador dos futuros milênios, legìtimamente, considerará fútil a questão de saber quem pode, dentro de um ou dois séculos, reclamar a prioridade para o conjunto.

Dito isto, devemos introduzir uma nova limitação, senão à validade, pelo menos ao rigor da distinção entre história estacionária e história cumulativa. Essa distinção não apenas é relativa a nossos interêsses, como já o mostramos, mas também jamais consegue ser clara. No caso das invenções técnicas, é evidente que nenhum período, nenhuma cultura, é absolutamente estacionário. Todos os povos possuem e transformam, aperfeiçoam ou esquecem técnicas bastante complexas para lhes permitir dominar seu meio. Sem isso, teriam desaparecido há muito tempo. A diferença nunca reside, pois, entre história cumulativa e história não-cumulativa; tôda história é cumulativa, com diferenças de gradações. Sabe-se, por exemplo, que os antigos chineses e os esquimós desenvolveram bastante as artes mecânicas; e pouco faltou para chegarem ao ponto em que se desencadeia a "reação em cadeia", determinando a passagem de um tipo de civilização a outro. Conhece-se o exemplo da pólvora: os chineses haviam resolvido, tècnicamente falando, todos os problemas que ela colocava, salvo o de sua utilização com vista a resultados maciços. Os antigos mexicanos não desconheciam a roda, como se diz muitas vêzes; êles a conheciam muito bem, pois fabricavam animais com rodinhas destinados às crianças; foi-lhes suficiente um passo suplementar para possuírem a carroça.

Em tais condições, o problema da raridade relativa (para cada sistema de referência) de culturas "mais cumulativas" com relação às culturas "menos cumulativas" se reduz a um problema conhecido que depende do cálculo das probabilidades. É o mesmo problema que consiste em determinar a probabilidade relativa de uma combinação complexa com relação a outras combinações do mesmo tipo, mas de menor complexidade. Na roleta, por exemplo, uma seqüência de dois números consecutivos (7 e 8, 13 e 31, por exemplo) é muito freqüente; uma dos três números é rara, uma de quatro o é muito mais. E sòmente uma vez num número extremamente elevado de lances é que se formará talvez uma série de seis, sete ou oito números conforme a ordem natural dos números. Se nossa atenção está fixada exclusivamente em séries longas (por exemplo, se apostamos nas séries de cinco números consecutivos), as séries mais curtas se tornarão para nós equivalentes a séries não ordenadas. Equivale esquecer que elas só se distinguem das nossas pelo valor de uma fração, e que encaradas por outro ângulo elas apresentam talvez regularidades bem grandes. Prossigamos em nossa comparação. Um jogador, que transferisse todos seus ganhos para séries cada vez mais longas, poderia perder o ânimo, após milhares ou milhões de lances, de ver aparecer a série de nove números consecutivos, e achar que teria feito melhor se tivesse parado antes. Entretanto, não se disse que outro jogador, seguindo a mesma fórmula da aposta, mas com séries de outro tipo (por exemplo, um certo ritmo de alternância entre o vermelho e o negro, ou entre par e ímpar), não conseguiria combinações significativas onde o primeiro jogador conhecera sòmente a confusão. A humanidade não evolui num sentido único. E se, num certo plano, ela parece estacionária ou mesmo regressiva,

260

isso não significa que, de outro ponto de vista, ela não seja o centro de importantes transformações.

O grande filósofo inglês do século XVIII, Hume, empenhou-se um dia em dissipar o falso problema que muitas pessoas apresentam quando se pergunta por que nem tôdas as mulheres são bonitas, mas sòmente pequena minoria. Êle não teve qualquer dificuldade em mostrar que a questão não tem sentido. Se tôdas as mulheres fôssem pelo menos tão bonitas quanto a mais bela, nós as acharíamos banais e reservaríamos nosso qualificativo para a segunda minoria que ultrapassasse o modêlo comum. Do mesmo modo, quando estamos interessados num certo tipo de progresso, reservamos seu mérito às culturas que o realizam no mais alto ponto, e nos mantemos indiferentes diante das outras. Assim, o progresso nunca é outra coica senão o máximo de progresso num sentido predeterminado pelo gôsto de cada um.

A Colaboração das Culturas

Cumpre-nos, enfim, observar nosso problema sob um último aspecto. Um jogador, como aquêle de que falamos nos parágrafos anteriores que só apostaria sempre nas séries mais longas (qualquer que fôsse a maneira como concebesse essas séries), teria tôda probabilidade de arruinar-se. O mesmo aconteceria com uma coligação de apostadores que jogassem as mesmas séries em várias roletas e se dessem o privilégio de reunir os resultados favoráveis nas combinações de cada um. Pois se eu, tendo tirado o 21 e o 22, preciso do 23 para continuar minha série, há evidentemente mais probabilidade de que êle saia em dez mesas de que numa única.

Ora, essa situação se assemelha muito à das culturas que conseguiram realizar as formas de história mais cumulativas. Essas formas extremas nunca foram o feito de culturas isoladas, mas antes de culturas que combinaram, voluntária ou involuntàriamente, seus respectivos jogos, e realizaram por meios variados (migrações, empréstimos, trocas comerciais, guerras) essas coalizões cujo modêlo acabamos de imaginar. E é aqui que chegamos ao absurdo que existe em declarar uma cultura superior a outra. Isto porque, na medida em que ela estaria sòzinha, uma cultura jamais poderia ser "superior"; como o jogador isolado, ela sempre alcançaria apenas algumas pequenas séries de certos elementos, e a probabilidade de que uma série longa "saia" em sua história (embora teòricamente não seja excluída) seria tão pequena que precisaria dispor de um tempo infinitamente mais longo do que aquêle em que se inscreve o desenvolvimento total da humanidade para esperar vê-la realizar-se. Mas — já o dissemos acima — nenhuma cultura está só; ela sempre é capaz de coligações com outras culturas, e é isto que lhe permite edificar séries cumulativas. A probabilidade de que, entre essas séries, surja uma mais longa depende naturalmente da extensão, da duração e da variabilidade do sistema de coligação.

Dessas observações decorrem duas conseqüências.

Durante êsse estudo, nós nos perguntamos repetidas vêzes como acontecia que a humanidade permanecesse estacionária durante os nove décimos de sua história, e mesmo mais: as primeiras civilizações têm duzentos a quinhentos mil anos, as condições de vida se transformam sòmente no curso dos últimos dez mil anos. Se nossa análise fôr exata, não é porque o homem paleolítico era menos inteligente, menos dotado que seu sucessor neolítico, e sim, muito simplesmente, porque, na história humana, uma combinação de grau n levou um tempo de duração t para sair; ela poderia ter-se produzido mais cedo, ou muito mais tarde. O fato não tem menos significação que o tem um número de lances que um jogador deve esperar para ver realizada uma determinada combinação: essa combinação poderá produzir-se ao primeiro lance, ao milésimo, ao milionésimo, ou nunca. Mas durante todo êsse tempo a humanidade, como o jogador, não pára de especular. Nem sempre voluntàriamente, e sem jamais dar-se conta disso exatamente, ela "monta negócios" culturais, lança-se em "operações de civilização", das quais cada uma é coroada por um sucesso desigual. Ora ela roça o êxito, ora compromete as aquisições anteriores. As grandes simplificações, justificadas pela nossa ignorância da maioria dos aspectos das sociedades pré-históricas, permitem ilustrar esta marcha incerta e ramificada, pois nada é mais surpreendente que êsses arrependimentos que conduzem do apogeu levalloisense à mediocridade moustierense, dos esplendores aurignacense e solutrense à aspereza do magdalenense, em seguida aos contrastes extremos oferecidos pelos diversos aspectos do mesolítico.

O que é verdadeiro no tempo não o é menos no espaço, mas deve exprimir-se de outra maneira. A possibilidade que tem uma cultura de totalizar êste conjunto complexo de invenções de tôdas as ordens que chamamos civilização é função do número e da diversidade das culturas com que ela participa na elaboração — na maioria da vêzes involuntária — de uma estratégia comum. Número e diversidade, dizemos. A comparação entre o

Velho e o Nôvo Mundo às vésperas do descobrimento ilustra bem essa dupla necessidade.

A Europa do comêço do Renascimento era o lugar de encontro e de fusão das influências mais diversas: as tradições grega, romana, germânica e anglo-saxônica; as influências árabe e chinesa. A América pré-colombiana não gozava, quantitativamente falando, de menos contatos culturais, visto que as culturas americanas mantinham relações e as duas Américas formam, juntas, um vasto hemisfério. Mas, enquanto as culturas que se fecundam mùtuamente no solo europeu são o produto de uma diferenciação com várias dezenas de milênios, as da América, cujo povoamento é mais recente, tiveram menos tempo para divergir; oferecem um quadro relativamente mais homogêneo. Assim, embora não se possa afirmar que o nível cultural do México ou do Peru fôsse, no momento da descoberta, inferior ao da Europa (vimos mesmo que em certos aspectos êle lhe era superior), os diversos aspectos da cultura eram aí talvez menos bem articulados. Ao lado de surpreendentes êxitos, as civilizações pré-colombianas são cheias de lacunas; têm, se assim se pode dizer, "buracos". Oferecem também o espetáculo, por menos contraditório que pareça, da coexistência de formas precoces e de formas abortivas. Sua organização pouco flexível e fracamente diversificada explica talvez sua derrocada diante de um punhado de conquistadores. E a causa profunda disso pode ser encontrada no fato de que a "coligação" cultural americana estava estabelecida entre preceitos menos diferentes entre si do que o eram os do Velho Mundo.

Não existe, ,pois, sociedade cumulativa em si e por si. A história cumulativa não é a propriedade de certas raças ou de certas culturas que assim se distinguiriam das outras. Ela resulta de sua *conduta* mais do que de sua *natureza*. Exprime uma certa modalidade de existência das culturas que não é outra senão sua maneira de ser conjunta. Neste sentido, pode-se dizer que a história cumulativa é a forma de história característica dêsses superorganismos sociais constituídos pelos grupos de sociedades, enquanto que a história estacionária — se ela existisse realmente — seria a marca dêsse gênero de vida inferior que é o das sociedades solitárias.

A única fatalidade, a única tara que podem afligir um grupo humano e impedi-lo de realizar plenamente sua natureza, é a de ser só.

Vê-se assim o que há muitas vêzes de inepto e de pouco satisfatório para o espírito, nas tentativas com que geralmente as pessoas se contentam para justificar a contribuição das raças e das culturas humanas à civilização. Enumeram-se traços, investigam-se questões de origem, estipulam-se prioridades. Por mais bem intencionados que sejam, êsses esforços são fúteis, porque frustram triplamente seu objetivo. Para começar, o mérito de uma invenção outorgado a esta ou àquela cultura nunca é certo. Durante um século, acreditou-se firmemente que o milho fôsse criado pelo cruzamento de espécies selvagens pelos índios da América, e continua-se provisòriamente a admiti-lo, mas não sem uma dúvida crescente, pois seria possível que, em todo caso, o milho tivesse vindo para a América (não se sabe quando nem como) pelo Sudeste da Ásia.

Em segundo lugar, as contribuições culturais sempre podem distribuir-se em dois grupos. De um lado, temos traços, aquisições isoladas cuja importância é fácil de avaliar, e que apresentam também um caráter limitado. Que o fumo tenha vindo da América é um fato, mas em todo caso, e não obstante tôda a boa vontade desenvolvida com êste fim pelas instituições internacionais, não podemos derreter-nos de gratidão para com os índios americanos tôda vez que fumamos um cigarro. O fumo é uma adjunção requintada à arte de viver, como outros são úteis (tal qual a borracha); devemos-lhes alegrias e comodidades suplementares, mas, se não existissem, as raízes de nossa civilização não seriam abaladas com isso; e, em caso de premente necessidade, teríamos sabido encontrá-las ou usar outra coisa em seu lugar.

No pólo oposto (com, é claro, tôda uma série de formas intermediárias), existem as contribuições que apresentam um caráter de sistema, isto é, correspondem à maneira própria pela qual cada sociedade escolheu exprimir e satisfazer a totalidade das aspirações humanas. A originalidade e a natureza insubstituível dêsses estilos de vida ou, como dizem os anglo-saxões, dêsses *patterns*, não são negáveis, mas como representam tantas escolhas exclusivas compreende-se mal como uma civilização poderia esperar aproveitar do estilo de vida de uma outra, a menos que deixasse de ser ela mesma. Com efeito, as tentativas de compromisso só são capazes de levar a dois resultados: ou a uma desorganização e a uma destruição do *pattern* de um dos grupos; ou a uma síntese original, mas que, então, consiste na emergência de um terceiro *pattern*, o qual se torna irredutível em relação aos dois outros. O problema não é aliás de saber se uma sociedade pode ou não tirar proveito do estilo de vida de seus vizinhos, mas se, e em que medida, ela pode chegar a compreendê-los, e mesmo a conhecê-los. Vimos que essa questão não admite resposta categórica.

Finalmente, não há contribuição sem beneficiário. Mas se existem culturas concretas, que podemos situar no tempo e no espaço, e das quais podemos dizer que "contribuíram" e continuam a fazê-lo, o que é essa "civilização mundial" suposta beneficiária de tôdas as contribuições? Não é uma civilização distinta de tôdas as outras, que goza de um mesmo coeficiente de realidade. Quando falamos de civilização mundial, não designamos uma época, ou um grupo de homens: utilizamos uma noção abstrata, à qual emprestamos um valor, moral ou lógico: moral, se se trata de um objeto que propomos às sociedades existentes; lógico, se pretendemos agrupar num mesmo vocábulo ós elementos comuns que a análise permite revelar entre as diferentes culturas. Nos dois casos, não se deve esconder que a noção de civilização mundial é muito pobre, esquemática, e que seu conteúdo intelectual e afetivo não oferece grande densidade. Querer avaliar contribuições culturais cheias de uma história milenar, e de todo o pêso das idéias, dos sofrimentos, dos desejos e do labor dos homens que as trouxeram à existência, relacionando-as exclusivamente ao padrão de uma civilização mundial que é ainda uma forma vazia, seria empobrecê-las singularmente, esvaziá-las de sua substância e não conservar-lhe um corpo descarnado.

Ao contrário, temos procurado mostrar que a verdadeira contribuição das culturas não consiste na lista de suas invenções particulares, mas no *afastamento diferencial* que elas apresentam entre si. O sentimento de gratidão e de humildade que cada membro de uma determinada cultura pode e deve experimentar com relação a tôdas as outras só poderia basear-se numa única convicção: a de que as outras culturas são diferentes da sua, da maneira mais variada; e isso, mesmo que a natureza última dessas diferenças lhe escape ou que, não obstante todos os seus esforços, êle chegue a penetrá-la apenas muito imperfeitamente.

Por outro lado, consideramos a noção de civilização mundial como uma espécie de conceito-limite, ou como uma maneira abreviada de designar um processo complexo. Pois, se nossa demonstração é válida, não há, não pode haver, uma civilização mundial no sentido absoluto que se dá freqüentemente a êsse têrmo, já que a civilização implica coexistência de culturas que ofereçam entre si o máximo de diversidade, e consiste mesmo nessa própria coexistência. A civilização mundial só poderia ser a coalizão, na escala mundial, de culturas que preservam, cada uma, sua originalidade.

O Duplo Sentido do Progresso

Não estamos então diante de um estranho paradoxo? Tomando os têrmos no sentido que lhes demos, vimos que todo *progresso* cultural é função de uma coalizão entre as culturas. Esta coalizão consiste na reunião (consciente ou inconsciente, voluntária ou involuntária, intencional ou acidental, natural ou forçada) das *chances* que cada cultura encontra em seu desenvolvimento histórico; finalmente, admitimos que esta coalizão era tanto mais fecunda quanto se estabelecia entre culturas mais diversificadas. Dito isto, parece que nos encontrávamos diante de condições contraditórias. Pois êsse *jôgo em comum* do qual resulta todo progresso deve ocasionar como conseqüência, num prazo mais ou menos brève, uma homogeneização dos recursos de cada jogador. E se a diversidade é uma condição inicial, cumpre reconhecer que as possibilidades de ganho tornam-se tanto mais fracas quanto a partida deve prolongar-se.

Para essa conseqüência inelutável só existem, ao que parece, dois remédios. Um consiste, para cada jogador, em provocar em seu jôgo *afastamentos diferenciais;* a coisa é possível, já que cada sociedade (o "jogador" de nosso modêlo teórico) se compõe de uma coalizão de grupos: confessionais, profissionais e econômicos, e a aposta social é feita das apostas de tôdos êsses constituintes. As desigualdades sociais são o exemplo mais surpreendente dessa solução. As grandes revoluções que escolhemos como ilustração — neolítica e industrial — foram acompanhadas não só de uma diversificação do corpo social, como bem o vira Spencer, mas também da instauração de *status* diferenciais entre os grupos, sobretudo do ponto de vista econômico. Observou-se há muito tempo que as descobertas neolíticas suscitaram ràpidamente uma diferenciação social, com o nascimento, no Oriente antigo, das grandes concentrações urbanas, com o aparecimento dos Estados, das castas e das classes. A mesma observação se aplica à revolução industrial, condicionada pelo aparecimento de um proletariado e levando a formas novas, e mais desenvolvidas, de exploração do trabalho humano. Até o presente, tinha-se tendência a tratar essas transformações sociais como a conseqüência das transformações técnicas, a estabelecer entre essas e aquelas uma relação de causa e efeito. Se nossa interpretação 'fôr exata, a relação de causalidade (com a sucessão temporal que ela implica) deve ser abandonada — como aliás a ciência moderna tende geralmente a fazê-lo — em proveito de uma correlação funcional entre os dois fenômenos. Notemos de passagem que o reconhecimento do fato de que o progresso técnico teve, como correlativo histórico, o desenvolvimento da exploração do homem pelo homem, pode incitar-nos a uma certa discrição nas manifestações de orgulho que o primeiro dêsses dois fenômenos referidos nos inspira tão naturalmente.

O segundo remédio é, numa ampla medida, condicionado pelo primeiro: é introduzir na coligação por bem ou por mal novos parceiros, dessa vez exteriores, cujas "apostas" sejam muito diferentes das que caracterizam a associação inicial. Esta solução foi igualmente tentada, e se o têrmo capitalismo permite, no geral, identificar a primeira, os de imperialismo ou colonialismo ajudarão a ilustrar a segunda. A expansão colonial do século XIX permitiu amplamente à Europa industrial renovar (e não certamente em seu exclusivo proveito) um impulso que, não fôsse a introdução dos povos colonizados no circuito, teria corrido o risco de esgotar-se muito mais ràpidamente.

Vê-se que, nos dois casos, o remédio consiste em ampliar a coalizão, seja pela diversificação interna, seja pela admissão de novos parceiros; no fim de contas, trata-se sempre de aumentar o número de jogadores, isto é, de voltar à complexidade e à diversidade da situação inicial. Mas vê-se também que essas soluções só podem retardar provisòriamente o processo. Só pode haver exploração no seio de uma coalizão: entre os dois grupos, dominante e dominado, existem contatos e produzem-se trocas. Por seu turno, e apesar da relação unilateral que aparentemente os une, devem, consciente ou inconscientemente, reunir suas apostas e progressivamente as diferenças que os opõem tendem a diminuir. Os melhoramentos sociais de um lado, o advento gradual dos povos colonizados à independência de outro, fazem-nos assistir ao desenrolar dêsse fenômeno; e, mesmo que ainda haja muito caminho a percorrer nessas duas direções, sabemos que as coisas inevitàvelmente rumarão nesse sentido. Talvez, na realidade, seja preciso interpretar como uma terceira solução o aparecimento no mundo de regimes políticos e sociais antagônicos; pode-se conceber que uma diversificação, ao renovar-se cada vez em outro plano, permite manter indefinidamente, através das formas variáveis e que jamais deixarão de surpreender os homens, êsse estado de desequilíbrio de que depende a sobrevivência biológica e cultural da humanidade.

Qualquer que seja êle, é difícil imaginar de outro modo que não como contraditório um processo que se pode resumir da maneira seguinte: para seu progresso, é preciso a colaboração dos homens; e no curso dessa colaboração, êles vêem gradualmente identificarem-se as contribuições cuja diversidade inicial era precisamente o que tornava fecunda e necessária sua colaboração.

Todavia, mesmo se essa contradição fôr insolúvel, o dever sagrado da humanidade é conservar os seus dois têrmos igualmente presentes no espírito, jamais perder de vista um em proveito exclusivo do outro; preservar-se, sem dúvida, de um particularismo cego que tenderia a reservar o privilégio da humanidade a uma raça, uma cultura ou uma sociedade; mas também jamais esquecer que nenhuma fração da humanidade dispõe de fórmulas aplicáveis no conjunto, e que uma humanidade confundida num gênero de vida único é inconcebível, porque ela seria uma humanidade ossificada.

A êsse respeito, as instituições internacionais têm diante de si uma tarefa imensa, e assumem pesadas responsabilidades. Umas e outras são mais complexas do que se pensa. Pois a missão das instituições internacionais é dupla: consiste, de um lado, numa liquidação e, de outro, num alarma. Devem inicialmente assistir a humanidade, e tornar menos dolorosa e perigosa quanto possível a reabsorção dessas diversidades mortas, resíduos sem valor de tipos de colaboração cuja presença no estado de vestígios putrefatos constitui um risco permanente de infecção para o corpo internacional. Elas devem desbastar, amputar se fôr preciso, e facilitar o nascimento de outras formas de adaptação.

Mas, ao mesmo tempo, devem estar apaixonadamente atentas ao fato de que, para possuir o mesmo valor funcional que os anteriores, êsses novos tipos não podem reproduzi-los, ou ser concebidos pelo mesmo modêlo, sem reduzir-se a soluções cada vez mais insípidas e finalmente importantes. É preciso que saibam, ao contrário, que a humanidade é rica de possibilidades imprevistas, cada uma das quais, quando aparecer, sempre encherá os homens de assombro; que o progresso não é feito à imagem confortável dessa "semelhança melhorada" onde procuramos um preguiçoso descanso, mas é pleno de aventuras, de rupturas e de escândalos. A humanidade está constantemente às voltas com dois processos contraditórios, um dos quais tende a instaurar a unificação, enquanto o outro visa a manter ou restabelecer a diversificação. A posição de cada época ou de cada cultura no sistema, a orientação segundo a qual ela aí se encontra engajada são tais que sòmente um dos dois processos parece-lhe ter um sentido, mostrando-se o outro como a negação do primeiro. Mas dizer, como se poderia estar inclinado, que a humanidade se desfaz ao mesmo tempo que se faz, procederia ainda de uma visão incompleta. Portanto, em dois planos e em dois níveis opostos, trata-se certamente de duas maneiras diferentes de se *fazer*.

A necessidade de preservar a diversidade das culturas num mundo ameaçado pela monotonia e pela uniformidade não escapou decerto às instituições internacionais. Elas compreendem também que não bastará, para alcançar êsse objetivo, afagar tradições locais e conceder uma moratória aos tempos passados. É o fato da diversidade que deve ser salvo, não o conteúdo histórico que cada época lhe outorgou e que nenhuma poderia perpetuar além de si própria. Cumpre, pois, escutar o trigo que germina, encorajar as potencialidades secretas, despertar tôdas as vocações de viver junto que a história mantém em reserva; cumpre também estar pronto a encarar sem surprêsa, sem repugnância e sem revolta o que tôdas essas novas formas sociais de expressão não poderão deixar de oferecer de inusitado. A tolerância não é uma posição contemplativa, dispensando as indulgências ao que foi ou ao que é. É uma atitude dinâmica, que consiste em prever, em compreender e em promover o que quer ser. A diversidade das culturas humanas está atrás de nós, em tôrno de nós e diante de nós. A única exigência que poderíamos fazer valer a seu respeito (criadora para cada indivíduo de deveres correspondentes) é que ela se realize sob formas das quais cada uma seja uma contribuição à maior generosidade das outras.

Bibliografia

AUGER, P. *L'homme microscopique*. Paris, 1952.

BOAS, F. *The mind of primitive man*. New York, 1931.

DILTHEY, W. *Gesammelte Schriften*. Leipzig, 1914-1931.

DIXON, R. B. *The building of culture*. New York, Londres, 1928.

GOBINEAU, A. de *Essai sur l'inégalité des races humaines*. 2ª ed., Paris, 1884.

HAWKES, C. F. C. *Prehistoric foundations of Europe*. Londres, 1939.

HERSKOVITS, M. J. *Man and his works*. New York, 1948.

KROEBER, A. L. *Anthropology*, nova ed., New York, 1948.

LEROI-GOURHAN, A. *L'homme et la matière*. Paris, 1943.

LINTON, R. *The study of man*. New York, 1936.

MORAZÉ, Ch. *Essai sur la civilisation d'Occident*, t. I, Paris, 1949.

PIRENNE, J. *Les grands courants de l'histoire universelle*, t. I, Paris, 1947.

PITTARD, E. *Les races et l'histoire*. Paris, 1922.

SPENGLER, O. *Le déclin de l'Occident*. Paris, 1948.

TOYNBEE, A. J. *A study of history*, Londres, 1948.

WHITE, L. A. *The science of culture*. New York, 1949.

COLEÇÃO DEBATES

1. *A Personagem de Ficção*, A. Rosenfeld, A. Cândido, Décio de A. Prado, Paulo Emílio S. Gomes.
2. *Informação. Linguagem. Comunicação*, Décio Pignatari.
3. *O Balanço da Bossa*, Augusto de Campos.
4. *Obra Aberta*, Umberto Eco.
5. *Sexo e Temperamento*, Margaret Mead.
6. *Fim do Povo Judeu?*, George Friedmann
7. *Texto/Contexto*, Anatol Rosenfeld.
8. *O Sentido e a Máscara*, Gerd A. Bornheim.
9. *Problemas de Física Moderna*, W. Heisenberg, E. Schroedinger, Max Born, Pierre Auger.

10. *Distúrbios Emocionais e Anti-Semitismo*, N. W. Ackerman e M. Jahoda.

11. *Barroco Mineiro*, Lourival Gomes Machado.

12. *Kafka: pró e contra*, Günther Anders.

13. *Nova História e Nôvo Mundo*, Frédéric Mauro.

14. *As Estruturas Narrativas*, Tzvetan Todorov.

15. *Sociologia do Esporte*, Georges Magnane.

16. *A Arte no Horizonte do Provável*, Haroldo de Campos.

17. *O Dorso do Tigre*, Benedito Nunes.

18. *Quadro da Arquitetura no Brasil*, Nestor Goulart Reis Filho.

19. *Apocalípticos e Integrados*, Umberto Eco

20. *Babel & Antibabel*, Paulo Rónai.

21. *Planejamento no Brasil*, Betty Mindlin Lafer.

22. *Lingüística. Poética. Cinema*, Roman Jakobson.

23. *LSD*, John Cashman.

24. *Crítica e Verdade*, Roland Barthes.

25. *Raça e Ciência I*, Juan Comas e outros.

26. *Shazam!*, Álvaro de Moya.

27. *As Artes Plásticas na Semana de 22*, Aracy Amaral.

História e Ideologia, Francisco Iglésias.

Peru: Da Oligarquia Econômica à Militar, Arnaldo Pedrosa D'Horta.

Maneira de Pensar o Urbanismo, Le Corbusier.

A Tragédia Grega, Albin Lesky.

A Religião e o Surgimento do Capitalismo, R. H. Tawney.

Filosofia em Nova Chave, Susanne K. Langer.

A Multidão Solitária, David Riesman.